5.00

DEMAIN, UN TOUT PETIT MONDE

JEFF RUBIN

DEMAIN, UN TOUT PETIT MONDE

Comment le pétrole entraînera la fin de la mondialisation

Traduit de l'anglais par
Rachel Martinez et Louis Tremblay

Hurtubise

Catalogage avant publication de Bibliothèque et Archives nationales du Québec et Bibliothèque et Archives Canada

Rubin, Jeff, 1954-

Demain, un tout petit monde : comment le pétrole entraînera la fin de la mondialisation

Traduction de : Why Your World Is About to Get a Whole Lot Smaller.

ISBN 978-2-89647-271-0

1. Histoire économique – 21ᵉ siècle. 2. Mondialisation. 3. Pétrole – Industrie et commerce – Aspect économique. 4. Prévision économique. I. Titre.

HC59.3.R8214 2010   330.9'05   C2009-942591-2

Nous remercions le gouvernement du Canada de son soutien financier pour nos activités de traduction dans le cadre du Programme national de traduction pour l'édition du livre.

Les Éditions Hurtubise bénéficient du soutien financier des institutions suivantes pour leurs activités d'édition :

– Conseil des Arts du Canada ;
– Gouvernement du Canada par l'entremise du Programme d'aide au développement de l'industrie de l'édition (PADIÉ) ;
– Société de développement des entreprises culturelles du Québec (SODEC)
– Gouvernement du Québec par l'entremise du programme de crédit d'impôt pour l'édition de livres.

Conception graphique : René St-Amand
Photographie de la couverture : Don Farrall
Mise en pages : Andréa Joseph [pagexpress@videotron.ca]
Traduction : Rachel Martinez et Louis Tremblay
Révision : Christine Ouin
Traduction de *Why Your World Is About to Get a Whole Lot Smaller*

ISBN : 978-2-89647-271-0

Dépôt légal : 1ᵉʳ trimestre 2010
Bibliothèque et Archives nationales du Québec
Bibliothèque et Archives du Canada

Diffusion-distribution en Amérique du Nord
Distribution HMH
1815, avenue De Lorimier
Montréal (Québec) H2K 3W6
Tél. : 514 523-1523
www.distributionhmh.com

Imprimé au Canada
www.editionshurtubise.com

À Deborah, Jack et Margot

TABLE DES MATIÈRES

INTRODUCTION   REDÉFINIR LA REPRISE........................ 11

PREMIÈRE PARTIE

CHAPITRE 1 LE RENVERSEMENT DE L'OFFRE 47

CHAPITRE 2 LE RENVERSEMENT DE LA DEMANDE............. 89

CHAPITRE 3 LE MIROIR AUX ALOUETTES 125

DEUXIÈME PARTIE

CHAPITRE 4 S'ENGAGER DANS LA SORTIE..................... 159

CHAPITRE 5 RETOUR À LA MAISON............................. 203

CHAPITRE 6 L'AUTRE PROBLÈME DES COMBUSTIBLES

FOSSILES 221

CHAPITRE 7 C'EST GRAND COMMENT, CLEVELAND?........ 257

CHAPITRE 8 RÉDUIRE SON HORIZON........................... 295

CHAPITRE 9 À LA POURSUITE DE L'INCONNU 355

REMERCIEMENTS.. 369

NOTES.. 371

INDEX 387

REDÉFINIR LA REPRISE

Le métier d'économiste peut couper l'appétit. D'autres professions produisent probablement un effet similaire. Je n'ai jamais exercé le métier de taxidermiste, mais je peux comprendre que cela puisse dégoûter du poisson. Mon travail m'amène à m'intéresser également au sort des poissons, mais d'un tout autre point de vue.

J'aime le saumon. D'ailleurs, qui n'aime pas le saumon ? Au cours de la dernière décennie, la consommation de saumon a bondi de 23 % annuellement. Il existe plusieurs bonnes raisons de manger du poisson : nous voulons des produits riches en oméga-3 et en protéines, faibles en gras saturés, et qui conviennent à notre diète pauvre en hydrates de carbone. Une autre raison fondamentale explique la présence du saumon sur votre table : la baisse du prix du pétrole qui a subventionné le marché du poisson. À l'instar de Wal-Mart, de Tesco et des autres grands détaillants de ce monde qui ont pu réduire le prix de presque tous les produits en raison des faibles coûts de livraison et de main-d'œuvre asiatique, le saumon est passé du mets exquis vendu par le poissonnier du coin à une denrée de base. Le pétrole bon marché rapproche énormément les frontières.

L'économie mondiale nous force à convertir les distances non en kilomètres, mais en dollars. Lorsque le prix du pétrole est bas, la distance séparant l'usine de la salle d'exposition ou le champ du paysan du super-marché n'a pas beaucoup d'influence. Ce sont d'autres facteurs, comme le coût de la main-d'œuvre ou les taxes, qui dictent ce qui est fabriqué et dans quel coin du monde. Un saumon pêché au large des côtes de la Norvège a toutes les chances de voyager aux confins du monde, à l'instar de n'importe quel roulement à billes ou microprocesseur.

Le poisson est d'abord apporté dans un port de Norvège où il est congelé, puis transféré sur un autre navire à bord duquel il est conduit dans un port de plus grande importance, sans doute Hambourg ou Rotterdam, où il est transbordé sur un autre navire, sur lequel il vogue jusqu'en Chine, fort probablement à Qingdao, dans la péninsule du Shandong, la capitale chinoise de la préparation du poisson. C'est là, sur le plancher éclairé au néon d'une usine tentaculaire, que le saumon décongelé est apprêté par des escadrons de jeunes femmes qui, de leurs doigts agiles, dépouillent le saumon de sa peau, de ses arêtes et en font des filets. Là, on le congèle de nouveau, on l'empaquette et on l'expé-die sur un porte-conteneurs à destination des super-marchés d'Europe ou d'Amérique du Nord. Deux mois après sa capture, le saumon est décongelé, puis exposé dans un présentoir sur un lit de glace broyée, sous les

feux d'une lumière halogène et vendu avec la mention
« Frais du jour »[1].

Cependant, ce n'est pas ce qui me préoccupe lorsque
je suis attablé dans un bon restaurant, engagé dans une
conversation animée, tout en dégustant un verre de vin.
De toute façon, les frais de transport figurent rarement
au menu. Mais si la conversation porte sur l'énergie et
le prix du pétrole (je dois avouer que cela arrive assez
fréquemment), un seul regard à ce poisson suffit à me
faire remonter le fil du temps.

Bientôt, il y aura moins de saumon dans nos assiettes
et probablement moins de restaurants où s'attabler, parce
que la subvention sur le prix du pétrole qui rend le saumon norvégien abordable est sur le point de disparaître.
En conséquence, le monde où vous évoluez est sur le
point de devenir plus petit, beaucoup plus petit.

Il faut une somme incroyable d'énergie pour que ce
saumon passe de l'océan à votre assiette. Songez au
pétrole qui alimente les bateaux de pêche, les porte-
conteneurs et les camions de livraison. Songez à l'énergie qu'il faut pour congeler le poisson, le préparer et le
vendre dans un supermarché (un magasin au détail
dépense autant d'énergie en chauffage, en refroidis-
sement et en éclairage par mètre carré qu'une usine).
Nous investissons beaucoup plus d'énergie dans ce
saumon que nous en tirons en le consommant. Ce qui,
en soi, fait de ce saumon une mauvaise transaction
énergétique. En termes économiques, cela s'appelle un
« taux de rendement négatif ».

Mais il y a pire, bien pire. Toute cette énergie a son
prix, lequel grimpe chaque jour. Enfin, pas tous les

jours, bien entendu, puisque la récession, qui a semblé avoir pris tout le monde par surprise à l'automne 2008, a fait plonger le prix du baril de pétrole. Mais même la plus profonde récession, dans le pire des scénarios, dure à peine un an. Tôt ou tard, le prix du baril de pétrole atteindra de nouveaux sommets. Et qu'importe la façon dont vous calculez l'énergie de ce poisson – calories, kilomètres, joules, barils de pétrole –, ce prix grimpera inévitablement.

L'accès aux fruits de mer que vous mangez dépend du faible coût de l'énergie. Ce qui est vrai pour le saumon l'est également pour toute autre chose. Vous n'avez qu'à regarder autour de vous pour en voir un exemple. J'en vois des milliers chaque matin, lorsque je me rends au travail : des banlieusards qui, depuis leurs dortoirs éloignés, tentent de se frayer un chemin jusqu'au centre-ville. Les autoroutes qui traversent Montréal ou Toronto sont parmi les plus achalandées d'Amérique du Nord[2]. Plus d'un million de voitures se faufilent quotidiennement sur l'un des échangeurs lourdement embouteillés. Lorsque le prix du pétrole se remettra inévitablement à grimper, ces banlieusards habiteront-ils loin de leur lieu de travail ? Le cas échéant, conduiront-ils encore leur voiture ? Nos conditions de logement ou notre moyen de transport devront être réévalués. En d'autres termes, notre style de vie dépend du prix de l'essence à la pompe et ce prix dépend de l'alimentation ininterrompue du pétrole.

Pensez-y lorsque vous retournerez au travail au volant de votre voiture. Observez les concessionnaires de voitures, les stations d'essence, les garages, les services à l'auto et les grandes surfaces entourées d'immenses aires de stationnement. Essayez d'imaginer votre vie quotidienne sans voiture : passer chez le nettoyeur, conduire les enfants à l'aréna, aller chez Home Depot en fin de semaine, se rendre au chalet l'été. Si vous résidez en Amérique du Nord ou en Australie, ou même dans un pays moins centré sur la voiture comme l'Angleterre, vous aurez de la difficulté à vous figurer la chose. Le cas échéant, vous commencez à mesurer l'importance du prix de l'essence.

Je dis bien que vous commencez à en mesurer l'ampleur, car en plus de consommer de l'énergie, votre voiture en est constituée. Le simple fait de construire votre voiture exige autant d'énergie que ce qu'elle consomme pendant plusieurs années. Qui plus est, le plastique, la peinture et les composants intérieurs de votre véhicule sont des dérivés chimiques du pétrole. Faites le calcul et vous obtiendrez un meilleur portrait d'ensemble. Votre demeure est probablement alimentée en électricité produite, au moins en partie, par des hydrocarbures, et il y a de fortes chances qu'elle soit chauffée au mazout ou au gaz naturel. Les vêtements que vous portez ont probablement été confectionnés dans un pays éloigné, puis envoyés ici grâce à un carburant bon marché, à l'instar des grains de café ayant servi pour votre *caffe latte*, qui ont poussé dans quelque contrée lointaine où le soleil brille plus fort et où le prix de la main-d'œuvre est plus beaucoup plus bas, avant d'être expdiés ici.

Vous voyez bien que le saumon n'est pas une exception. Malgré le flot incessant d'informations sur les changements climatiques et le sentiment croissant que notre style de vie fondé sur l'abondance pourrait nuire à l'environnement, peu de gens comprennent que notre quotidien dépend de la consommation d'énergie. Tout ce que nous faisons, ou presque, est inextricablement lié à la consommation d'énergie.

Ici, le mot « énergie » est synonyme de pétrole. Bien entendu, nous utilisons un peu de gaz naturel, de charbon et d'eau pour générer de l'électricité. Mais les voitures, les camions, les navires et les avions du monde entier consomment du pétrole. Ce qui signifie que l'économie mondiale est alimentée au pétrole, parce qu'elle est fondée sur le déplacement de marchandises d'une destination vers une autre. D'ailleurs, si l'économie mondiale a mis tous ses œufs dans le même panier, c'est qu'il n'existe aucune autre option. À l'heure actuelle, tout, du saumon dans votre assiette à l'ensemble des composants qui constituent l'économie mondiale, dépend d'une alimentation ininterrompue en pétrole.

Considérons ce qui se produit lorsque le prix du saumon grimpe : vous en achetez moins. Lorsque le prix de l'essence à la pompe grimpe, vous utilisez moins votre voiture. Lorsque le prix des vêtements ou des ordinateurs fait de même, vous consommez moins. Et lorsque tout le monde consomme moins, il y a récession.

Cela n'est pas très compliqué. Un prix élevé de l'énergie provoque une récession. Bien entendu, ce n'est pas la fin du monde, à moins que vous ayez perdu votre emploi ou que vos économies se soient envolées en fumée. Cela étant, l'histoire nous enseigne que l'économie revient toujours en force, habituellement après quelques trimestres, et la vie continue. Les marchés rebondissent, le niveau de production des usines augmente et, au bout du compte, vous vous remettez à consommer autant de saumon que vous voulez.

Toutefois, l'histoire moderne de l'économie mondiale ne recule pas loin dans le temps et nous sommes en droit de nous demander si les modèles économiques auxquels nous avons été habitués continueront de se répéter indéfiniment. Ce n'est pas la première fois qu'un prix élevé du pétrole provoque une récession et chaque fois que cela s'est produit, un remède était tout indiqué pour guérir une économie malade : l'accès à de nouvelles réserves de pétrole bon marché. C'est un jeu d'enfant, tant que vous pouvez compter sur du pétrole bon marché. Mais si tel n'est plus le cas, c'est tout le concept de reprise économique qui doit être repensé, parce que rien n'indique que les mêmes événements vont se reproduire.

À l'heure actuelle, vous avez besoin de pétrole pour gagner de l'argent et vous avez besoin d'argent pour vous procurer du pétrole. Si le pétrole est cher, vous aurez plus de difficulté à gagner de l'argent, que vous soyez chauffeur de taxi ou marchand d'ananas. Qui plus est, s'il n'y a plus d'argent pour acheter du pétrole, le prix du pétrole chute. Et lorsque cela se produit, il devient subitement plus facile de vous remettre à gagner de l'argent. Mais tant que vous avez besoin de pétrole pour gagner de l'argent (et nous verrons au chapitre 7 que c'est le cas), le prix du pétrole se remettra à monter dès que l'argent se remettra à circuler.

Après avoir atteint des sommets, le prix du pétrole a fortement baissé vers la fin de 2008 et a entraîné dans sa chute l'économie mondiale. C'était peut-être un effondrement sans précédent, mais il nous renseigne plus sur les origines du prix du pétrole que sur l'ampleur de sa chute. Malgré tout, il s'est établi en moyenne à 40 $ le baril à l'annonce de la récession aux États-Unis, à l'automne 2008. N'oublions pas qu'il n'y a pas si longtemps, ce prix était considéré comme très élevé.

Plus important encore, il est impossible que le prix du pétrole se maintienne à ce niveau. Dès que l'économie reprendra du mieux, le prix du pétrole en fera tout autant. La raison étant que les facteurs intrinsèques qui ont contribué à établir le prix du baril de pétrole au-dessus de la barre des 100 $ en 2008 sont restés les mêmes durant la récession. En fait, ces facteurs se sont vraisemblablement aggravés.

Comme le démontre la première partie du présent ouvrage, le prix du baril de pétrole atteignant un niveau record découle du déséquilibre profondément enraciné entre l'offre et la demande. Cela ne signifie pas que les spéculateurs n'ont rien à voir avec la flambée du prix du pétrole. Bien au contraire, mais vous devez vous interroger sur ce qui a amené les spéculateurs à s'intéresser d'abord au prix du pétrole.

En fait, ces derniers ont remarqué que la demande croissait sans cesse pendant que l'offre stagnait. Cela avait tous les traits d'une formule gagnante et dans l'univers de la spéculation, vous gagnez de l'argent chaque jour où vous avez vu juste. Cela étant, si vous avez parié que le prix du pétrole ne fluctuerait jamais à la baisse, vous vous êtes trompé. La flambée du prix du pétrole a toujours provoqué une récession, alors pourquoi la dernière ne donnerait-elle pas les mêmes résultats ? Si vous n'avez pas vu cela venir, vous avez probablement perdu de bons montants d'argent. Par contre, si vous avez compris qu'il y avait une forte demande pour des réserves plutôt stables de pétrole, vous avez vu juste. Et c'est toujours le cas.

En d'autres termes, dès que l'économie cessera de faire du surplace et reprendra un peu de vigueur, le prix du pétrole se remettra à monter. Et plus tôt que tard, puisque la majeure partie des nouvelles réserves de pétrole dispendieux que nous comptions utiliser prochainement se sont envolées en raison de la chute du prix du pétrole survenue durant la récession. Le prix du brut continuera d'augmenter jusqu'à ce qu'il provoque une autre phase descendante. Tant qu'une réserve de pétrole donnée permettra de faire un montant fixe d'argent ou qu'elle contribuera au produit intérieur brut, nous verrons notre économie ralentir avec une flambée du prix, une fois la récession passée.

Mais cela n'a pas à se passer ainsi. Pour limiter notre dépendance au pétrole dans le développement de l'économie, nous devons rendre le monde plus petit. Et c'est précisément ce qui se produira.

J'ai une bonne et une mauvaise nouvelle. Par laquelle commencer ? C'est ce que j'aurais dû demander aux cadres du Calgary Petroleum Club réunis dans une salle à manger pleine à craquer. En tant qu'économiste en chef des Marchés mondiaux de la CIBC, j'étais venu prononcer une conférence dont le sujet était cher à ceux qui composaient l'auditoire : l'avenir du prix du pétrole. J'avais quelque chose à leur annoncer pour leur remonter le moral, mais ils n'ont retenu que la mauvaise nouvelle.

La salle était comble de personnalités bien en vue et quiconque œuvrait dans le secteur du pétrole était assis devant une belle assiette de bœuf de l'Alberta, le plus cher qui soit. Ils y étaient tous. Des cadres des multinationales comme Exxon, qui détient presque toute la nappe de pétrole canadien avec sa filiale Imperial Oil, aux entrepreneurs indépendants et agressifs qui essaient de gagner leur vie en tâchant de se montrer plus futés que les grandes sociétés pétrolières. S'ils avaient un seul point en commun ce soir-là, c'est que d'une manière ou d'une autre, ils espéraient produire plus de pétrole à l'avenir et croyaient qu'ils étaient les mieux placés pour y arriver.

En fait, je pensais qu'ils faisaient fausse route. Je venais de lire une étude méconnue, quoique alarmante, portant sur les réserves mondiales de pétrole. Intitulée *The Coming Oil Crisis*[3], elle a été rédigée par le professeur Colin Campbell, un géologue chevronné à la retraite, issu de Cambridge et qui a consacré sa vie à la recherche de nouvelles réserves de pétrole d'un bout à l'autre de la planète. Le titre du livre lève en grande partie le voile sur la conclusion de l'étude.

M. Campbell avance une thèse qui se situe tellement à l'opposé de l'idée répandue en matière de pétrole et ses conclusions quant aux répercussions sur l'économie mondiale sont si stupéfiantes que je me suis résolu à aller le rencontrer. Après avoir passé sa vie à sillonner la planète à la recherche de nouvelles réserves de pétrole, il s'est établi dans un petit hameau irlandais du nom de Ballydehob, non loin de Cork. De mon côté, je suivais les traces de ma femme, Deborah Lamb, qui venait de diriger le tournage d'un documentaire portant sur la déplétion des réserves de pétrole pour le compte de Canadian Broadcasting Corporation (CBC). C'est là, dans son tout petit village de la côte irlandaise, que le géologue le plus renommé au monde m'a expliqué ce que je m'apprêtais à communiquer à mon tour aux cadres du secteur pétrolier de Calgary.

La proposition que Campbell défendait, et qu'il défend toujours, est que le profil de production mondiale de pétrole correspond en gros à celui de chaque puits de pétrole. La production s'accentue jusqu'à l'épuisement de la moitié de la réserve environ. À ce point, la production ralentit inexorablement en raison de la chute de pression dans le puits. Sur un graphique, la production de pétrole ressemble à une cloche : on voit un petit trait relativement horizontal qui grimpe rapidement à mesure que la production augmente pour atteindre un plateau et redescendre ensuite en dessinant, sur l'autre versant, une image inversée à mesure que la production ralentit. Cette courbe (portant le nom de courbe de Hubbert, du nom du géophysicien Marion King Hubbert, qui semble avoir été le premier à comprendre qu'il y a une limite aux réserves de pétrole enfouies dans le sol) procure une bonne illustration de ce à quoi on peut s'attendre des ressources non renouvelables : un sommet suivi d'un déclin[4].

En 2002, M. Campbell a d'abord contribué à la naissance de l'Association for the Study of Peak Oil dont le mandat était de porter un regard objectif sur les réserves mondiales de pétrole. En mettant en commun l'expérience de travail que diverses personnalités de ce secteur ont accumulée pendant toute leur vie, le groupe, principalement composé de géologues réputés à la retraite ayant sillonné le globe pour le compte de Shell, BP, Total et d'autres importantes sociétés pétrolières, a monté une base de données colossale suivant l'évolution de l'appauvrissement de toutes les importantes réserves mondiales de pétrole. Une fois les données compilées, le portrait d'ensemble de la croissance des réserves mondiales était très différent de celui que leurs anciens employeurs avaient en main. Le rythme des nouvelles découvertes de réserves baissait régulièrement et la déplétion des champs pétrolifères augmentait à un rythme tout aussi inexorable. Reproduisez ce modèle sur une longue période, et la production mondiale se met également à chuter.

En d'autres termes, la production mondiale va bientôt se retrouver sur l'autre versant de la courbe de Hubbert. M. Campbell ne défendait pas l'argument voulant que le monde fût bientôt à court de pétrole. Cela ne sera jamais le cas, du moins, pas dans un laps de temps qui pourrait inquiéter le lecteur du présent ouvrage. Mais la production quotidienne mondiale, qui a graduellement augmenté jusqu'à présent, va bientôt atteindre un plateau puis se mettre à descendre de façon irréversible. Cela me paraît une information de grande importance.

En tant qu'économiste, on m'a entraîné à ne pas me préoccuper du caractère non renouvelable des ressources. La question n'est pas de savoir s'il y en a assez, mais combien d'argent il faut pour les extraire du sol. Et comme mon travail consiste à faire des prévisions économiques, je connaissais l'influence du pétrole – lire du pétrole bon marché – sur l'avenir de notre économie et sur sa prospérité. En un mot, son influence est très importante : le pétrole est indispensable.

Je ne mis pas beaucoup de temps pour me rendre compte que les prédictions de la théorie économique sur l'établissement des prix étaient très différentes de ce qui ressortait de l'analyse de Colin Campbell à propos de la déplétion des réserves. S'il me fallait faire un choix, je privilégierais les faits et non la théorie. Plus j'étudiais les problèmes d'appauvrissement des réserves de pétrole, plus je constatais que mon expertise d'économiste ne présentait qu'un côté de la médaille. Le présent ouvrage examine l'autre côté.

En 2000, devant les membres du Petroleum Club de Calgary, j'allais avoir de la difficulté à leur vendre le concept de la courbe de Hubbert. Ce ne sont certainement pas les sociétés pétrolières qui vont vous parler d'épuisement des réserves. L'évaluation de leurs stocks dépend largement des prévisions de leurs avoirs de réserve et c'est ce qui fait de la « déplétion des réserves » un sujet tabou au sein des salles du conseil d'administration de la plupart de ces sociétés. Les pays producteurs membres de l'OPEP (Organisation des pays exportateurs de pétrole) sont encore moins enclins à discuter de la rapidité du déclin de leurs réserves de pétrole. D'abord, leurs quotas de production sont en partie établis en fonction de l'estimation qu'ils font de leurs réserves. Plus important encore, puisque de toute façon peu de pays arriveront à atteindre leur quota, si un pays admet candidement qu'il y a appauvrissement de ses réserves, il s'expose à des risques géopolitiques et potentiellement financiers. Ce qui signifie que les seules personnes à savoir précisément combien il y a de pétrole enfoui dans le sol seront les dernières à le révéler.

Voilà pourquoi j'ai décidé que j'allais le leur dire. À plus de 30 $ le baril, le prix du pétrole venait d'atteindre un sommet en 10 ans, après une moyenne de 20 $ environ au cours de la dernière décennie. Presque tous les analystes des secteurs pétrolier et gazier, sans parler d'un pourcentage équivalent d'économistes, prévoyaient que l'OPEP était sur le point de faire monter la production en flèche afin d'exercer une pression à la baisse sur le prix du pétrole, pour le rapporter à leur prétendue fourchette cible. En d'autres termes, presque tout le monde, et certainement ceux à qui je m'adressais au cours de cette soirée, prétendait que la flambée du prix du pétrole était temporaire et que le prix n'allait pas tarder à redescendre.

J'étais décidé à les ramener à la réalité. Je savais que les pays membres du cartel avaient depuis longtemps mis fin à leurs tentatives de contrôle du prix. Leur capacité de production ne le leur permettait tout simplement plus. Ils étaient preneurs de prix, comme tout le monde l'était à cette époque. Même si les projections de l'offre de M. Campbell rataient leur cible, par une bonne marge, je savais que le prix du baril n'allait pas tarder à s'éloigner de la barre des 20 $. D'ailleurs, lorsque le prix du pétrole s'est mis à grimper, il allait continuer pendant un bon moment sur sa lancée. Je me suis mis à modéliser le prix du pétrole dans un contexte d'offre progressivement limitée et je suis arrivé à la prévision de 50 $ le baril à l'intérieur d'un horizon de cinq ans.

J'ai donc prononcé une allocution visant à démontrer que l'évolution récente des marchés pétroliers représentait un signe avant-coureur de l'orientation future du prix du pétrole sur la scène internationale. Que ce prix élevé (on se souvient que le prix de 30 $ le baril correspondait alors à un niveau alarmant) n'était pas une anomalie cyclique ou le concours d'une série de facteurs bien précis, mais le début d'une flambée spectaculaire alimentée par le déséquilibre fondamental entre une demande toujours croissante et une offre de plus en plus limitée.

La production n'est pas seule à suivre la courbe en forme de cloche lorsque le pétrole commence à manquer. Les découvertes de nouvelles réserves de pétrole ont connu un essor en 1966 et n'ont pas cessé de décliner depuis. Bien qu'il arrive de temps à autre que les médias rapportent la découverte d'importants gisements pétroliers, comme la découverte du champ pétrolifère de Tupi[5] au large des côtes brésiliennes annoncée en grande pompe fin 2007, les sociétés pétrolières se gardent bien de tenir de prestigieuses conférences de presse pour nous informer que le secteur pétrolier mondial perd quatre millions de barils par jour en raison de l'épuisement des réserves. En d'autres termes, alors que nous continuons d'extraire le pétrole des puits répartis à travers le globe, les sociétés en produisent beaucoup moins chaque année. Ce qui signifie qu'elles doivent trouver le moyen de produire environ 20 millions de barils de plus par jour au cours des cinq prochaines années pour compenser les pertes. À l'heure actuelle, nous extrayons trois fois plus de pétrole que nous en trouvons et cela nous conduit inévitablement vers une nouvelle flambée de son prix. De plus, les sociétés pétrolières et les gouvernements envoient rarement des communiqués de presse pour expliquer que ce qui est extrait du sol n'est pas le liquide bon marché qui coule à flot dans le désert d'Arabie saoudite, mais du bitume collant et goudronneux arraché des sables du nord de l'Alberta à des températures qui se situent sous zéro presque toute l'année.

Il n'est pas surprenant que mes prévisions sur l'accélération de l'appauvrissement des plus importantes réserves mondiales et sur la multiplication par deux du prix du baril de pétrole avant le milieu de la décennie aient reçu le même scepticisme que celui réservé à M. Hubbert lors de l'allocution qu'il a prononcée en 1956 à l'intention des membres de l'American Petroleum Institute, alors qu'il démontrait pour la première fois que la production de pétrole aux États-Unis allait connaître un sommet en 1970 pour décliner par la suite. Après son allocution, on s'est moqué de lui, et son employeur, Shell Oil, s'est immédiatement dissocié de ses propos. En prédisant l'effondrement de la production pétrolière aux États-Unis, M. Hubbert est devenu un paria et j'étais en bonne voie de l'imiter[6]. Grâce à mes prévisions concernant l'avenir du prix du pétrole et son offre, j'étais la risée de mon auditoire, ou au mieux, un objet de dérision.

Au bout du compte, M. Hubbert avait raison : la production américaine a stagné à près de 10 millions de barils de pétrole par jour en 1971. Depuis ce temps, elle a chuté sans interruption pour se situer aujourd'hui à près de la moitié de cette valeur, soit à 5,1 millions de barils. Demain, ce sera encore moins. J'avais raison également.

À force de me retrouver dans le camp opposé dans ce débat sur le pic pétrolier, j'ai compris qu'il est impossible de convaincre les gens d'un sujet qu'ils refusent tout simplement de croire. Les prévisions de M. Campbell sur la montée du prix du pétrole ont évidemment été rejetées du revers de la main par les membres du secteur pétrolier, à l'instar des premières projections de Hubbert sur le pic de production, des décennies auparavant. Quiconque s'aventurait à parler de l'éventuelle pénurie de pétrole à un moment où il était bon marché et semblait couler en vaste quantité était tourné en dérision par les producteurs de pétrole et, en conséquence, ignoré des médias. J'ai tout de même pensé que cela changerait si les faits venaient corroborer mes allégations.

Cinq ans après ma première allocution au Petroleum Club, j'y suis retourné pour présenter une mise à jour de mes prévisions, en 2005. J'étais à ce moment assez certain de capter l'attention de mon auditoire alors que mes prévisions commençaient à se concrétiser : le prix du West Texas Intermediate, le pétrole nord-américain de référence (du nom du pétrole brut léger non sulfuré servant de référence au pétrole raffiné vendu en Amérique du Nord), avait déjà franchi la barre des 50 $ le baril comme je l'avais prévu. Peut-être ces gens doutaient-ils de la courbe de Hubbert, mais la salle était bondée et cela m'indiquait que beaucoup étaient curieux d'entendre ce que j'avais à dire de nouveau sur l'évolution du prix du pétrole.

Cette fois-ci, j'allais parler de la demande et non de l'offre. Jusqu'alors, les tenants du pic pétrolier n'ont parlé que de la menace d'une flambée du prix du pétrole découlant de l'appauvrissement des réserves. Toutefois, la déplétion n'était qu'un des facteurs susceptibles de menacer l'offre mondiale. La demande de pétrole largement subventionné a explosé dans les pays producteurs de pétrole et est devenue une nouvelle menace, particulièrement là où beaucoup d'entre nous comptent s'approvisionner pour répondre à leurs futurs besoins énergétiques : dans les pays membres de l'OPEP.

Me sentant plus confiant que cinq ans auparavant et fort des nouvelles données sur la consommation effrénée du pétrole dans les pays membres de l'OPEP ainsi que dans d'autres importants pays producteurs de pétrole, je me suis présenté au micro et j'ai démontré que les principaux pays exportateurs de pétrole étaient en train de cannibaliser leur propre capacité d'exportation.

Les répercussions sur les marchés pétroliers seraient tout aussi importantes que celles découlant de l'appauvrissement des réserves. Ne pouvant répondre à la forte demande provenant des pays en émergence, les conditions de plus en plus restrictives imposées au marché du brut feraient doubler le prix du pétrole pour atteindre 100 $ le baril avant deux ans. En d'autres termes, les principaux pays producteurs de pétrole s'apprêtaient à consommer tant de leur propre pétrole qu'il n'y en aurait plus pour le reste du monde, à l'instar des États-Unis qui consomment le quart de la production mondiale, mais en extraient moins du dixième.

J'avais tort sur un point : mon auditoire n'était pas réceptif. Quiconque a déjà lu les petits caractères près de l'astérisque de n'importe quelle publicité de société d'investissement sait très bien que les résultats passés ne garantissent aucunement les rendements futurs. J'étais néanmoins assez interloqué de constater à quel point les gens tiennent à leurs perceptions erronées. Malgré une fiche parfaite, aucun de mes auditeurs n'a cru que le prix du pétrole allait atteindre les 100 $, pas plus qu'ils ne croyaient des années plus tôt que le baril grimperait à 50 $.

Ironiquement, plusieurs des cadres qui se sont moqués de mes perspectives sont ceux qui en ont le plus profité une fois qu'elles se sont avérées. Bien entendu, le baril a grimpé bien au-dessus de la barre des 100 $ et ce phénomène a fait passer les sables bitumineux canadiens de ressource marginale à l'une des plus importantes sources d'hydrocarbures au monde. En cours de route, le Petroleum Club de Calgary est sorti de l'ombre et est devenu du jour au lendemain un joueur majeur du secteur mondial de l'énergie. Cela a provoqué un boom pétrolier en Alberta où l'on a pu voir, à certains moments, des employés se faire payer 40 $ l'heure pour servir du café.

C'était la bonne nouvelle que je tentais de leur raconter cinq ans plus tôt. Le prix élevé du pétrole transformerait les coûteux sables bitumineux en une ressource pétrolière incontournable. Mais ce qui est bon pour l'Alberta ne l'est pas nécessairement pour le reste de la planète.

Chaque fois que le prix du baril de pétrole descend de quelques dollars, on m'accuse de m'être fourvoyé. Lorsque le prix est passé de 147 $ à moins de 40 $, pendant une courte période, beaucoup pensaient que je m'étais vraiment trompé. Je n'y vois aucun problème. J'ai défendu mon point de vue sur les chaînes CNN, ABC et dans les pages des quotidiens comme le *New York Times* et le *Wall Street Journal*. On trouve toujours quelqu'un pour défendre l'argument voulant que la sévérité de la crise mondiale découle d'un concours de circonstances bien précises qui disparaîtront tôt ou tard et qu'une fois de plus, le concept ridicule de déplétion des réserves se révélera faux. Lorsque le prix du baril a franchi la barre des 100 $ en janvier 2008, on nous a raconté qu'un vilain négociant avait fait monter le prix à lui seul pour rigoler, un jour où ses collègues étaient en vacances[7]. Mais lorsque le prix a continué de grimper, on a invoqué d'autres raisons, dont la ruée sur le marché des fonds spéculatifs attirés par l'appât de gains rapides. Je n'ai presque jamais entendu l'hypothèse voulant que l'offre puisse ne pas suffire à la demande. Je dois avouer que cela ne me surprend guère. Après tout, les modèles économiques me donnent tort : l'offre devrait suivre la demande.

Les règles de base de la science économique sont relativement simples, si l'on fait fi des équations mathématiques qui en font maintenant partie. Les deux principes fondamentaux de cette science obscure indiquent que la courbe de la demande fléchit et celle de l'offre grimpe. En d'autres termes, plus il y a de gens intéressés par un produit, plus le prix du produit devrait être élevé. Et plus le prix grimpe, plus il devrait y avoir de produits. Repérez le point où les deux courbes se croisent et en un tournemain, vous avez trouvé le prix d'équilibre du marché.

Si on donnait une Porsche Carrera à chaque détenteur d'un billet d'un match de hockey, cette voiture vaudrait beaucoup moins chère qu'actuellement. Si nous commencions à manquer de shampoing, par exemple, le prix se mettrait à grimper. Les fabricants y verraient un incitatif à augmenter la production de shampoing et le prix redescendrait. Un jeu d'enfant.

Les lois fondamentales de l'offre et de la demande dictent qu'un prix élevé du pétrole devrait provoquer une augmentation de l'extraction de la ressource afin de mettre un terme à l'augmentation de la demande. Et c'est précisément ce que les économistes continuent de prédire. À l'instar du chien de Pavlov, ils réagissent au réflexe comme on les a entraînés à le faire.

Après tout, l'histoire est là pour leur donner raison, comme les pétroliers de Calgary me l'ont vite rappelé. À deux reprises dans le passé, une flambée catastrophique du prix du pétrole fut rapidement suivie d'un retour à la normale, comme les lois de la science économique le prédisent. En 1973 et en 1979, l'économie mondiale était plongée dans le chaos en raison de la pénurie de carburant et du prix élevé qui en découlait. Rapidement, les lois éprouvées de l'offre et de la demande ont rétabli le prix du pétrole à un niveau acceptable et ont ramené l'économie à l'ordre.

Qui plus est, comme les économistes l'avaient prédit, le prix élevé du pétrole a provoqué l'injection massive d'investissements dans des technologies qui sont venues améliorer de façon spectaculaire le rendement énergétique, telles que la production de plus petites voitures et la construction de centrales électriques au gaz naturel. Il est également vrai que de nouvelles réserves ont aidé à réduire le prix du baril de pétrole. Les champs pétrolifères britanniques en mer du Nord ont inondé les marchés mondiaux de pétrole, à l'instar du gisement pétrolier de Prudhoe Bay en Alaska, et ont contribué à rétablir l'offre mondiale en pétrole et à alimenter un boom respectivement en Grande-Bretagne et en Alaska. Encore une fois, les lois de l'offre et de la demande semblaient avoir triomphé, puisque l'augmentation du prix avait provoqué l'apparition de nouvelles réserves comme il était indiqué dans les manuels de science économique.

Mais l'histoire regorge de faux-semblants. Les crises énergétiques de 1973 et de 1979 étaient de nature politique et non géologique ou économique. Le monde a commencé à manquer de pétrole parce que les principaux pays producteurs ont simplement fermé le robinet. Plus tard, ils l'ont rouvert.

Mais aujourd'hui, le robinet est ouvert à son maximum. Toutefois, même si tout le monde s'efforce d'extraire autant de pétrole que possible, cela ne semble pas suffire à l'insatiable soif de pétrole du monde entier. Quelque chose de plus fondamental est en train de se produire.

Actuellement, les marchés pétroliers mondiaux ont réussi à renverser les lois de l'offre et de la demande. Contrairement aux principes de base de la théorie économique, la demande de pétrole a crû plus rapidement durant la période d'augmentation du prix du pétrole que durant la précédente décennie, lorsque le prix correspondait plus ou moins au cinquième du prix affiché, début 2008. Au lieu de tempérer la demande, le prix record du pétrole semble avoir stimulé la consommation.

De plus, au lieu de faire jaillir encore plus de nouveau pétrole, la multiplication par cinq du prix du brut a pratiquement provoqué l'arrêt net de l'offre. Malgré les mesures visant à encourager une augmentation de l'extraction de pétrole, les appels des dirigeants de l'OPEP pour que s'ouvrent les robinets et les demandes personnelles du président Bush auprès de l'Arabie saoudite, la production mondiale a à peine crû en 2005. Du jour au lendemain, les manuels semblaient décrire les rouages d'un univers différent de celui dans lequel nous vivions.

Il est difficile de savoir ce qui effraie le plus les économistes. Est-ce le fait que la production mondiale de pétrole ait atteint un plateau ou est-ce plutôt celui que les principes de base de leur science ne semblent plus fonctionner?

Il est amusant de constater que certains puissent considérer l'arrivée d'une récession comme une bonne nouvelle.

Avec la rareté du crédit survenue en 2008, dans la foulée de la crise des prêts hypothécaires à haut risque, le prix du pétrole a dégringolé au même titre que les cours des bourses mondiales. Apparemment, le prix du pétrole aurait plongé du prix record de 147 $ le baril à un peu moins de 40 $, et ce, du jour au lendemain. Comme on pouvait s'y attendre, ceux qui s'étaient jetés à corps perdu sur les marchés pétroliers ont déguerpi, plus particulièrement les fonds spéculatifs et d'autres investisseurs, forcés de vendre leurs actifs pour compenser les pertes enregistrées dans d'autres portefeuilles. Et comme on pouvait s'y attendre, la dégringolade des titres a poussé plusieurs analystes à conclure qu'après tout, il n'y avait pas de problème de pénurie et que l'établissement du prix du baril dans les trois chiffres n'avait été que le résultat d'une petite anomalie spéculative.

Il va de soi que la plupart des analystes qui en sont venus à cette conclusion étaient les mêmes qui prétendaient que le prix du baril ne dépasserait jamais les 50 $. Évidemment, si vous faites partie de ceux qui croient que le marché règlera le problème du prix élevé du pétrole et que soudainement, ce prix se met à descendre, vous pourriez être porté à croire que le marché s'est conduit comme vous vous y attendiez.

Mais personne n'a prétendu que le prix ne redescendrait jamais. Dans les faits, on s'attend précisément à ce qu'un contexte de pénurie mondiale provoque des mouvements incontrôlés et destructeurs des prix. En temps de récession, la demande de pétrole tout comme son prix chutent. Personne ne devrait s'en étonner.

Nous devrions toutefois éviter d'interpréter les variations du prix du pétrole comme étant un effet de la récession; elles en sont plutôt la cause. En 2008, alors qu'on montrait du doigt l'implosion du marché des prêts hypothécaires à haut risque en sol américain comme principal responsable de la récession, la flambée du prix du pétrole au-dessus de 100 $ a joué un rôle beaucoup plus important dans le déraillement des économies nord-américaine et européenne.

Prétendre que la chute du prix du pétrole est la preuve que l'établissement d'un prix record découlait d'une spéculation massive sur les marchés pétroliers témoigne du fait que l'on ignore le problème sous-jacent : le déséquilibre fondamental entre l'offre et la demande mondiale. Mais ce que les sceptiques oublient de mentionner, c'est la raison pour laquelle le prix du pétrole ne s'est pas établi à 20 $ le baril, comme ce fut le cas au cours de la précédente récession, il y a neuf ans. Le prix du West Texas s'est établi autour de 40 $ le baril, et le prix du Brent, le pétrole de référence européen, s'est échangé à environ 45 $, et ce, malgré une récession trois fois plus sévère.

Le prix ne baissera pas à ce point pour une bonne raison. Les sceptiques craignent d'en parler, mais si le prix du pétrole se situe entre 60 et 90 $ le baril, plusieurs mégaprojets énergétiques, comme les sables bitumineux canadiens, seront abandonnés, faute de rentabilité. De nos jours, gratter les fonds de tiroir est un exercice qui coûte cher et ça n'est pas près de changer. Si vous croyez qu'un prix élevé entraîne l'apparition de nouvelles réserves, vous êtes obligé de croire également qu'à chaque fois que le prix descend, il y a moins de pétrole enfoui dans le sol. Il se peut qu'il y ait du pétrole enfoui dans le sol, mais personne ne s'engagera à perdre de l'argent pour l'en extraire. Les lois de l'économie sont une arme à double tranchant.

De toute façon, comme nous allons le voir, il devient de moins en moins important de savoir combien de pétrole consomment les pays de l'OCDE (Organisation de coopération et de développement économiques regroupant les 30 démocraties les plus avancées et les plus riches). L'Amérique du Nord et l'Europe sont peut-être en train de lever le pied, mais ailleurs dans le monde, les leaders et les penseurs enfoncent la pédale à fond avec autant d'enthousiasme que nous faisons le contraire. Nous pouvons réduire notre consommation autant que nous le désirons, tant que les Saoudiens, les Vénézuéliens, les Chinois et les Indiens gardent le pied sur l'accélérateur, cela n'aura pas de conséquence.

En août 2008, au moment où le prix du pétrole a atteint un sommet, les Américains ont parcouru

24 milliards de kilomètres de moins qu'en août 2007. C'est la plus importante baisse que le gouvernement enregistrait depuis qu'il avait commencé à compiler ce genre de données en 1942. Un tel effondrement de la demande explique en partie la baisse du prix du pétrole. On trouve toutefois suffisamment de conducteurs ailleurs dans le monde heureux de parcourir ces kilomètres et de consommer ce pétrole. Même si la demande stagne dans les pays riches, elle ne fera que croître ailleurs pour éventuellement nous ramener où nous étions au moment où le prix était si élevé.

Cependant, la demande ne stagnera pas indéfiniment. Il s'agit peut-être de la pire récession depuis la Seconde Guerre mondiale, mais cela révèle surtout la puissance destructrice d'un prix s'élevant à plus de 100 $ le baril. Si 40 $ est le prix le moins élevé que l'on puisse avoir alors que l'une des pires récessions sévit, à combien s'élèvera-t-il lorsque l'économie se relèvera ?

C'est très simple. Lorsque les différentes crises qui secouent le monde financier se seront résorbées, nous nous retrouverons avec le même déséquilibre fondamental entre l'offre et la demande qu'avant la récession. Ce déséquilibre a fait grimper le prix à près de 150 $ alors. Au cours du prochain cycle, ce même déséquilibre nous conduira probablement à 200 $ le baril avant qu'une nouvelle récession ne rapporte le prix et la demande à des niveaux moins élevés.

Activité économique et consommation d'énergie vont de pair. Si vous voulez stimuler l'économie, vous devez consommer plus d'énergie. Voilà précisément pourquoi l'épuisement des réserves de pétrole représente une menace d'une telle ampleur pour la croissance économique mondiale. Si, en revanche, l'économie connaît des ratés et commence à se replier, la consommation d'énergie diminue et son prix baisse. Cela ne signifie pas que l'établissement du prix du baril au-dessus du seuil symbolique de 100 $ ait été une anomalie passagère. Elle indique néanmoins à quel point il est difficile de continuer de faire fonctionner l'économie sur l'accessibilité à du pétrole bon marché. En conséquence, on peut facilement deviner ce qu'il adviendra du prix une fois la récession passée.

Au lieu de nous bercer d'illusions sur la tendance du prix du pétrole, une récession mondiale ne changera pas le fait indéniable que la production de pétrole est sur le point d'atteindre un plateau, pendant que la consommation continue de croître partout au monde. Les récessions ne diminuent pas notre dépendance au pétrole, elles ne font que modérer un tout petit peu notre appétit. Lorsque nous commencerons à nous sentir un peu mieux, nous reprendrons nos vieilles habitudes de consommation effrénée et il se peut que nous restions sur notre appétit. Parce qu'au contraire de ce qui s'est produit après les derniers chocs pétroliers, nous ne pourrons plus compter sur un boom pétrolier.

Si nous attendons que la main invisible d'Adam Smith intervienne pour extraire de nouvelles réserves abondantes de pétrole bon marché, aussi bien attendre Godot. Les gouvernements du monde entier peuvent bien concocter des plans de sauvetage visant à allonger des sommes d'argent aux entreprises et aux contribuables, vous pouvez être sûr d'une chose : il n'y aura pas de plan de sauvetage énergétique.

Tout comme j'avais de bonnes et de moins bonnes nouvelles à adresser aux producteurs de pétrole, la seconde partie du présent ouvrage vous en réserve également.

Les moins bonnes d'abord. Attendez-vous à ce que l'épuisement des réserves, combiné à l'augmentation de la demande, provoque une pénurie, qui se traduira par un prix plus élevé. Vous pouvez prévoir un prix du pétrole se situant dans les trois chiffres très prochainement. Évidemment, le prix à la pompe va également grimper. Vous pouvez compter là-dessus. Aux États-Unis, cela pourrait correspondre à un prix allant jusqu'à 7 $ le gallon et, en sol canadien, le litre dépassera les 2 $. Les Européens paient déjà ce prix. Ils devraient en conséquence se préparer à ce que le prix de l'essence double aussi. En outre, les conséquences seront tout aussi néfastes dans des secteurs auxquels vous n'avez pas songé.

La vie telle que nous la connaissons est menacée dans un monde où le prix des combustibles fossiles est élevé. Un prix du pétrole élevé signifie que notre mode de vie dépensier, rendu possible grâce à l'énergie bon marché disponible depuis quelque temps, sera mis à rude épreuve. Vous pourrez oublier les produits peu coûteux fabriqués à l'autre bout de la planète. D'accord, vous ne les aimez guère, mais, depuis un bon bout de temps, ils ont amélioré votre pouvoir d'achat et ont aidé du même coup à maintenir l'inflation à un niveau respectable. Vous les regretterez lorsque vous n'en aurez plus autant pour votre argent.

Le prix de la nourriture, en particulier, va augmenter énormément. Dans les faits, la nourriture est en train de devenir de plus en plus chère. Le liquide que vous injectez dans votre voiture est le même que celui que le fermier de l'Iowa utilise pour planter et récolter son maïs (sans compter le gaz naturel qu'il a fallu dépenser pour fabriquer son engrais). C'est le même liquide qui fait rouler les camions, voler les avions et voguer les bateaux, lesquels sont utilisés pour assurer le transport des marchandises. C'est le même liquide qui est utilisé en pétrochimie pour fabriquer des objets en plastique et des produits pharmaceutiques. C'est aussi le liquide qu'utilise la marine pour alimenter ses navires et celui dont les gouvernements municipaux ont besoin pour faire fonctionner les tondeuses à gazon nécessaires à l'entretien de leurs parcs. Quelqu'un devra payer la note et moins de pétrole signifie moins d'argent. Nous aurons bientôt à faire des choix difficiles.

Les bonnes nouvelles à présent.

Un prix du pétrole trop élevé a le potentiel de compromettre notre mode de vie, mais à bien y penser, ça n'est pas un mode de vie particulièrement excitant. L'accès à du pétrole bon marché nous a légué des villes congestionnées croulant sous le smog, le réchauffement planétaire, des marées noires et d'autres types de dégradations de l'environnement. Si vous voulez avoir un aperçu de ce que l'avenir nous réserve, si les pays de l'OCDE prennent les bonnes décisions, regardez du côté de l'Europe. Là-bas, les conducteurs payent déjà jusqu'à l'équivalent de 2 $ le litre, et en France comme en Allemagne, la vie continue.

Le prix de l'essence en Europe donne une idée de ce à quoi les Canadiens et les Américains doivent s'attendre et ce n'est pas la fin du monde. Bien entendu, les prix grimperont (si vous avez déjà commandé une pinte de bière à Francfort ou un *caffe latte* à Londres, vous savez à quel point les prix sont plus élevés en Europe qu'en Amérique du Nord). Nous vivrons dans des agglomérations plus denses, nous conduirons des voitures plus compactes, nous vivrons plus simplement et miserons sur l'achat local. Lorsque nous voyagerons, nous monterons probablement à bord d'un train propulsé à l'électricité plutôt qu'à bord d'un avion alimenté au kérosène. De plus, avec les changements climatiques qui viennent également modifier notre façon de consommer, nous pourrions bientôt prêter plus attention non seulement au prix des combustibles à base de pétrole, mais également au volume de carburant que nous consommons, comme le font déjà les Européens.

Vivre dans une agglomération plus propre, plus efficace et plus dense n'est pas à proprement parler une catastrophe. Où préféreriez-vous passer vos vacances ? À Paris ou à Houston ?

Il y aura des perdants lorsque les semi-remorques de la mondialisation seront placés sur la voie du garage, mais il y aura aussi des gagnants. Dans un contexte où le prix du pétrole est élevé, franchir les distances coûte beaucoup plus cher. Plusieurs des emplois manufacturiers bien rémunérés que l'on croyait perdus à tout jamais au profit de marchés étrangers pourraient bientôt être de retour. À chaque augmentation d'un dollar du prix du combustible de soute qui propulse les navires porte-conteneurs sillonnant le Pacifique, la Chine perd peu à peu de son avantage au profit des pays occidentaux qui se remettent à présenter un profil concurrentiel. Qui aurait prédit que le prix du pétrole à 100 $ le baril aurait donné un nouveau souffle à la Rust Belt aux États-Unis ou au secteur de l'acier en Grande-Bretagne?

Préparez-vous à l'émergence d'un monde plus petit. Bientôt, votre alimentation sera composée de nourriture provenant de champs situés bien plus près de chez vous et les produits que vous achèterez vont probablement avoir été fabriqués dans une usine se trouvant à l'autre bout de la ville et non à l'autre bout du monde. Vous allez sans aucun doute conduire moins et marcher plus, ce qui signifie que vous allez faire vos achats et travailler plus près de la maison. Vos voisins et votre quartier sont sur le point de prendre beaucoup plus d'importance, devant l'émergence imminente d'un monde plus petit.

Voici le dilemme auquel nous sommes confrontés. Allons-nous réinvestir dans une économie mondiale et une infrastructure qui nous forcent à donner chaque dollar, chaque euro, chaque yen de l'argent que nous gagnons pour acheter du pétrole? Si tel est le cas, nous nous engageons dans un cycle destructeur fait de récessions et de reprises qui se répéteront chaque fois que l'économie se heurtera au mur du prix du pétrole. Si nous poursuivons dans cette voie, le pic pétrolier deviendra bientôt le pic du PIB.

Nous avons aussi le choix de changer. Non seulement devons-nous briser le lien qui lie notre économie
au pétrole, mais nous devons réinventer notre mode
de vie pour nous adapter à un contexte grandissant de
pénurie d'énergie. Ce qui signifie adopter un mode
de vie où l'on consomme moins d'énergie. Bien que des
événements tragiques puissent se produire en cours
de route, ne soyez pas surpris si vous trouvez plus de
points positifs que prévu, comme une solution de remplacement aux émissions de CO_2. Ne soyez pas surpris
non plus si le monde plus petit dans lequel nous nous
apprêtons à évoluer s'avère beaucoup plus agréable à
vivre que celui que nous sommes sur le point de quitter.

Quoi qu'il arrive, le monde deviendra plus petit.

PREMIÈRE PARTIE

CHAPITRE 1

LE RENVERSEMENT DE L'OFFRE

Lorsque vous trouvez des pièces de monnaie entre les coussins du sofa à un moment où vous n'en avez pas suffisamment pour prendre le métro, cela peut constituer une découverte de taille. Surtout si ces pièces vous aident à arriver au travail à temps.

Toutefois, si vous avez à répéter l'exercice tous les matins pour aller travailler, peut-être devriez-vous chercher un emploi plus près de chez vous.

À l'heure actuelle, les sociétés pétrolières sondent avidement les profondeurs du sofa et jusqu'à présent, elles ont pu trouver suffisamment de pièces de 25 sous et de 10 sous (et même de sous) pour nous aider tous à nous rendre au travail. Mais on ne trouvera pas indéfiniment de menue monnaie alors que de plus en plus de gens partent travailler tous les matins.

Les puits de pétrole de la planète commencent à manquer de la ressource qui fait fonctionner le système. Éventuellement, chaque puits sera à sec. Dans les faits, la fin des activités d'exploitation d'un puits survient bien avant qu'il ne soit à sec. Malgré les technologies les plus avancées, les sociétés ne peuvent extraire qu'à peine la moitié de la réserve d'un puits avant que des facteurs géophysiques et économiques ne les conduisent à abandonner leurs efforts, faute de rentabilité. La question est de savoir s'il sera possible de découvrir une nouvelle réserve à temps pour remplacer celle qui vient d'être abandonnée. Si le rythme actuel d'épuisement des réserves se maintient, nous devrons trouver près de 20 millions de barils de nouveau pétrole par jour au cours des cinq prochaines années simplement pour que la production mondiale garde le niveau actuel. C'est beaucoup demander, même avec du pétrole brut coulant à flot produit à bon marché. Toutefois, ce n'est pas du tout de cela qu'il s'agit.

Il s'agit plutôt de l'équivalent énergétique de la menue monnaie. Le pétrole qui remplacera celui des puits en déclin est sale et difficile à trouver. Il est peu fiable et il coûte cher. À l'instar de la monnaie que vous trouvez au fond des poches d'un pantalon que vous n'aviez pas porté depuis longtemps, une grande partie du pétrole que nous raffinons et que nous consommons aujourd'hui aurait été rejeté du revers de la main si nous avions encore accès aux puits que l'on a récemment abandonnés.

Le fait est que nous n'y avons plus accès. Les voitures de nos parents les ont mis à sec depuis longtemps. De la mer du Nord au Mexique, en passant par la Russie et l'Indonésie, les puits produisent moins de pétrole qu'auparavant. L'Agence internationale de l'énergie (un organisme créé par l'OCDE dont le mandat est de prévenir les pénuries d'énergie et de promouvoir la sécurité énergétique) n'a pas cessé de nous avertir que les réserves des puits du monde entier déclinaient de 3,7 % annuellement. À la fin de 2008, fort d'une rigoureuse étude internationale, l'organisme a revu ce chiffre à 6,7 %[1]. D'un coup de crayon, l'économie mondiale venait de perdre des millions de barils de pétrole.

La situation est particulièrement désastreuse dans le plus important marché de pétrole au monde, à savoir les États-Unis. Au cours des trois dernières décennies, la production de pétrole en sol américain a plongé de moitié, de 10 millions de barils par jour à l'aube des années 1970 pour se situer actuellement à 5 millions[2]. Uniquement au cours des 10 dernières années, la production américaine a chuté d'un demi-million de barils par jour.

Pendant ce temps, en Alaska, que l'on considérait encore récemment comme la nouvelle frontière énergétique, la production a décliné encore plus rapidement que dans le reste du pays. C'est en partie le pétrole de Prudhoe Bay, en Alaska, qui a fait sauter le verrou de l'OPEP, lequel était à l'origine des crises énergétique et financière des années 1970. Le champ pétrolifère de Prudhoe Bay demeure l'un des plus importants en Amérique du Nord : plus de deux fois la taille de n'importe quel champ du Texas. Cependant, le champ de Prudhoe Bay a été découvert en 1960 et a été mis en service en 1977. Depuis, la production en Alaska a décliné de près d'un million de barils par jour.

Cela n'a rien de grave si vous consommez moins de pétrole. Toutefois, les Américains en consomment plus qu'il y a 30 ans. Leur consommation est passée de 15 millions de barils par jour en 1970, au moment où les puits de pétrole des États-Unis alimentaient encore les voitures et les camions américains, à près de 20 millions présentement. Inutile de préciser que pour combler la différence entre ce qui est produit en Amérique et ce que l'on y consomme, on fait appel à l'importation, avec son lot de déséquilibres commerciaux et de problèmes géopolitiques, liés à la dépendance aux fournisseurs étrangers acheminant l'énergie nécessaire au fonctionnement de l'économie.

C'est le même scénario, que vous viviez au Canada, aux États-Unis, en Grande-Bretagne ou ailleurs dans les pays développés. En fait, alors que la consommation augmentait de 20 % au Canada et aux États-Unis depuis 1980, elle grimpait de 63 et de 74 % respectivement en Australie et en Nouvelle-Zélande, pendant la même période. Lorsque la consommation croît et que l'offre fléchit, il est difficile de ne pas se préoccuper de l'avenir des réserves de pétrole et des répercussions sur l'économie.

Tout de même, en 2004, le département de l'Énergie des États-Unis faisait état de l'annonce imminente d'une bonne nouvelle. Grâce à la production croissante de pétrole dans le golfe du Mexique, on fondait beaucoup d'espoir sur la possibilité d'une reprise énergétique en Amérique, libérant le pays du phénomène de déplétion des réserves et de l'emprise des pays ennemis producteurs de pétrole. Le département de l'Énergie prédisait donc avec beaucoup d'assurance que la production de pétrole dans le golfe doublerait à deux millions de barils par jour avant la fin de la décennie et qu'elle doublerait de nouveau à quatre millions de barils avant 2020.

Les efforts de forage pétrolier en mer déployés par les États-Unis pour faire monter la production représentent un enjeu considérable. Le golfe du Mexique est le seul endroit où la production a enregistré une croissance depuis les 15 à 20 dernières années. C'est devenu le seul espoir d'une production intérieure déclinante, qui assombrit progressivement le portrait d'ensemble.

À l'évidence, les bureaucrates du secteur de l'énergie à Washington et les membres du secteur pétrolier ont fait preuve d'arrogance. Ils ont tourné en ridicule les prévisions d'un éventuel appauvrissement des réserves de pétrole américaines en s'appuyant sur le fait qu'elles ne tenaient pas compte de la vaste quantité de pétrole et de gaz naturel enfouie dans le sol du golfe du Mexique. Le bon vieux savoir-faire des Américains et leur technologie allaient l'en extraire afin de l'acheminer à votre station-service en un tournemain.

Au printemps 2005, le travail progressait à un rythme effréné sur la plateforme de forage Thunder Horse de la société British Petroleum, la pièce maîtresse de l'imposant projet d'expansion de production de pétrole en mer dans le golfe du Mexique. Ornant la page couverture du magazine *Business Week*, la plateforme Thunder Horse représentait la nouvelle frontière de la production pétrolière en sol américain et repoussait les limites de la technologie de l'exploitation du pétrole en mer.

Pour mettre la main sur ce pétrole, British Petroleum devait forer à 193 kilomètres au large de la Louisiane, dans une mer d'une profondeur de 1,6 kilomètre, puis à 4,8 kilomètres sous le plancher de l'océan. Le champ pétrolifère s'étend sur plus de 80 km^2 et le pétrole est foré sur une plateforme d'une dimension comparable à celle d'un terrain de football.

On prévoyait produire jusqu'à 250 000 barils par jour dès la mise en opération de Thunder Horse, dans le courant de l'année 2005, en se disant que la production pourrait augmenter à plus de 500 000 barils par jour. Et en ne tenant compte que de son débit initial, cela en ferait le plus important gisement de la portion américaine du golfe du Mexique.

C'était du moins ce qui était prévu. Mais Thunder Horse – ainsi que tout le secteur pétrolier installé dans le golfe du Mexique – s'est fait piéger quand la saison des ouragans s'est abattue et que les eaux jadis calmes du golfe ont commencé à s'agiter. La saison débuta en force avec l'arrivée d'une première tempête qui établit le record de l'ouragan le plus précoce jamais enregistré. Et cela n'a fait que s'empirer par la suite avec un record de quatre ouragans de force cinq. Rita, et surtout Katrina, plus que les 18 autres ouragans à s'être abattus dans la région du golfe du Mexique et des Caraïbes cette année-là, ont secoué le monde.

Les plateformes de forage des sociétés pétrolière et gazière installées dans le golfe n'ont pas plus tenu le coup que les digues de la Nouvelle-Orléans devant la férocité de l'ouragan Katrina. Les normes de conception des plateformes, que l'on disait réalisées sur mesure pour rivaliser avec l'« ouragan du siècle », n'ont pas vraiment été de taille une fois confrontées à la réalité crue.

Les ouragans Katrina et Rita ont ravagé pas moins de 167 plateformes de forage ainsi que 183 oléoducs et gazoducs. Plusieurs plateformes ont été secouées par les vagues comme si elles avaient été de vulgaires canots pneumatiques et on a retrouvé des débris flottant à 97 kilomètres de leur emplacement original. Il s'est avéré que presque aucune plateforme ne pouvait résister à un ouragan de force cinq et la plupart ne pouvaient même pas tenir devant des ouragans de force trois ou quatre. La plateforme Thunder Horse a basculé dans les flots un mois avant Katrina, après le passage de l'ouragan Dennis qui la laissa gîtant dangereusement dans les flots.

Les membres du secteur pétrolier et gazier ont alors soutenu que les ouragans Katrina et Rita n'étaient que des accidents de parcours et qu'il était improbable qu'ils se reproduisent. Toutefois, les ouragans Ike et Gustav leur ont donné tort en balayant le golfe trois ans plus tard. Néanmoins, même avant les passages de Katrina et de Rita, des indices incontestables montraient déjà que les ouragans allaient devenir beaucoup plus dévastateurs.

Alors qu'auparavant, dans le golfe du Mexique, les orages violents (de catégorie trois à cinq sur l'échelle Saffir-Simpson) n'étaient que des phénomènes relativement occasionnels, ils deviennent de plus en plus fréquents. En effet, l'organisme américain de météorologie, le National Oceanic and Atmospheric Administration (NOAA), a découvert qu'au cours des trois décennies précédentes, le nombre d'orages entrant dans ces catégories a plus que doublé. De plus, le NOAA prévoit que la tendance ira en s'amplifiant avec le réchauffement climatique, conséquence de rejets de plus en plus massifs de gaz à effet de serre (GES) dans l'atmosphère.

Ironiquement, les États-Unis, qui ont refusé de signer l'accord de Kyoto, pourraient bientôt se rendre compte que la région du golfe du Mexique, surpeuplée et riche en énergie, fait désormais partie d'un système mondial d'alerte initiale en matière de réchauffement climatique.

C'est essentiellement l'eau chaude qui alimente les ouragans. On a découvert que l'augmentation du nombre de tempêtes tropicales violentes dans le golfe du Mexique était fortement liée à la montée de la température à la surface des eaux du golfe et de celles situées sous les latitudes tropicales de l'océan Atlantique, d'où proviennent la plupart des ouragans qui balayent le golfe. En d'autres termes, ce qui était considéré comme «l'ouragan du siècle» deviendra dorénavant «l'ouragan de l'année».

Le souvenir gravé dans les mémoires des Canadiens et des Américains, à propos de la saison des ouragans de 2005, est le prix de l'essence plutôt que celui du pétrole. Pendant que le prix du West Texas Intermediate grimpait d'environ 10 % pour s'établir à 70 $ le baril, le prix de l'essence croissait de 50 % pour se chiffrer à 3 $ le gallon. Même à 1 600 kilomètres au nord des raffineries du golfe du Mexique mises hors service, le prix de l'essence à Montréal s'est ajusté sur celui affiché au sud de la frontière canadienne et passa de moins de 1 $ à plus de 1,30 $ le litre. Mais l'augmentation du prix du pétrole découlant du passage des ouragans n'en est pas l'unique responsable, l'augmentation des marges de craquage compte également.

Le processus dit de « craquage », qui permet de convertir le pétrole en essence, coûte de l'argent. Sous l'action de la température et de l'ajout d'hydrogène, le pétrole brut est converti en hydrocarbures plus légers et plus utiles comme l'essence. La différence entre le coût de ce qui entre à la raffinerie (le pétrole) et le coût de ce qui en ressort (l'essence) est appelée « marge de craquage ».

Avant la saison d'ouragans de 2005, les marges de craquage du golfe du Mexique oscillaient autour de 10 $ le baril. Ce qui veut dire essentiellement que le baril d'essence raffinée coûtait 10 $ de plus que le baril de pétrole brut. Le problème, c'est que 40 % des raffineries américaines sont situées sur les côtes du golfe du Mexique, plus précisément dans la région de Houston. Après le passage des ouragans qui ont mis les raffineries sur la touche, il est devenu soudainement impossible de répondre aux besoins en raffinage et ainsi d'acheminer l'essence aux stations-service. Il y eut rapidement pénurie d'essence, ce qui a fait grimper son prix à la pompe. Les marges de craquage ont monté en flèche. Plus il y a de pétrole en attente de raffinage, plus la marge de craquage augmente. Dans ce cas, les lois de l'offre et de la demande ont fonctionné à merveille.

Un baril contient 42 gallons de pétrole. L'augmentation du coût du raffinage de 10 à 50 $ le baril en 2005 a fait monter le prix du gallon de 75 cents le gallon. Cela ne tient pas compte de l'augmentation du prix du baril de pétrole. Du jour au lendemain, les automobilistes canadiens et américains payaient l'équivalent de près de 100 $ le baril de pétrole, même si en réalité, le baril coûtait 30 $ de moins.

Le même scénario s'est plus ou moins répété en septembre 2008 lorsque les marges de craquage ont atteint des sommets encore plus élevés après que l'ouragan Ike eut frappé de plein fouet Houston et le cœur de l'industrie du raffinage de pétrole. Même si le prix du pétrole n'a pas monté autant qu'après le passage de Katrina et de Rita, le prix de l'essence a atteint des sommets aussi élevés que 5 $ le gallon dans plusieurs États du golfe.

Les dommages subis par les raffineries américaines et la montée du prix de l'essence qui en a résulté mettent en évidence les deux périls qui guettent les automobilistes du Canada et des États-Unis. Non seulement les ouragans menacent environ le quart de la production de pétrole dans le golfe du Mexique, mais plus important encore, ils menacent environ 40 % de la capacité de raffinage des États-Unis, et par le fait même, la capacité de raffiner le pétrole brut provenant d'ailleurs. En d'autres termes, même si les compagnies de pétrole venaient à s'approvisionner ailleurs en pétrole, elles ne pourraient le convertir en essence.

Qu'en est-il des prévisions optimistes voulant que la production dans le golfe allait renverser la vapeur, ou à tout le moins, freiner le déclin de la production américaine de pétrole ? Le US Department of the

Interior's Minerals and Managment Services estime qu'en septembre 2008, soit trois ans après le passage des ouragans, la production dans le golfe était toujours de 20 % inférieure, soit de près de 25 000 barils de pétrole par jour, à ce qu'elle était avant que Katrina et Rita ne balayent la région. La réparation des dommages causés par les ouragans provoqua, encore en 2009, une baisse de la production. Mais cela ne tient compte que des dommages physiques.

Les ouragans ne font pas que couper l'accès au pétrole aujourd'hui. Ils bloquent également l'accès à celui qui sera pompé plus tard. Au lieu de se concentrer sur la recherche de nouvelles réserves, le secteur pétrolier et gazier a passé trois ans à réparer des champs pétrolifères rudement endommagés, comme la plateforme Mars de la société Shell. Lorsque les entreprises doivent modifier de vieilles installations pétrolières pour les rendre à l'épreuve des ouragans, elles ne consacrent plus de temps ni d'argent à en construire de nouvelles.

Il ne s'agit pas de simplement reporter à l'année suivante ce qui était prévu pour l'année en cours. Devant un taux annuel d'épuisement des réserves se situant au-dessus de 10 %, comme dans les champs pétrolifères submersibles du golfe du Mexique, de nouvelles réserves doivent être mises au jour uniquement pour éviter que la production ne décline. Si on veut augmenter la production, on doit découvrir encore plus de puits de pétrole. Et si on s'attend à ce que la production double dans la région du golfe, comme l'avait prétendu le département de l'Énergie des États-Unis, on doit compter sur un ambitieux programme de construction et de forage.

De nouvelles fermetures et de nouveaux retards dans le golfe du Mexique dus aux dommages causés en 2008 par les ouragans Gustav et Ivan, ont fait reculer la production américaine dans cette région. Pendant ce temps, le taux de déplétion des réserves se poursuit. Plus de trois ans après le passage de Katrina et de Rita, non seulement la production dans le golfe du Mexique est à des lunes des prévisions émises par le département de l'Énergie des États-Unis, mais elle se situe à un quart de million de barils de moins par jour que cinq ans auparavant.

Les Américains commencent probablement à comprendre pourquoi les Mayas érigeaient leurs cités à l'intérieur des terres. Lorsqu'on demeure dans une région pendant plus de mille ans, on finit par connaître les caprices de la météo.

COURIR PLUS VITE SUR PLACE

Les champs pétrolifères du golfe du Mexique partagent un défaut majeur avec tous les autres champs situés en eau profonde, ailleurs dans le monde. En mer, surtout en eau profonde, les champs pétrolifères s'épuisent deux fois plus rapidement que sur la terre ferme.

Le taux de déplétion des réserves n'augmente pas malgré les avancées technologiques. Il augmente en raison des avancées technologiques. Les nouvelles technologies n'injectent pas plus de pétrole dans les réserves. Elles augmentent simplement le diamètre de la paille utilisée pour extraire le pétrole du sol.

Parce qu'elles sont plus récentes, les installations de forage pétrolier situées en eaux profondes constituent de grosses pailles. La mer du Nord a inondé le monde de pétrole et a arrosé la Grande-Bretagne de pétrodollars lorsque les immenses champs pétrolifères de Forties and Brent ont été mis en service, en 1975. Toutefois, la production commençait déjà à décliner seulement 20 ans plus tard, et ce, malgré tout l'argent et la technologie que l'on a pu y engouffrer. En fait, avant la fin des années 1980, les sociétés pétrolières avaient injecté plus d'argent en technologie de forage dans la mer du Nord que la NASA n'en avait dépensé pour envoyer un homme sur la Lune[3]. Les puits de la mer du Nord ont enregistré leurs meilleurs taux de production mensuelle en 1985. Ils ont atteint un sommet annuel en 1999 pour chuter par la suite de 43 % en 2007[4]. Même si la Grande-Bretagne figurait parmi les pays exportateurs de pétrole sur qui on devait compter, il n'y a pas si longtemps (d'ailleurs, le pétrole de référence de la mer du Nord est le Brent Light Crude), aujourd'hui, le pays est importateur net de pétrole.

Le même scénario se répète partout ailleurs dans le monde. On a découvert le plus de sources de pétrole en eau profonde en 1996. On doit donc s'attendre à ce que l'exploitation du pétrole en mer atteigne un sommet très prochainement à cause des décalages entre la découverte de nouvelles réserves de pétrole et les pointes de production.

Et pourquoi est-il si important que l'exploitation du pétrole en mer soit sur le point d'atteindre un sommet ? Parce que depuis l'an 2000, ce sont les champs pétrolifères en mer, plus particulièrement ceux en eau profonde, qui ont été la plus importante source de nouvelles réserves de pétrole et qui ont contribué à maintenir la croissance de la production dans le monde. Ils sont toutefois la raison principale de l'accélération de l'appauvrissement des réserves mondiales. Plus nous dépendons du pétrole exploité en mer, plus le phénomène de déplétion s'accélérera.

L'antidote à ce phénomène est la découverte de nouvelles réserves. Bien que l'on continue d'en découvrir de nouvelles, elles ne sont pas l'ombre de celles que l'on mettait au jour par le passé. Prenons l'exemple du champ de Tupi, situé au large du Brésil et dont on fait grand cas. Comparons-le aux champs que le secteur pétrolier avait l'habitude de découvrir. En 1901, le bouillonnant puits de Spindletop, près de Beaumont au Texas, propulsait le pétrole 45 mètres dans les airs et a permis de tripler la production américaine de pétrole du jour au lendemain. Le champ de Ghawar, découvert en 1948 en Arabie saoudite, demeure le plus productif au monde. Si le pétrole du puits de Spindletop était enfoui à 335 mètres sous le sol, celui du champ de Tupi est situé sous 610 mètres d'eau, puis sous 3000 mètres de roches et enfin sous 2000 mètres de sel. Ce n'est pas vraiment le geyser de pétrole brut que Jed Clampett, personnage de la comédie télévisée *The Beverly Hillbillies*, découvre en chassant l'opossum dans l'est du Texas. Le champ de Tupi semble assez prometteur, avec sa réserve de 8 milliards de barils de pétrole, jusqu'à ce qu'on réalise que le champ de Ghawar a déjà contenu 60 milliards de barils. Même la réserve de Tupi commence à avoir des allures de menue monnaie.

Le caractère rapidement évolutif de notre approvisionnement en pétrole donne beaucoup de maux de tête aux économistes. Essentiellement, c'est parce que du point de vue de l'économiste, les ressources naturelles sont disponibles en quantité illimitée. Même si les ressources commencent à manquer, les économistes ont toujours prétendu que l'augmentation du prix reliée à une pénurie stimule l'invention de nouveaux procédés plus efficaces d'extraction pour exploiter des gisements plus difficiles à atteindre. En d'autres termes, plus le pétrole se vend cher, plus il y en a de disponible. Personne n'a intérêt à payer 100 $ pour produire un baril de pétrole s'il se vend 20 $ sur les marchés mondiaux. Le pétrole restera enfoui dans le sol. Mais dès que le prix se met à monter, cela mérite soudainement qu'on fasse un effort pour extraire ce pétrole plus dispendieux.

À cause du principe qui leur est si cher, voulant qu'un prix élevé provoque toujours une augmentation de l'offre, les économistes ne saisissent pas la problématique géologique entourant la découverte de nouveaux gisements de pétrole. Entre tous les principes économiques, c'est la théorie de la courbe ascendante de l'offre qui explique le mieux l'aveuglement des économistes envers tout phénomène de déplétion des réserves. La science économique n'a qu'un seul problème devant la ressource et c'est le prix à la consommation. Mises en rapport avec la consommation à l'échelle du globe, les réserves physiques sont considérées comme infinies.

Et ce concept de quantité illimitée des ressources est encore plus ancré dans l'esprit des économistes lorsqu'il est question de pétrole.

Alors quand surviendra l'importante augmentation de l'offre de pétrole que la théorie de la courbe ascendante des économistes continue de prédire? Pendant près d'une décennie, des gens comme Daniel Yergin du centre de recherche Cambridge Energy Research (CERA)[5] ont maintenu qu'une augmentation des prix mènerait à toujours plus de pétrole. Toutefois, malgré les prévisions optimistes des économistes et des membres du secteur énergétique, ce n'est qu'un ruisseau de pétrole dispendieux et difficile à exploiter qui a émergé des nouvelles réserves. Même les membres de l'industrie du pétrole commencent à admettre que si nous n'avons pas atteint un pic de production, nous nous trouvons à tout le moins devant une pénurie sans précédent.

Cela peut paraître surprenant étant donné le flot continu d'annonces émanant des différents mégaprojets pétroliers à travers le monde concernant les importantes hausses en approvisionnement. Le problème réside plutôt dans ce qui est passé sous silence. Les sociétés pétrolières et les pays producteurs de pétrole évitent de transmettre des communiqués tape-à-l'œil annonçant l'ampleur des pertes annuelles découlant de l'épuisement de leurs puits. Chaque année, de moins en moins de pétrole jaillit des champs pétrolifères du monde entier, surtout celui relativement bon marché issu des champs du Moyen-Orient. Ces champs ont formé la base de l'approvisionnement mondial en pétrole depuis la Deuxième Guerre mondiale, lorsque l'Arabie saoudite s'est mise à dominer le marché mondial de pétrole en raison de son incroyable réserve de pétrole liquide. Les deux plus importants champs pétrolifères, sur terre (Ghawar) et en mer (Safaniya), sont situés en Arabie saoudite. Aujourd'hui, nous avons toutes les raisons de croire que les deux champs sont en déplétion, quoique les Saoudiens soient les seuls à connaître le fin fond de l'histoire. Sans Ghawar et Safaniya, le marché mondial du pétrole va connaître un bouleversement.

Le phénomène de déplétion force à courir plus vite pour rester au même point. Le tapis roulant semble d'ailleurs tourner de plus en plus rapidement. L'appauvrissement des puits existants s'est accéléré à un point où environ quatre millions de barils par jour disparaissent de la production mondiale annuelle. C'est une perte difficile à combler. Il est devenu pratiquement impossible de combler les pertes et d'augmenter en même temps la production mondiale pour répondre à la demande d'un monde qui consomme plus de pétrole.

Avec la hausse de l'épuisement des réserves, jumelée à notre dépendance accrue envers le pétrole exploité en eau profonde, il devient difficile de rester au même point. Au cours des cinq prochaines années, nous devrons remplacer 20 millions de barils de pétrole conventionnel par jour par du pétrole non conventionnel très difficile à exploiter et très cher, parce que c'est la seule nouvelle réserve de pétrole sur laquelle nous pouvons compter pour augmenter la production à la suite d'une augmentation du prix.

Même entre 2005 et 2007, lorsque le prix du pétrole a atteint des sommets et fait en sorte que le pétrole dispendieux des sables bitumineux canadiens a pénétré le marché mondial, l'offre mondiale en pétrole n'a pas augmenté. Si ce prix n'a pas forcé l'apparition de nouvelles réserves, quelles sont les chances que le prix découlant d'une sévère récession mondiale puisse y arriver ?

Ce qui jaillit du sol et qui coule au compte-gouttes dans les marchés mondiaux (et constitue d'ailleurs l'essentiel de l'augmentation de l'approvisionnement mondial annoncé entre 2005 et 2008), sont des carburants que votre voiture ne peut pas consommer. Dans ses prévisions sur les «produits du pétrole», l'Agence internationale de l'énergie (AIE) inclut les liquides de gaz naturel comme le butane, dont la production apparaît généralement aux côtés de celle du pétrole. Bien qu'il s'agisse d'hydrocarbures très utiles, ces liquides ne constituent pas une matière première viable sur le plan économique tant pour l'essence que pour le diesel, les deux seuls carburants destinés au transport.

Imaginez-vous sur une autoroute déserte en pleine nuit, en panne d'essence, et dans l'attente qu'un automobiliste passe. Lorsqu'une voiture finit par arrêter, un étranger armé de bonnes intentions en descend avec à la main un bidon de butane. Vous seriez probablement reconnaissant qu'il ait pris la peine de vous venir en aide, et vous pourriez vous servir de son butane pour recharger votre briquet, mais ni vous ni votre voiture n'irez où que ce soit.

Accident de parcours ou signe avant-coureur de l'avenir de l'offre? Cela reste à voir. Toutefois, plusieurs chercheurs ont constaté que la présence de liquides de gaz naturel au fond des puits vieillissants est un signe d'un épuisement accéléré.

Comme on peut s'y attendre, on trouve des liquides de gaz naturel et du gaz naturel au même endroit. À mesure qu'un puits devient mature en raison des opérations continues d'extraction de la ressource, la baisse de pression dans le réservoir qui en découle laisse s'échapper le gaz naturel emprisonné qui était en suspension dans le pétrole. Avec le temps, le gaz naturel ainsi relâché monte progressivement à la surface du champ pétrolifère et forme un bouchon. En conséquence, il y a plus de gaz naturel que de pétrole et plus de liquides de gaz naturel que de pétrole. C'est pour cette raison que la présence accrue de liquides de gaz naturel suggère l'accélération de l'appauvrissement des champs pétrolifères.

Ainsi, non seulement n'avons-nous pas ce que nous voulons, mais ce que nous obtenons semble être la preuve géologique qu'il reste très peu de ce que nous voulons.

Nous ne saurons que rétrospectivement si nous approchons ou non du pic pétrolier. Le débat n'est toutefois pas d'en connaître la date au jour près. Il apparaît déjà évident que nous nous trouvons au sein d'une période de bouleversement de l'offre, où le pétrole difficile à exploiter et non conventionnel vient remplacer le pétrole bon marché et conventionnel. Un prix très élevé sert de dénominateur commun à toutes les formes de pétrole non conventionnel, pour la simple raison qu'il faut beaucoup d'énergie pour l'extraire du sol.

Puisque nous avons développé une dépendance au pétrole, notamment cher et non conventionnel, nous pouvons nous attendre à ce que le prix grimpe en conséquence, et ce, même si les objectifs de production sont atteints. En d'autres termes, le simple fait de remplir les objectifs de production ne permettra pas de maintenir le pétrole à un prix abordable si les coûts de production sont plus élevés qu'à l'heure actuelle. Mais la production ne se déroule jamais comme prévu quand vous devez extraire quelque 20 millions de barils de nouveau pétrole par jour dans des endroits techniquement difficiles à exploiter comme Sakahlin-II dans l'est de la Sibérie, le projet Kashagan au Kazakhstan ou les tourbières gelées du nord du Canada, où sont enfouis les sables bitumineux.

Il y a 10 ans seulement, le secteur pétrolier voyait dans le bassin de la mer Caspienne un nouveau Moyen-Orient (peu importe s'il s'agit également de l'ancien Moyen-Orient, puisqu'au tournant du siècle dernier, la ville de Baku en Azerbaïdjan était la capitale mondiale du pétrole avec ses 3 000 puits[6]). Rien n'était plus prometteur que le champ de Kashagan. Certains prétendaient qu'il allait supplanter Ghawar. Mais le champ de Kashagan, à l'instar de plusieurs autres éléphants blancs de l'industrie, n'a pas rempli ses promesses et a tourné au cauchemar. Il y a tant de sulfure d'hydrogène, un gaz mortel, dans le pétrole que les travailleurs doivent porter un masque pour les prémunir contre l'intoxication. À la suite d'incessants dépassements de coûts, la date de mise en service, d'abord prévue en 2008, a été repoussée au-delà de 2013.

Bienvenue dans le nouveau monde du pétrole. Il est dissimulé dans les endroits les plus reculés et les plus inhospitaliers de la planète. S'il y a une chose dont vous pouvez être certain, c'est que cela nécessitera trois fois plus de temps et qu'il en coûtera trois fois plus que le prétendront les exploitants et les gouvernements des pays d'accueil pour acheminer ce pétrole sur les marchés mondiaux. Le passage du pétrole classique au nouveau pétrole signifie que les retards et les monstrueux dépassements de coûts deviendront la norme et non l'exception du portrait global de l'avenir de la production pétrolière. Le secteur pétrolier n'est pas différent des autres secteurs d'exploitation des ressources en ce sens qu'on ne garde pas le meilleur pour la fin.

Qui dit nouveau monde, dit plus d'inconvénients que de bénéfices. La montée en flèche des frais de mise en exploitation multiplie les dépenses, attise les tensions entre sociétés et pays d'accueil et force d'importantes modifications aux ententes sur les royautés, quand ce n'est pas des changements de propriétaire. Demandez aux cadres de Shell de vous parler de leur ancien projet Sakahlin-II, l'un des plus importants qu'ils aient dirigés. L'entreprise a injecté des milliards de dollars dans cette série de plateformes de forage ancrées dans les eaux glaciales de la mer d'Okhotsk, dans le Pacifique Nord. Lorsque d'ahurissants dépassements de coûts sont venus gruger la marge de profits du gouvernement russe, le projet a soudainement contrevenu à de nouveaux règlements environnementaux adoptés après coup par le gouvernement et Shell s'est retrouvée en terrain inhospitalier. Sous la contrainte, Shell a dû tout vendre à des intérêts russes et tourner le dos à 1,2 milliard de barils de pétrole.

Si les actionnaires de Shell voulaient une justification pour les milliards de dollars engloutis dans une entreprise risquée sur les plans tant géologique que politique aux confins de l'est de la Sibérie, la réponse serait toute simple : c'est tout ce qu'il restait.

LE TEMPS EST AU SABLE

Il n'y a pas meilleur exemple que les sables bitumineux canadiens pour illustrer cette réalité. À l'instar de la hausse de la production des liquides de gaz naturel, les milliards injectés dans les sables bitumineux représentent un signe assez évident qu'il ne reste plus beaucoup de pétrole brut léger, non corrosif et facile à exploiter, tant recherché par les sociétés pétrolières et leurs clients.

Si tel était le cas, ils l'extrairaient et ne perdraient pas leur temps dans le nord de l'Alberta où la température en hiver descend à 28 degrés Celsius sous zéro et où chaque baril de pétrole est emprisonné dans deux tonnes de sable. Pour l'en extraire, vous devez d'abord compter sur une flotte de camions coûtant chacun des millions de dollars, pouvant transporter plus de 300 tonnes de sables froids et bitumineux (au cas où vous vous poseriez la question, vous auriez à débourser la modique somme de 35 000 $ pour réparer la crevaison du pneu de l'un de ces mastodontes de 650 000 kilos, propulsés par un moteur de 24 cylindres). Pour creuser, vous aurez également besoin d'immenses pelles à vapeur, chacune consommant 16 000 litres de diesel par jour.

Plus important encore, vous devrez probablement compter sur un gouvernement accommodant, lequel vous accordera le droit de soutirer les bénéfices de ces paysages dévastés.

Ce n'est pas seulement le pétrole enfoui dans les sables bitumineux canadiens qui attire l'attention des sociétés, quoiqu'un monde avide de pétrole ne puisse se permettre d'écarter quelque 165 milliards de barils de pétrole. C'est l'endroit où il est enfoui qui le rend aussi attrayant. Le Canada est l'un des derniers endroits au monde où les sociétés privées peuvent détenir et exploiter les ressources pétrolières. Bien que la plupart des Canadiens et des Américains trouvent normal qu'Exxon s'installe et exploite un champ pétrolifère, ce n'est plus du tout le cas dans le reste du monde.

Comme dans l'immobilier, le secteur mondial de l'énergie ne carbure qu'à la location. Selon l'opinion que l'on se fait du climat actuel d'investissement au Kazakhstan et au Nigeria, les sables bitumineux canadiens représentent entre 50 et 70 % des réserves de pétrole mondiales « investissables ». Ici le mot « investissable » signifie que des sociétés pétrolières privées (et pour la plupart étrangères) peuvent obtenir du gouvernement du pays d'accueil des concessions leur permettant de posséder et d'exploiter les ressources en hydrocarbure situées sur leur territoire.

Plus important encore, cela signifie qu'après avoir injecté des milliards de dollars dans le développement de leur propriété pétrolière, les sociétés n'ont pas à s'inquiéter du fait que le gouvernement change soudainement d'avis et qu'il la leur retire, comme ce fut le cas en Russie avec Shell ou au Venezuela avec Exxon et les sables bitumineux d'Orinoco. Où voudriez-vous investir? Dans un pays qui vient de s'approprier vos actifs (ou ceux de votre concurrent) dont la valeur s'élève à des milliards de dollars ou dans le Grand Nord canadien où tout ce qu'une multinationale pétrolière doit faire pour se montrer socialement responsable est de parrainer une équipe de hockey mineur locale de Fort McMurray?

Le modèle de propriété publique, fondé sur des «champions du pétrole» nationalisés, est celui qu'une vaste majorité de pays ont adopté. Les économies occidentales ont le droit de ne pas croire au modèle public, mais cela n'empêche pas des pays très différents comme la Chine, le Venezuela, la Russie ou l'Arabie saoudite d'utiliser leurs sociétés pétrolières publiques pour servir leurs intérêts nationaux. L'établissement d'un prix record des denrées de base a encouragé les pays du globe à adopter une voie nationaliste en matière d'exploitation des ressources. C'est encore plus vrai dans le cas du pétrole. La montée de ce sentiment nationaliste a provoqué une hausse de la prise en charge locale des ressources. Même aux États-Unis, au royaume de la libre entreprise, un prix du pétrole au-dessus de 100 $ a forcé le Congrès américain à ouvrir une enquête sur les pratiques abusives de fixation des prix et de spéculation des investisseurs de Wall Street. Il est toutefois plus facile de rappeler à l'ordre les spéculateurs et les fonds spéculatifs que de contrôler le phénomène de déplétion des réserves de pétrole du monde entier.

La plupart des gens croient que, lorsqu'il y a d'immenses bénéfices à faire, il vaut mieux qu'ils reviennent à des sociétés pétrolières publiques plutôt qu'à des sociétés privées et souvent étrangères. C'est la raison pour laquelle les sociétés pétrolières les plus importantes et les plus puissantes au monde sont publiques et sous contrôle de l'État comme Sinopec en Chine ou Gazprom en Russie. Non seulement ils expulsent les entreprises privées comme Exxon hors de leurs champs de pétrole, mais ils exercent aussi une féroce concurrence, la plupart du temps sans vraiment de contraintes de marché, afin de mettre la main sur le pétrole de pays étrangers. Les importantes sociétés pétrolières commencent rapidement à manquer de surface à occuper pour y effectuer leurs opérations.

Le Canada est l'un des derniers endroits où il leur est encore possible de le faire. Qui plus est, il se trouve que le Canada est voisin du plus important marché du pétrole au monde et est relié à un réseau d'oléoducs pouvant acheminer le pétrole canadien aux raffineries américaines.

Dans les faits, pendant très longtemps, les sociétés pétrolières n'avaient aucune intention de s'installer au Canada. Après tout, ce n'est pas d'hier que l'on connaît la présence des sables bitumineux. Les Cris ont longtemps utilisé le bitume pour imperméabiliser leurs canots. De plus, le processus de chauffage du sable pour en extraire le pétrole a été découvert près de Fort McMurray dans les années 1920, ce qui donna lieu à la première production restreinte 10 ans plus tard. Puis, dans les années 1960, l'entreprise Canadian Oil Sands Company, l'ancêtre de l'actuelle Suncor, lança ses opérations commerciales visant à convertir le bitume en pétrole brut. Les réserves de pétrole non conventionnel sont connues dans le monde depuis longtemps. Cependant, qui veut d'un baril de pétrole dont la valeur est inférieure à son coût de production?

Les sables bitumineux sont devenus viables sur le plan économique il y a 10 ans, au moment où le prix du pétrole a commencé à grimper. Tant au Canada qu'au Venezuela, on a essayé de stimuler le développement du marché des sables bitumineux par le biais d'ententes sur les royautés (moins du tiers des revenus du pétrole va dans les coffres de l'Alberta; en Norvège, c'est 78%). Même avec de telles offres alléchantes, il n'était pas facile d'attirer des sociétés vers une ressource si difficile à exploiter, à une époque où le baril de pétrole se vendait 20$ ou moins. Extraire le pétrole du sable coûtait tout simplement trop cher.

La couche de sables bitumineux est d'une épaisseur allant de 30 à 90 mètres sous le sol. Certains gisements sont situés juste sous la tourbe et les arbres qu'une armée de bulldozers a tôt fait d'arracher. Les gisements sont enlevés à la pelle et dirigés vers une usine de transformation où le sable est chauffé à de très hautes températures afin de séparer les saletés du bitume. Toutefois, le bitume est bien trop visqueux et sale pour couler. Il doit être dilué pour être acheminé par oléoduc. Pour avoir une idée de ce qu'est le bitume, pensez au produit visqueux qui entre dans la composition des bardeaux de toit et de l'asphalte. Pour devenir un carburant à moteur, le bitume doit passer par d'intenses transformations. Le procédé complexe de craquage nécessaire exige beaucoup plus d'argent et d'énergie que le processus de craquage du pétrole brut léger.

Mais seule une quantité limitée de cette ressource accessoire se trouve près de la surface. Environ 80 % se situe à plus de 70 mètres sous le sol, ce qui exclut son exploitation à ciel ouvert. La seule façon d'extraire le gisement situé à ces profondeurs est beaucoup plus complexe. Avant de pouvoir pomper le bitume, on doit réduire sa viscosité afin de lui permettre de remonter à la surface. Pour ce faire, on injecte dans le sable de la vapeur chauffée à 537 degrés Celsius. Bien que ce procédé beaucoup plus compliqué (encore une fois, excessivement gourmand sur le plan énergétique et que l'industrie a baptisé « production in situ ») compte actuellement pour moins de la moitié de la production actuelle, on prévoit que cette proportion grimpera à 75 %.

Même les travaux d'exploitation minière plus conventionnels exigent énormément d'énergie. Les exploitants de sables bitumineux doivent habituellement dépenser un BTU (*British thermal unit* ou unité thermique britannique) d'énergie pour mettre la main sur les trois BTU d'énergie qu'ils extraient de la ressource. En comparaison, pour la même dépense énergétique, on obtiendrait 100 BTU d'énergie d'un puits de pétrole classique du Moyen-Orient[7].

Il s'agit toutefois d'un nouveau contexte où le phénomène de déplétion nous force à nous tourner vers des réserves qui fournissent de moins en moins d'énergie. Chaque fois que le prix du pétrole grimpe, l'exploitation de ressources que l'on disait autrefois accessoires devient soudainement viable sur le plan financier, mais toujours à des taux de rendement décroissants, du moins lorsque l'on ne tient compte que de l'énergie. Dans un contexte de pénurie imminent, c'est le taux de rendement énergétique, et non le taux de rendement financier, qui déterminera en fin de compte la viabilité de la dépense d'énergie pour notre économie.

L'ÉNERGIE NETTE

Le concept de taux de rendement énergétique est essentiel pour déterminer si une source d'énergie est viable sur le plan économique, surtout lorsqu'il s'agit de gisements de pétrole non conventionnel. Le taux de rendement énergétique mesure l'énergie que l'on obtient en retour de l'énergie dépensée. Évidemment, meilleur est le taux, mieux c'est. Le dénominateur commun à tous ces gisements de pétrole non conventionnel, comme les sables bitumineux canadiens vers lesquels le monde est en train de se tourner, est qu'il faut dépenser beaucoup d'énergie pour extraire le pétrole du sol. En d'autres termes, le taux de rendement est faible ou décroissant.

On peut comparer le taux de rendement énergétique à la différence entre le montant brut et le montant net inscrit sur votre chèque de paie. Ce qui importe le jour où l'on vous paie, ce n'est pas le montant brut, c'est plutôt ce qu'il reste une fois que les taxes et les autres retenues à la source ont été retirées de votre paie. Vous ne dépensez pas votre salaire brut, vous devez vous débrouiller avec votre salaire net. C'est la même chose pour le pétrole ou pour toute autre ressource énergétique. Il peut bien y avoir 165 millions de barils de pétrole enfouis dans les sables bitumineux, cela ne se compare pas aux 165 millions de barils de pétrole brut léger du désert du Moyen-Orient. L'énergie nette des réserves des sables bitumineux sera une fraction de celle des réserves conventionnelles.

Il faut compter beaucoup de retenues à la source dans l'énergie nette d'un baril de pétrole brut synthé-tique issu des sables bitumineux: l'immense coût éner-gétique d'une mine tentaculaire à ciel ouvert, l'énergie additionnelle qu'il faut dépenser pour raffiner le bitume, contrairement au pétrole brut (ce qui différencie princi-palement le bitume du pétrole brut est qu'il contient moins d'hydrogène et le procédé permettant d'ajouter l'hydrogène, comme celui de fabrication de l'hydro-gène, exige énormément d'énergie). Toutefois, la plus importante retenue d'énergie à la source est réellement de taille: pour produire un seul baril de pétrole brut synthétique des sables bitumineux, il faut d'abord brûler 40 m^3 de gaz naturel. Et il n'existe pas une quantité illimitée de gaz naturel en Amérique du Nord.

En conséquence, bien qu'un prix galopant du pétrole rende provisoirement attrayant le taux de rende-ment économique d'une exploitation de ressources accessoires comme les sables bitumineux, il cache l'importante baisse du taux de rendement énergétique. Les ressources qui fournissent des taux de rendement énergétique décroissants ne sont finalement pas des ressources d'énergie viables.

C'est récemment devenu terriblement évident aux yeux des exploitants des sables bitumineux lorsque le prix du pétrole est tombé à 40 $ le baril en pleine récession mondiale. La récession peut avoir modifié le prix du pétrole, mais le coût d'extraction du pétrole des sables bitumineux et de son raffinage pour en faire un carburant utilisable n'a pas changé. Il en va de même pour d'autres sources de pétrole non conventionnel comme les champs pétrolifères en eau profonde. Le coût réel de tout nouveau projet d'exploitation des sables bitumineux du Canada peut être aussi élevé que 90 $ le baril. Il existe des façons bien plus faciles de perdre des milliards de dollars plutôt que de les engloutir dans une nouvelle exploitation de sables bitumineux, lorsque le coût d'exploitation est deux fois plus élevé que le prix du pétrole sur le marché. À moins que son prix ne dépasse 100 $ le baril, le pétrole restera là où la nature l'a enfoui : dans le sable.

La société pétrolière norvégienne Statoil vient tout récemment d'annuler un projet de mise en exploitation d'une valeur de 12 milliards de dollars dans les sables bitumineux canadiens où elle détenait des droits de propriété. D'autres géants du secteur pétrolier comme Shell, Suncor, Nexen, Pétro-Canada et Canadian Natural Resources ont annulé ou retardé d'importants projets. Des sept usines de traitement que l'on prévoyait ériger pour convertir le bitume goudronneux en pétrole synthétique brut, seule celle construite par la Royal Dutch Shell, dont les travaux étaient bien avancés, verra le jour. Pourquoi construire des raffineries pour convertir le bitume à un moment où le prix du pétrole ne les rend pas viables? La chute du prix du pétrole a toutefois un effet encore plus dévastateur sur la croissance de la production.

À la fin de l'année 2008, les prévisions établies pour les cinq prochaines années ont été amputées d'un million de barils de nouvelle production de sables bitumineux du Canada en raison de l'annulation de différents projets. Le bilan continue de s'alourdir chaque jour que le prix du pétrole s'entête à rester bas. Cette baisse constitue près de 60 % de la croissance de la production qui était prévue dans cette région. Cela vient tourner en ridicule les plus récentes prévisions de l'Agence internationale de l'énergie selon lesquelles on y pompera éventuellement près de quatre millions de barils chaque jour (une hausse plus importante que celle que l'agence prévoit en Arabie saoudite).

Il s'avère que son prix n'est pas la seule entrave à l'exploitation du pétrole. Le prix du gaz naturel pose également problème. Les 40 m^3 de gaz naturel nécessaires à la production d'un baril de pétrole issu des sables bitumineux ne sont pas plus faciles à trouver que le pétrole, sans compter que l'on pourrait trouver au gaz naturel un meilleur emploi. Si d'ici 2020, la production canadienne de sables bitumineux passe de 1,2 million de barils par jour à 4 millions de barils, comme le prévoit l'industrie pétrolière, le Canada devra cannibaliser les réserves de gaz naturel qu'il exporte aux États-Unis.

En d'autres termes, vous pourriez remplir votre réservoir, à condition d'éteindre les lumières. Le gaz naturel canadien compte depuis toujours pour près du cinquième de la consommation américaine. Sans lui, plusieurs centrales électriques américaines au gaz devraient fermer.

Mais avant que l'on aboutisse à ce scénario, la baisse de l'approvisionnement en gaz naturel vers les États-Unis ferait grimper le prix du gaz à des niveaux si élevés que les arguments économiques justifiant l'exploitation des sables bitumineux seraient encore moins valables.

En définitive, le gaz naturel pourrait se vendre si cher qu'il pourrait devenir plus attrayant sur le marché comme carburant pour produire de l'électricité que pour servir la production de pétrole synthétique. Si cela se produit, la production des sables bitumineux ressemblera à de l'alchimie inversée, soit à la transformation de l'or en plomb.

Actuellement, le gaz naturel se vend moins cher que le pétrole et c'est ce qui justifie son utilisation pour servir la production des sables bitumineux. Il coûte moins cher de brûler du gaz naturel pour obtenir un BTU que de brûler la même quantité de pétrole pour arriver au même résultat énergétique.

Sur le plan économique, on peut légitimement brûler du gaz naturel pour produire du pétrole synthétique à partir de sables bitumineux tant que le gaz se transige à prix moins élevé que le pétrole pour le même résultat énergétique. Toutefois, si le rapport des prix s'inverse, le gaz naturel destiné aux sables bitumineux sera détourné vers d'autres usages plus attrayants sur le plan financier, comme l'approvisionnement du marché américain pour chauffer les maisons et produire de l'électricité.

Par rapport au pétrole, le prix du gaz naturel est demeuré bon marché, du moins en Amérique du Nord. La raison étant que le pétrole se transige au même prix partout au monde alors que le gaz naturel est acheté et vendu sur des marchés régionaux, lesquels fixent leur propre prix. On ne peut pas envoyer du gaz naturel de l'autre côté de l'Atlantique aussi facilement que du pétrole. On doit d'abord liquéfier et compresser le gaz naturel à de très basses températures pour le transporter sans problème à bord d'un méthanier. Bien que l'on transporte une certaine quantité de gaz naturel liquéfié (GNL) sur les mers du monde, il n'y en a tout simplement pas assez pour fixer un prix mondial.

Sur le marché nord-américain, l'écart entre le prix du gaz naturel et celui du pétrole est de 40 %, c'est l'un des plus importants. Toutefois, ce rapport peut changer rapidement, comme on a pu le constater lorsqu'une série de tempêtes dans le golfe du Mexique est venue mettre la production gazière au tapis.

Pendant près de six mois, le gaz naturel était à parité avec le pétrole parce que, dans le golfe du Mexique, la production du gaz a été plus sévèrement touchée que celle de pétrole. Si ce rapport de prix s'était maintenu, l'énorme demande de gaz naturel aurait sérieusement nui à la viabilité économique de l'exploitation des sables bitumineux.

En théorie, le nucléaire peut fournir l'énergie servant à chauffer le bitume et, par le fait même, réduire les émissions de gaz à effet de serre qui accompagnent la production de pétrole des sables bitumineux. Toutefois, la réglementation en vigueur et les retards dans la construction de nouvelles centrales nucléaires en Amérique du Nord ont repoussé à plus de 10 ans l'éventualité d'une production issue des sables bitumineux alimentée à l'énergie nucléaire. Ce qui laisse la justification économique des sables bitumineux à la merci de toute modification du rapport de prix entre le gaz naturel et celui du pétrole.

Bien entendu, en plus du prix du pétrole et de celui du gaz, l'exploitation des sables bitumineux pose d'importants problèmes environnementaux. La production d'un seul baril de pétrole pollue 946 litres d'eau fraîche et envoie 110 kilos de dioxyde de carbone dans l'atmosphère. Multipliez le tout par le million de barils par jour que la région produit actuellement et vous avez une idée des défis environnementaux auxquels la province de l'Alberta est confrontée. Songez maintenant à une production quatre fois plus importante, comme il est prévu. La forêt boréale qui recouvre malencontreusement les sables bitumineux et qui capture le dioxyde de carbone se trouvera soudainement «surchargée». Ces arbres sont des déchets aux yeux des producteurs de pétrole voulant accéder aux sables bitumineux qui se trouvent en-dessous. En lieu et place, les producteurs laissent des bassins de décantation et de stockage de résidus toxiques émanant de l'exploitation des sables bitumineux qui sont de véritables pièges mortels pour les espèces sauvages.

Reste à savoir si l'Alberta autorisera l'anéantissement de ses forêts du Nord nécessaire à l'atteinte des objectifs de production fixés par l'Agence internationale de l'énergie (AIE). Bien que le gouvernement albertain ne soit pas le plus vert de l'Amérique du Nord, l'empreinte de carbone laissée par l'exploitation des sables bitumineux est déjà une cause célèbre au sein du mouvement écologiste mondial.

Les écologistes n'ont pas beaucoup à craindre d'un prix oscillant entre 40 et 50 $ le baril, conséquence de la récession. Personne n'ose se lancer dans de nouvelles opérations d'exploitation des sables bitumineux à ce prix. Toutefois, si le pétrole des sables bitumineux canadiens ne coule pas – celui-ci constituant la plus importante source de nouvelle production mondiale, selon l'AIE –, lequel le fera ? N'oublions pas que ce sont ces nouvelles réserves de pétrole dont l'exploitation coûte très cher, comme les sables bitumineux et les champs pétrolifères situés dans les eaux profondes ravagées par les ouragans du golfe du Mexique, qui vont supposément remplacer les quelque quatre millions de barils par jour qui s'envolent chaque année en raison du phénomène de déplétion. Sans ces réserves, comment allons-nous résoudre la quadrature du cercle ? Si nous ne pouvons y arriver, pendant combien de temps le prix du pétrole peut-il osciller autour de 50, 60 ou 70 $ le baril avant que la prochaine reprise économique ne le fasse grimper au-dessus de la barre des 100 $?

LE FOND DU BARIL

Nous avons toujours choisi de puiser d'abord le pétrole le moins cher, le plus facile à exploiter et le plus profitable sur le plan du taux de rendement énergétique. À un certain moment, c'était l'or noir du Texas qui alimentait l'économie. Lorsqu'il en fallut plus, ce fut le pétrole brut des immenses puits de l'Arabie saoudite, pays étranger (mais très accommodant), qui faisait fonctionner l'économie à plein régime. Lorsque l'accès au pétrole du Moyen-Orient devint plus problématique (c'est le moins que l'on puisse dire), le pétrole plus difficile à exploiter de la mer du Nord et des champs pétrolifères de l'Alaska est venu à la rescousse. Maintenant que cette production décline rapidement, nous reportons nos espoirs dans les plateformes de forage en eau profonde du golfe du Mexique, les sables bitumineux du Canada et les autres projets coûteux et ambitieux du monde entier.

Notre comportement suit une tendance lourde : nous approchons le fond du baril chaque fois que nous nous tournons vers une nouvelle réserve de pétrole.

Ces nouvelles réserves n'ont rien de « nouveau ». On connaît leur existence depuis longtemps. Ce qu'il y a de nouveau, c'est leur viabilité économique. C'est uniquement l'appauvrissement des réserves de pétrole abordable et facile d'accès qui les ont rendues profitables. Que reste-t-il? Si les sables bitumineux de l'Alberta apparaissent comme étant la meilleure solution, on ne peut qu'imaginer l'étendue des problèmes à résoudre pour exploiter les prochaines réserves de pétrole.

L'Artic National Wilderness Refuge (ANWR) a récemment retenu beaucoup d'attention. Cette étendue isolée de 78 000 km^2, propriété du gouvernement américain, recouvre les plaines côtières de l'Alaska le long de l'océan Arctique. Il s'agit d'un espace naturel sensible qui accueille les plus importantes migrations de caribous au monde et c'est pourquoi on l'a d'abord écarté. Les populations du Grand Nord trouvent ironique que l'on envisage de forer cette étendue virginale afin d'y puiser le pétrole qui est la cause des changements climatiques provoquant déjà d'énormes dommages dans l'Arctique où les maisons s'enfoncent littéralement dans le pergélisol en fusion.

Nonobstant ces questions environnementales, l'ANWR ne pourra jamais devenir une solution de remplacement au déclin de la production de pétrole du golfe du Mexique ou aux retards incessants des projets d'exploitation des sables bitumineux canadiens. Pendant que les réserves du golfe s'assèchent de jour en jour, il faudra attendre encore une décennie avant de brûler le premier baril de pétrole provenant de l'Arctique. Même si on arrive à écraser la déjà très vive opposition des écologistes au forage dans l'ANWR et qu'on procède le plus rapidement possible à sa mise en exploitation, le département de l'Énergie des États-Unis estime que les premières gouttes de pétrole provenant de cette improbable réserve ne couleraient pas avant 2018. Qui plus est, on sait que les retards dans la construction des infrastructures ont par la suite repoussé cette date de mise en service. Même les scénarios les plus optimistes du département de l'Énergie des États-Unis prédisent qu'il faudra attendre une décennie après le début des opérations pour atteindre le potentiel de production maximale de pétrole, d'un peu moins de 800 000 barils par jour. Trop peu, trop tard.

Quand on pense que les Américains consomment 19 millions de barils par jour, cette production ne représente qu'une goutte dans l'océan. Le forage dans l'Arctique ne procurera pas le moindre semblant d'«indépendance énergétique». Quoi qu'il en soit, ce pétrole risque de ne même pas être acheminé sur le marché américain. À l'inverse de la Russie, du Venezuela et d'autres concurrents du monde entier, les États-Unis et le Canada ne possèdent pas d'entreprises pétrolières publiques. En conséquence, il n'existe pas de pétrole canadien ou américain à proprement parler. Les restrictions sur l'exportation du pétrole de l'Alaska ont été abrogées sous l'administration Clinton. L'exploitant a le choix de vendre son pétrole à qui il le désire. Ce qui veut dire que même si l'on arrive à s'établir dans le territoire de l'ANWR, le prix de l'essence ne descendrait pas d'un cent. Le prix du pétrole est fixé à l'échelle mondiale. En conséquence, l'endroit où il est pompé n'a aucune importance. Les Canadiens le savent trop bien. Le Canada a déjà atteint le rêve américain de l'indépendance énergétique. Toutefois, les automobilistes y paient leur essence beaucoup plus cher que leurs voisins américains.

Dans ce cas, si le pétrole américain fait figure de menue monnaie, quelles sont les chances de répondre aux futurs besoins énergétiques? Si le Canada, l'Alaska et le golfe du Mexique n'arrivent pas à remplir les réservoirs des États-Unis, où prendra-t-on le pétrole?

Les États-Unis importent déjà les deux tiers de leur consommation de pétrole, donc la réponse est très simple : ailleurs. Quant à savoir où se trouve cet ailleurs, c'est une autre paire de manches.

Certainement pas au Mexique qui, bientôt, n'exportera plus du tout de pétrole. Le Mexique est déjà passé du second rang de la liste des fournisseurs de pétrole américain, qu'il a toujours détenu, à celui de troisième fournisseur, en raison de l'inquiétante rapidité du taux de déplétion de son immense champ pétrolifère de Cantarell. Le Venezuela, troisième puissance pétrolière de l'hémisphère nord après le Canada et le Mexique, ne comblera sûrement pas le manque à gagner. Les automobilistes canadiens et américains craignent autant les problèmes chroniques de la société publique Petróleos qui détient le monopole de l'exploitation du pétrole au Venezuela que les conflits idéologiques que se livrent Caracas et Washington. Dans tous les cas, la perspective de pouvoir remplir son réservoir n'est pas très reluisante.

On peut juger astucieuses les politiques de nationalisation du pétrole du Venezuela et d'expropriation des pétrolières américaines qu'a adoptées le président Chávez. Il n'y a aucun doute qu'elles ont apporté d'intéressantes recettes au gouvernement vénézuélien. Mais ces mesures ont coûté cher. La production vénézuélienne stagne, malgré tout le potentiel des sables bitumineux de la région de l'Orénoque. Les exportations du pays n'ont pas augmenté depuis 10 ans. De plus, la demande croissante d'un marché américain de plus en plus vulnérable ne figure pas en tête de liste des priorités énergétiques du flamboyant président du Venezuela. D'accord, la baisse du prix du pétrole a humilié le président Chávez et l'a forcé à faire la cour aux entreprises qu'il avait récemment mises à la porte de son pays. Il est tout aussi révélateur que ces mêmes entreprises aient été trop heureuses d'avoir de nouveau de ses nouvelles.

Si l'état de l'offre de pétrole de notre hémisphère vous donne des palpitations, attendez de voir la liste des pays outre-Atlantique qui envoient leur pétrole aux États-Unis. Les fanfaronnades du président vénézuélien Hugo Chávez et de son secteur pétrolier ne sont rien en comparaison de ce qui se passe actuellement au Nigeria, le cinquième fournisseur de pétrole aux États-Unis. Même si le président Chávez ne porte pas ses clients américains dans son cœur, au moins, personne ne fait sauter quotidiennement les oléoducs ou les plateformes de forage de Petróleos, au Venezuela.

À vrai dire, le Nigeria n'arrive pas à atteindre son potentiel de production de deux millions et demi de barils de pétrole par jour. Un nombre évalué entre un demi-million et un million de barils de pétrole s'envole chaque jour en raison des attaques portées aux oléoducs et aux plateformes de forage. La guerre civile qui couve actuellement pourrait même mettre en péril le champ pétrolifère autrefois prometteur de Bonga, où les plate-formes de forage ont déjà subi de nombreuses attaques.

Les consommateurs de pétrole ne devraient pas s'attendre à ce que le conflit au Nigeria prenne fin dans un proche avenir. Les aspirations souverainistes de la région du nord du pays riche en pétrole ont placé le Mouvement d'émancipation du Delta du Niger et le gouvernement fédéral sur la voie de la confrontation. Puisque quasiment la totalité de la production de pétrole du Nigeria proviennent du Delta du Niger, la séparation de cet État laisserait le pays sans pétrole et donc sans un revenu important. Ce qui signifie que les chances d'un accord négocié au Nigeria sont quasi nulles.

Bien entendu, il y a toujours l'Arabie saoudite, dont la production est la plus importante au monde, mais qui ne compte que pour un maigre 1,5 million de barils de pétrole sur le marché américain. La seule raison qui explique que l'Arabie saoudite ait volé au Mexique le second rang des fournisseurs des États-Unis est que ses exportations ne déclinent pas aussi rapidement que celles du Mexique. Le Canada s'agrippe au premier rang de fournisseur d'énergie à son voisin du sud. Mais comme nous l'avons constaté, la question n'est pas de savoir si la production de pétrole canadien conventionnel décline rapidement, mais plutôt de savoir si la production de pétrole non conventionnel finira par atteindre le niveau auquel tout le monde s'attend.

Reste à savoir si le plus important producteur de pétrole au monde voudra augmenter sa production. En 2008, le roi Faisal de l'Arabie saoudite a affirmé que le royaume du désert avait besoin d'un prix de 75 $ le baril pour justifier toute nouvelle augmentation de sa production. Ainsi, les conditions qui forcent l'Arabie saoudite à acheminer encore plus de pétrole au reste du monde justifient que vous baissiez votre consommation. Sans un prix croissant du pétrole, nous en aurons de moins en moins à consommer.

CHAPITRE 2

LE RENVERSEMENT DE LA DEMANDE

Quelle est l'activité la plus *cool* à faire à Dubaï par un après-midi ensoleillé? Du ski, bien entendu.

Ne vous laissez pas leurrer par la température de plus de 30 degrés Celsius. Il y a suffisamment de neige entassée dans l'édifice de 25 étages où la température est maintenue à environ 2 degrés Celsius sous zéro. Des conditions idéales pour le ski de printemps.

Bienvenue dans le premier centre de ski du Moyen-Orient: Ski Dubaï. Il fait si chaud dehors que l'on pourrait faire cuire un œuf sur le capot d'une des étincelantes voitures de luxe stationnées sous le soleil du désert. Il y a cependant de la belle neige pour faire du ski, de la planche ou, comme le prétend la publicité, pour tout simplement jouer dedans.

Ski Dubaï offre cinq pistes de différentes hauteurs, longueurs et inclinaisons pouvant plaire aux skieurs de tous les niveaux. Le centre héberge même la première pente intérieure de niveau expert. La plus longue pente s'étend sur 400 mètres et sa hauteur est de 60 mètres.

Si vous ne skiez pas, vous pouvez toujours déguster un chocolat chaud dans l'air frais et vivifiant[1].

D'accord, ce n'est pas Vail, au Colorado ou Chamonix, en France. Mais Ski Dubaï offre 3000 m^2 de neige tout au long de l'année en plein cœur d'un des déserts les plus arides du monde. Étant natif du pays de la neige, le Canada, j'adore le ski. Si je vivais à Dubaï, je ferais probablement partie des quelque 3000 personnes qui se présentent chaque jour au complexe et qui contemplent l'imposant toit pendant que le remonte-pente survole la neige entièrement artificielle.

Mais comme je suis un automobiliste canadien, je dois remplir mon réservoir d'essence de temps à autre. Je préfèrerais que les bonnes gens de Dubaï aillent au Colorado ou en Colombie-Britannique pour s'adonner au ski et cessent de brûler d'incroyables quantités de précieux pétrole et de gaz naturel pour skier sur de la neige artificielle lorsque la température extérieure dépasse 38 degrés Celsius.

Ski Dubaï et l'imposant complexe qui l'abrite consomment 3 500 barils de pétrole par jour en énergie, soit à peu près l'équivalent du nombre de personnes qui s'y rendent quotidiennement. En définitive, cela donne un rapport d'un baril de pétrole par visiteur. Un baril de pétrole permet à un véhicule de rouler 1 000 kilomètres. Une journée passée à dévaler les pentes du centre de Ski Dubaï nécessite autant de pétrole qu'un automobiliste moyen, canadien ou américain, en un mois.

J'ai appris le ski à mes deux enfants, Jack et Margot, alors qu'ils n'avaient que trois ans. Par conséquent, je sais depuis longtemps que le ski est un sport dispendieux. En comparaison de la dépense en carburant du centre de Ski Dubaï, Whistler est une affaire en or. Mais les skieurs et ceux qui prennent les décisions à Dubaï n'ont que faire de ces dépenses en carburant. Qui plus est, ils n'ont que faire du prix que je dois payer à la station-service du coin. Et ils ont raison, après tout, c'est leur pétrole et ils le consomment comme ils l'entendent.

Pourquoi alors me soucier de la quantité de pétrole que les Émirats consomment pour leur loisir? Parce que cela réduira la taille de ma planète.

LE DYSFONCTIONNEMENT DES LOIS DE L'ÉCONOMIE

Nous avons évidemment déjà constaté que les lois de l'économie ne semblent pas très bien fonctionner: une hausse du prix du pétrole ne parvient pas à acheminer de nouvelles réserves de pétrole sur les marchés. Le fait est que pendant ce temps, les lois de l'économie de la demande ne semblent pas mieux fonctionner.

Entre 2000 et 2008, le prix du pétrole s'est multiplié par plus de sept, passant de 20 à 150 $ le baril. Cette augmentation surpasse même les prix record enregistrés lors des deux crises du pétrole provoquées par l'OPEP qui avaient jeté l'économie mondiale au plancher durant les années 1970. Évidemment, à cette époque, la demande mondiale s'était remise immédiatement à croître et le prix du pétrole a chuté de nouveau. Bien entendu, cette augmentation record du prix, combinée par-dessus le marché à une crise financière à l'échelle planétaire, a produit le même effet sur l'économie mondiale, mais pas avant que la demande de pétrole ne défie les lois économiques de la gravité pendant presque toute la décennie.

Dans les faits, la demande de pétrole a crû durant cette période plus rapidement qu'au début du millénaire lorsque le pétrole était vendu bon marché. La courbe de la demande n'est pas censée se comporter de cette façon. D'une manière ou d'une autre, la main invisible d'Adam Smith s'est fourvoyée puisque la consommation de pétrole s'est mise à grimper alors qu'on s'attendait à ce qu'elle fasse le contraire.

Pourquoi a-t-il fallu que le prix grimpe à près de 150 $ le baril avant que l'économie mondiale cesse de progresser? En théorie, la moitié de ce prix aurait dû stopper la demande mondiale bien avant que la récession ne survienne à l'automne 2008.

Au cours des trois années précédentes, la demande mondiale en pétrole a crû presque deux fois plus rapidement que la normale malgré le fait que le prix atteignait des sommets. Ce phénomène enfreint une autre loi sacrée de la science économique: la courbe descendante de la demande.

Voici pourquoi les lois économiques n'ont pas fonctionné. Dans les manuels d'économie, il n'y a qu'un prix mondial du pétrole. Et dans le monde que décrivent ces manuels, une augmentation du prix du pétrole devrait provoquer une baisse de la consommation. Ce n'est toutefois pas le monde dans lequel nous évoluons. Du moins, pas celui où évoluent la plupart des pays producteurs de pétrole de l'OPEP.

Le prix du pétrole ne change pas dans ces pays. Il est déterminé par décret politique à une fraction du prix établi sur les marchés mondiaux et il ne change pas même si le prix grimpe inexorablement partout ailleurs.

Une augmentation du prix de l'énergie peut bien vous forcer à réfréner votre consommation, mais l'automobiliste situé à l'autre bout du monde, lui, n'a pas à faire ce sacrifice. Les économistes tiennent pour acquis que les gens sont rationnels et tâchent d'en avoir pour leur argent. Mais la définition de ce qu'est un comportement rationnel peut varier énormément d'un endroit à l'autre. Chaque comportement rationnel peut être justifié selon le contexte, lequel peut être aussi différent que le jour et la nuit.

Si vous aviez à acheter une voiture dans un contexte de flambée du prix de l'essence, comme ce fut le cas entre 2005 et 2008, vous avez probablement pris la décision rationnelle de choisir un véhicule économique. Si vous désiriez acheter une nouvelle demeure, il y a de fortes chances que vous ayez écarté l'imposante maison située en banlieue qui vous aurait forcé à parcourir des kilomètres matin et soir pour vous rendre au travail et rentrer à la maison. Si vous conduisiez un véhicule utilitaire sport (VUS), vous avez probablement pris la décision toute rationnelle de l'utiliser moins souvent ou de le changer pour un véhicule qui ne siphonne pas tout l'argent de votre compte en banque chaque fois que vous passez à la station-service. L'utilisation des transports en commun a nettement augmenté en un peu moins d'un an lorsque le prix du pétrole a atteint son plus récent sommet. Les

gens prennent des décisions réfléchies selon les circonstances.

La loi fondamentale de la demande semblait fonctionner à merveille en Amérique du Nord, en Europe
de l'Ouest, en Australie et au Japon où les consommateurs devaient payer le plein prix mondial du pétrole.
En fait, le prix galopant du pétrole avait commencé à
réfréner la demande bien avant que ces pays ne se
trouvent en récession. La demande américaine n'a pas
augmenté depuis 2005 quand le prix du pétrole a
franchi la barre des 50 $. En Europe de l'Ouest, la
consommation de pétrole a fléchi en 2006 et en 2007,
même si l'économie européenne tournait à plein régime.
Le prix a fait baisser la demande, comme la théorie
économique de la courbe descendante de la demande
le prédit.

Toutefois, cela n'explique pas le fait que la demande
mondiale du pétrole continuait d'augmenter malgré
une hausse ininterrompue du prix. La clé de cette
énigme se cache dans l'effritement de la consommation
mondiale à l'échelle régionale qui révèle d'où provient
la demande et, plus important encore, d'où elle ne
provient pas. Les différences régionales sont plus
qu'importantes. Elles sont fondamentales si l'on veut
comprendre ce qui alimente la consommation mondiale
de pétrole.

Deux tendances divergentes se dégagent de ce qui
semble être une augmentation soutenue de la demande
de pétrole brut au cours de la dernière décennie.
Pendant qu'une région du monde tâche de se libérer de
l'emprise des hydrocarbures sur leurs économies, le

reste du globe consomme du pétrole et d'autres formes d'hydrocarbures à un rythme effréné. Pour en arriver à une moyenne mondiale, il faut simplement calculer la différence nette entre les deux forces qui s'opposent.

Récemment, la demande de pétrole a été la plus faible là où elle a toujours été la plus forte. Auparavant, les économistes examinaient ce qui se passait en Amérique du Nord et en Europe de l'Ouest pour évaluer la demande mondiale. Mais aujourd'hui, pour faire leurs calculs, ils doivent tenir compte de la demande d'énergie qui explose dans les pays en développement. Dans plusieurs de ces pays, le nombre de véhicules a dépassé le nombre de bicyclettes ou de pousse-pousse en quelques années seulement, et à l'avenir, ce sont ces pays qui vont déterminer la demande mondiale.

Les pays de l'OCDE comptaient pour trois quarts de la consommation mondiale en 1990. De nos jours, cette proportion est descendue à près de la moitié. Au rythme actuel, la consommation des pays en dehors des pays de l'OCDE dépassera celle des membres de cette organisation autour de 2012, à l'instar de la consommation du charbon, il y a plusieurs années.

Le simple fait que la demande mondiale a crû si rapidement au cours de la présente décennie indique que les forces qui s'opposent au sein des marchés mondiaux de l'énergie sont loin d'être égales. Pendant que la consommation de pétrole des pays de l'OCDE chutait au cours des dernières années, elle ne baissait qu'à une fraction du taux de croissance de la consommation de pétrole dans le reste du monde.

Si la demande mondiale n'a crû que d'un peu moins de 1 % pendant les 20 années qui ont suivi le second choc pétrolier de l'OPEP, elle a augmenté de près de 2 % entre 2000 et 2007. Ce résultat peut paraître aberrant si l'on considère que le prix du pétrole a augmenté de 600 % durant la même période. Comme nous allons bientôt le constater, le prix n'est pas le même selon les marchés mondiaux du pétrole.

EMBOUTEILLAGE

Si vous vous demandez ce qui a bien pu alimenter à ce point la demande de pétrole dans les pays en émergence, portez vos soupçons sur la voiture. Environ 90 % de chaque baril de pétrole consommé dans le monde est converti en carburant pour le transport comme l'essence et le diesel. Examinez les endroits dans le monde où les ventes de véhicules explosent et vous constaterez probablement que la demande de pétrole y explose également.

Les économies des pays en émergence achèteront les trois quarts des véhicules vendus dans le monde au cours des 30 prochaines années. Le nombre de propriétaires de voiture va bientôt suivre la même tendance que la consommation de pétrole des pays en dehors de l'OCDE, qui s'apprête à dépasser celle des pays de cette organisation. D'ici cinq ans, la majorité des voitures du monde ne rouleront pas sur les *autobahns* de l'Allemagne ou sur les autoroutes nationales du Canada ou des États-Unis, mais sur les routes achalandées de l'Inde et de la Chine, qui fourmilleront d'automobilistes au volant de leur première voiture.

Peut-être l'Amérique du Nord a-t-elle la réputation d'être le royaume de l'automobile, mais c'est une vision dépassée au rythme actuel des ventes de voitures. Pendant qu'elles augmentaient d'un maigre 1 à 2 % au sein de marchés matures comme le Canada, les États-Unis et l'Europe de l'Ouest, profitant d'un contexte économique qui n'avait jamais été aussi florissant, le nombre de ventes était 10 à 20 fois plus élevé au Brésil, en Russie, en Inde et en Chine (appelés aussi «BRIC», et que Goldman Sachs a décrit en 2001 comme les futurs titans de l'économie)[2]. Début 2009, le marché chinois des ventes de voitures surpassera celui des États-Unis, lequel sortira vraisemblablement de la récession réduit de moitié.

La Chine était loin d'être le seul endroit en dehors de l'OCDE où les ventes de voitures explosaient. En Russie et au Brésil, elles ont enregistré une croissance de 30 % en 2007. L'Inde a également présenté une croissance de plus de 10 %. Detroit éprouvait des problèmes bien avant que la récession ne survienne. Toutefois, le marché mondial des ventes de voitures n'a jamais été aussi fort. Bien entendu, la récession est venue mettre un terme à cette envolée, mais à la longue, le marché des ventes de voitures des pays en émergence se trouve dans une position beaucoup plus enviable que celui des pays développés. L'avènement de producteurs comme Tata en Inde, dont la Nano se vend seulement 2 500 $, rend la conduite automobile de plus en plus abordable.

L'augmentation des ventes de voitures est en soi un puissant stimulus à la consommation de pétrole parce que c'est la difficulté à économiser suffisamment d'argent pour acheter une voiture, et non pour payer l'essence, qui empêche principalement les habitants des pays émergents de conduire. Cependant, la croissance rapide des revenus intérieurs combinée à une chute encore plus rapide du prix des voitures est en train de lever cette barrière. Cela explique pourquoi aujourd'hui tous les fabricants comme Nissan, Volkswagen et Ford imitent Tata en Inde et Chery en Chine en produisant une voiture vendue à moins de 10 000 $. La Nano, que l'on se procure pour 2 500 $, est soit un rêve soit un cauchemar, selon votre point de vue, lequel dépend de l'endroit où vous demeurez.

Les voitures de 2 500 à 10 000 $ permettront à des millions de personnes des pays émergents de conduire alors qu'autrement, ils n'auraient jamais pu se le permettre. Ce sera sans aucun doute libérateur pour ces gens qui profiteront d'un confort que les Occidentaux tiennent pour acquis. En même temps, cela donnera à chaque nouveau propriétaire de voiture une paille pour aspirer le pétrole qui commence déjà à s'épuiser rapidement. Plus ils aspireront, moins il y aura de pétrole pour tout le monde et plus le prix pour avoir le droit d'en aspirer sera élevé.

Le fait que les propriétaires de voiture à l'autre bout du monde mettent dans leur réservoir l'essence qui nous était destinée est probablement le cadet de nos soucis. Néanmoins, c'est exactement ce qui est en train de se produire. Il ne peut y avoir une quantité infinie de voitures sur les routes, parce qu'il y a une quantité limitée de pétrole. En conséquence, chaque fois qu'une voiture sort d'un concessionnaire Tata ou Chery situé à l'autre bout du monde, une autre voiture doit rester dans l'entrée de la maison. Probablement la vôtre.

Cet ajustement se produira dans les marchés où le prix de l'essence sera le plus élevé et où chaque variation de ce prix influencera le plus la conduite automobile. Tous ces marchés se trouvent dans les pays de l'OCDE. Or, les États-Unis représentent le marché le plus important et le plus sensible à une variation du prix. C'est d'ailleurs à cet endroit que l'ajustement le plus important est en train de se produire.

Ce qui nous amène à l'autre raison qui explique la forte demande de pétrole dans les pays qui ne sont pas membres de l'OCDE, à savoir, le prix du pétrole.

En 2007, les pays de l'OPEP et deux autres pays producteurs de pétrole, la Russie et le Mexique, consommaient ensemble 13 millions de barils de pétrole par jour. Pour situer ce chiffre dans son contexte, cela représente deux fois la consommation chinoise de 7,5 millions de barils par jour et un million de plus que toute la consommation de l'Europe de l'Ouest. Ce groupe de pays constitue le deuxième marché le plus important au monde, juste après les États-Unis.

Toutefois, à l'inverse des États-Unis où la demande baisse, c'est dans les pays producteurs de pétrole que l'augmentation de la demande est la plus importante. Entre 2004 et 2007, la consommation de pétrole dans les pays de l'OPEP a crû en moyenne de 5 % par an, soit deux fois plus qu'ailleurs dans le monde[3]. Bien que plusieurs analystes n'aient pas remarqué la forte croissance de la consommation des pays producteurs de pétrole, leur contribution à la consommation mondiale a été équivalente à celle de la Chine, dont on a fait grand cas.

ABUSER DES BONNES CHOSES

Comment expliquer l'insatiable soif des pays producteurs envers leur propre pétrole? La baisse du prix des voitures, qui attire plusieurs premiers acheteurs d'automobile en Inde ou en Chine, n'y est pour rien. Les voitures les plus sophistiquées et les plus chères au monde roulent sur les autoroutes du Moyen-Orient. Tata et Chery n'y sont pas les bienvenus. On risque surtout d'y rencontrer des Bentley et des Mercedes-Benz.

Ce n'est pas la capacité à acheter une voiture, mais bien celle de payer un plein réservoir d'essence qui explique ce phénomène. De Caracas au Venezuela, à Téhéran en Iran, c'est le prix du pétrole qui alimente essentiellement sa demande turbocompressée dans les principaux pays producteurs. Lorsque le prix du pétrole a franchi la barre des 100 $, alors que les Américains payaient leur essence 4 $ le gallon, les stations-service au Venezuela d'Hugo Chávez affichaient 25 cents le gallon. Les automobilistes payaient quelques cents de plus en Arabie saoudite et entre 45 et 50 cents le gallon en Iran.

Si les automobilistes du Canada, des États-Unis et d'Europe avaient payé le même prix ou presque, la consommation des pays de l'OCDE n'aurait jamais fléchi, même durant la récession. Toutefois, les automobilistes occidentaux ne verront jamais un prix de l'essence aussi bas, quel que soit le prix du pétrole sur les marchés mondiaux.

L'OPEP est loin d'être une organisation homogène. Des différences géographiques, culturelles, historiques et religieuses opposent ses pays membres. Pourtant, des pays aussi disparates que le Venezuela, l'Arabie saoudite et l'Iran sont tous arrivés au même consensus politique voulant que leurs citoyens devraient avoir le droit de consommer autant de pétrole qu'ils le désirent.

Il faut dire qu'il n'y a pas que les habitants des pays de l'OPEP qui pensent de cette façon. Là où je vis, les gens ont la même opinion en matière d'accès à l'énergie bon marché. Je demeure à 145 kilomètres de Niagara Falls qui représente, avec le Québec, l'une des plus importantes sources d'hydroélectricité au monde. Je comprends donc l'attitude des gens qui habitent à 145 kilomètres de Ghawar, en ce qui a trait au prix du pétrole.

Les gouvernements qui ont tenté d'augmenter le prix intérieur du pétrole n'ont pas tardé à subir les foudres du peuple. Par exemple, au cours de l'été 2007, le gouvernement iranien a essayé de contrôler la croissance de la consommation de pétrole en augmentant le prix de l'essence. Cette décision a rapidement provoqué des émeutes à Téhéran où des automobilistes furieux ont manifesté dans les rues et ont même mis le feu à des stations-service. Craignant que les émeutes prennent des proportions incontrôlables, le gouvernement du président Ahmadinejad a prudemment mis fin à sa politique d'augmentation du prix du pétrole.

Le fait que l'Iran, le quatrième exportateur de pétrole brut au monde, soit menacé de pénurie peut paraître absurde. Ce phénomène n'est toutefois pas étranger au peuple iranien. Bien que l'Iran figure parmi les plus importants pays producteurs de pétrole, c'est également l'un des plus grands importateurs de produits raffinés du pétrole comme l'essence. La capacité des raffineries âgées et délabrées de l'Iran a depuis longtemps été dépassée par la croissance annuelle de plus de 5 % de la demande intérieure.

Chaque année, le gouvernement iranien dépense des dizaines de milliards de dollars en subventions au pétrole du fait de gigantesques pertes d'exploitation que doit éponger la National Iranian Oil Company, la société publique du pays. Ces subventions alimentent à leur tour une croissance exorbitante de la demande et découragent par le fait même tout investissement visant à augmenter la capacité de raffinage du pays. Le fait de devoir injecter des milliards de dollars pour ériger des raffineries non rentables n'aide pas vraiment l'industrie iranienne du pétrole à attirer de nouveaux capitaux.

Les automobilistes américains qui ont fait la file devant les stations-service lorsque l'Iran a décrété un embargo du pétrole sur les États-Unis vont probablement se moquer du gouvernement iranien qui craint maintenant une rupture de l'approvisionnement ou un blocus exercé par des pays ennemis, en raison de sa dépendance à l'importation d'essence. Toutefois, en matière de générosité des subventions accordées à l'essence, aucun pays n'arrive à la cheville du Venezuela d'Hugo Chávez. Les importantes subventions accordées au pétrole sont le fondement à la fois de la politique sociale et économique du Venezuela et de sa politique étrangère. Le président Chávez subventionne les automobilistes dans les pays alignés comme Cuba et le Nicaragua et il s'est servi du pétrole vénézuélien pour signer une entente de réciprocité avec l'Espagne. Même les familles américaines à faible revenu ont reçu une subvention pour se chauffer au mazout durant les mois rigoureux de l'hiver.

Contrairement à toute logique économique, la demande de pétrole subventionné est si forte que dans plusieurs pays de l'OPEP, une augmentation du prix a en réalité provoqué une augmentation de la consommation. Les subventions ont mené à des comportements économiques irrationnels.

Plus le prix du pétrole grimpe sur les marchés mondiaux, plus les pays exportateurs amassent de l'argent. Ces nouveaux revenus d'exportation leur permettent alors de fixer le prix de l'essence entre 25 et 50 cents le gallon sur le marché intérieur. Et plus la consommation grimpe dans des pays comme le Venezuela, l'Iran et l'Arabie saoudite, moins ils peuvent en exporter dans le reste du monde, ce qui fait monter le prix encore plus.

Si vous vous appelez Hugo Chávez, le marché du pétrole est un cercle vertueux où le nombrilisme conduit à l'enrichissement personnel. Plus vous consommez de votre pétrole, plus le prix de ce qu'il reste à exporter grimpe. Vous compensez les pertes du pétrole que vous ne pouvez pas exporter en exigeant plus pour celui que vous exportez. Si vous êtes toutefois un automobiliste nord-américain, ce cycle fait monter le prix de l'essence à un niveau si élevé qu'il se peut que vous ne puissiez plus conduire votre voiture. Un chauffeur de taxi de Caracas remplit son réservoir avec l'essence que vous comptiez utiliser pour vous rendre au travail.

Les pays producteurs de pétrole ne sont pas les seuls à avoir développé un goût pour le pétrole subventionné. Certains chiffres indiquent que pas moins du quart des réserves de pétrole est vendu à plus de la moitié de la population mondiale à un prix bien en deçà de celui affiché sur les marchés.

Les pays comme l'Inde et la Chine ne peuvent accorder à leurs citoyens des subventions sur le pétrole au même titre que le Venezuela, l'Arabie saoudite et l'Iran, simplement parce qu'ils n'en ont pas les moyens. Après tout, ils sont importateurs de pétrole, pas exportateurs. Cependant, même des pays qui puisent la majeure partie de leur approvisionnement ailleurs dans le monde sentent le besoin d'aider les consommateurs de pétrole.

L'énergie est vitale au progrès. Plus que toute autre chose, c'est la consommation d'énergie par personne qui sépare les millions de familles indiennes et chinoises du mode de vie auxquels nous, les Occidentaux, sommes habitués. Même si le taux de croissance de la consommation d'énergie y est phénoménal, l'Inde et la Chine ne consomment qu'une fraction de celle utilisée en Amérique du Nord. Chaque année, les Américains et les Canadiens consomment respectivement 25 et 29 barils de pétrole par personne. Les Australiens et les Britanniques en consomment 17 et 10 ; en Chine, ce n'est que 2 et en Inde, moins d'un baril[4].

Cette soif d'énergie exerce une pression intense sur les gouvernements des pays en émergence où le prix de l'essence est hors de portée de leur classe moyenne. Pour des millions de personnes à New Delhi et à Shanghai, le fait d'avoir sa propre voiture représente le plus grand avantage de la mondialisation de leur économie. Et les décideurs de ces pays ont très bien compris le message.

Voilà pourquoi l'Inde et la Chine ont maintenu le prix de l'essence sur leur marché intérieur en deçà du prix mondial. Elles ne peuvent distribuer l'essence bon marché comme le font les pays de l'OPEP, mais elles sont déterminées à épargner à leurs citoyens et à leurs entreprises le choc d'un prix record du pétrole en leur vendant l'essence moins chère que sur les marchés mondiaux.

Lorsque le prix du pétrole a récemment franchi la barre des 100 $, l'Inde accordait près de 10 milliards de dollars par année de subventions à ses raffineries de pétrole qui achetaient le pétrole au prix mondial et revendait l'essence bien moins chère aux conducteurs indiens. C'est beaucoup d'argent, bien que cela ne dépasse pas le montant annuel que le gouvernement américain consacre à la production d'éthanol de maïs. Qui plus est, les pays en émergence sont en bien meilleure position pour se permettre ce genre de dépenses énergétiques puisque leurs déficits budgétaires sont d'habitude bien plus minces que ceux des pays occidentaux. À titre d'exemple, le déficit budgétaire de la Chine représente moins de 1 % de son PIB, ce qui accorde une marge de manœuvre pour les subventions du gouvernement, alors qu'à Washington, où le déficit dépasse 10 % du PIB des États-Unis, les lobbyistes n'ont même pas le luxe d'y rêver.

Les subventions accordées par l'Inde et la Chine, et celles, encore plus monumentales, consenties par le Venezuela, l'Arabie saoudite et l'Iran prouvent que la récente incursion du prix du pétrole au-delà de 100 $ le baril n'a rien d'un accident de parcours. Plus le pétrole sera subventionné dans les pays de l'OPEP, plus le prix que vous aurez à payer sera élevé et plus le monde sera petit.

S'ÉCLAIRER AU PÉTROLE

Comme nous l'avons déjà constaté, à part conduire sa voiture, on peut faire un tas de choses avec du pétrole à 3 $ le baril. Les 3 500 barils de pétrole que consomme le centre de ski de Dubaï pour recouvrir ses pentes de neige artificielle représentent peut-être l'un des plus scandaleux gaspillages d'énergie au Moyen-Orient, mais ce n'est là que la pointe de l'iceberg.

Les pays de l'OPEP consomment tant de pétrole que peu de pays peuvent se vanter d'en faire autant. Bien que l'idée d'utiliser le pétrole brut pour produire de l'électricité puisse paraître absurde aux yeux de ceux qui l'achètent au prix coûtant, les centrales électriques au pétrole fournissent environ 30 % de l'électricité des pays de l'OPEP.

Cette proportion est encore plus élevée dans certains pays. La moitié de l'électricité de l'Arabie saoudite provient de centrales thermiques à vapeur, au diesel ou à flamme, toutes alimentées au pétrole. Au Koweït, voisin de l'Arabie saoudite, c'est 80 %. Dans certains pays de l'OPEP, comme en Irak, presque la totalité de l'électricité provient de la combustion du pétrole. L'Algérie, le Bahreïn et le Qatar ne consomment presque pas de pétrole pour produire de l'électricité. Ils utilisent plutôt le gaz naturel.

Qu'il s'agisse de pétrole ou de gaz naturel, presque la totalité de la production d'électricité au Moyen-Orient nécessite le recours aux hydrocarbures que ces pays devraient exporter dans le reste du monde. On n'y trouve ni réserves de charbon ni ressources hydroélectriques, et compte tenu du climat instable qui règne dans la région, le reste de la planète ne verrait pas d'un bon œil que l'on y fasse appel à l'énergie nucléaire.

La plus importante centrale électrique alimentée au pétrole et exploitée par la Saudi Energy Company produit 3 000 mégawatts d'électricité, ce qui équivaut à la production de trois centrales nucléaires de taille moyenne en Amérique du Nord. Des agrandissements s'inscrivant dans un projet ambitieux visant à tripler la production d'électricité en Arabie saoudite d'ici 2020, feront passer la production de cette centrale à 5 000 mégawatts d'ici 2011. Tous les ajouts prévus au programme de production d'électricité en Arabie saoudite feront appel au pétrole ou au gaz naturel qui sera acheté à une infime fraction du prix mondial.

Qui plus est, l'entreprise saoudienne qui fournit l'électricité reçoit une aide plus importante encore que celle accordée aux conducteurs saoudiens. Au printemps 2006, un décret royal a fixé le prix du pétrole destiné aux centrales électriques saoudiennes à 46 cents par million de BTU. Si l'on considère qu'un baril en génère

5,8 millions, le décret royal fait en sorte qu'une entreprise d'électricité saoudienne paie moins de 3 $ le baril ou 7 cents le gallon.

La production d'électricité au Moyen-Orient nécessite déjà 300 000 barils de pétrole par jour, environ. Des facteurs économiques, démographiques et pétroliers auront tôt fait d'augmenter ce volume.

Le taux de croissance de la population du Moyen-Orient, qui s'élève à 2 % par an, est l'un des plus forts au monde. Depuis 1950, la population a quadruplé pour atteindre 432 millions et l'on s'attend à ce qu'elle double d'ici 40 ans. Non seulement la population croît rapidement, mais la consommation d'énergie par personne est stimulée à l'excès par les milliards de pétrodollars que le prix du pétrole fixé à plus de 100 $ a apportés aux économies ultraperformantes de la région.

À Dubaï, où se trouve notre fameux centre de ski moyen-oriental, la demande d'électricité croît de 15 % par an. Bien que les Émirats arabes unis possèdent les cinquièmes plus importantes réserves de gaz naturel au monde, ils sont confrontés à une pénurie intérieure en raison des contrats à long terme d'exportation. En conséquence, les Émirats se tournent vers le pétrole pour alimenter leur production d'électricité. Attendez de voir la consommation lorsque les Émirats arabes unis accueilleront pour la première fois une épreuve de la Coupe du monde de ski alpin…

Soudainement, les énormes subventions au pétrole au Moyen-Orient se sont transformées en d'énormes subventions à la production d'électricité. Et comme l'essence vendue à prix modique, l'électricité, offerte aussi à bon marché, fait l'objet de surconsommation. Chaque ménage saoudien paie environ 1 cent par kilo-wattheure, soit environ le dixième de ce que leurs homologues américains ou canadiens ont à payer et le vingtième du tarif en Grande-Bretagne. Ce faible prix est très comparable à celui de plusieurs autres pays de l'OPEP. On ne s'étonnera donc pas que la demande d'électricité croisse de trois à quatre fois plus vite au Moyen-Orient qu'en Amérique du Nord et dans les pays de l'OCDE.

En raison de la forte croissance de la demande d'électricité, les consommateurs du Moyen-Orient se sont hissés au premier rang mondial de la consommation par personne. Les Koweïtiens ont même dépassé les Américains et leur consommation est le double de celle enregistrée en Grande-Bretagne. À Dubaï, la consom-mation par personne est déjà deux fois plus élevée qu'en Amérique du Nord.

Mais les pannes et les coupures d'électricité sont de plus en plus fréquentes étant donné que la capacité de production peine à suffire à une demande de plus en plus effrénée. Les coupures d'alimentation sont choses courantes au Koweït, surtout au cours des étés où les climatiseurs fonctionnent nuit et jour pour combattre la chaleur. Les pannes de courant sont aussi fréquentes dans certaines régions de l'Arabie saoudite, des Émirats arabes unis et d'Oman. Même Abu Dhabi a dû prendre une partie du gaz naturel que l'on injectait dans les puits pour extraire le pétrole afin d'alimenter ses génératrices et éviter des pannes.

Les pannes de courant ne sont pas populaires, surtout dans des endroits comme les Émirats arabes unis où le revenu annuel par personne peut s'élever à des centaines de milliers de dollars. À quoi bon gagner autant de pétrodollars si l'on ne peut même pas allumer les lumières? Quand on a de l'argent, on s'attend à disposer de toute l'énergie dont on a besoin, et beaucoup d'énergie est nécessaire lorsqu'on habite dans un désert brûlant, même si l'on n'est pas amateur de ski.

Même si les gouvernements du Moyen-Orient en venaient à réduire les subventions à la production d'électricité (ce dont ils n'ont jamais été capables), ils auraient toujours de la difficulté à réfréner la croissance de la demande.

Il existe un dernier facteur important qui pousse le Moyen-Orient à consommer toujours plus de son pétrole.

CONVERTIR LE PÉTROLE EN EAU

L'Arabie saoudite commence à manquer de pétrole... et d'eau. Il en va de même pour toute cette région du globe. L'épuisement des réserves d'eau est un problème bien plus urgent pour ces gens que tous les problèmes d'appauvrissement des réserves de pétrole.

Comme les réserves de pétrole, les réservoirs aquifères leur ont été légués il y a une éternité. En Arabie saoudite comme dans bien d'autres pays de cette région, le niveau d'eau douce des réservoirs aquifères a descendu de moitié par rapport à ce qu'il était au milieu des années 1990. Malgré cela, la population saoudienne de même que l'économie du pays croissent à un rythme affolant. Naturellement, la demande d'eau suit la même tendance.

La demande d'eau en Arabie saoudite est sept fois plus élevée que ce que le pays peut fournir sur une base durable. Certains de ses pays voisins épuisent leurs réserves d'eau à un rythme alarmant. À Dubaï et dans le reste des Émirats, la consommation en eau potable est 15 fois plus élevée que le rythme de réalimentation naturelle des réserves. Au Koweït, c'est 20 fois plus.

Si l'on considère que près des deux tiers de l'eau au Moyen-Orient est utilisée par l'agriculture, on comprend pourquoi les pays de cette région se heurtent au dilemme déchirant entre eau et nourriture.

L'incessante poussée démographique met une pression constante sur les gouvernements des pays comme l'Arabie saoudite pour transformer le désert en oasis, or pour créer une oasis, il faut de l'eau. L'Arabie saoudite a drainé la majeure partie de ses réserves aquifères dans les années 1980 et 1990 afin d'irriguer ses récoltes de blé qui servaient à rendre le pays autonome sur le plan alimentaire. Toutefois, le manque d'eau n'a fait que s'aggraver en raison de la poussée démographique et a forcé le pays à réduire ses activités d'irrigation.

Bien entendu, en faisant ce choix, le pays troque son autosuffisance alimentaire contre de l'eau et pour pallier le manque de nourriture, le royaume a cherché à investir dans les secteurs agricoles d'autres pays. Le pays a déjà investi dans les fermes rizicoles de la Thaïlande et cherche à s'implanter dans d'autres pays comme le Soudan et le Pakistan pour y faire pousser ses propres récoltes et les importer afin de nourrir sa population[5].

L'Arabie saoudite ne peut compter sur les Grands Lacs ou le Mississippi pour combler ses besoins en eau. Mais le pays possède beaucoup de pétrole et de gaz naturel ainsi qu'une grande réserve d'eau salée dans le golfe d'Arabie. Mis ensemble, ils procurent une solution au problème de manque d'eau : le dessalement. Cette solution risque d'ailleurs d'être tout aussi attrayante pour les autres pays de la région. Cependant, le dessalement nécessite tant d'énergie que le coût énergétique du centre de ski de Dubaï paraîtra banal.

Le processus de dessalement consomme fondamentalement beaucoup d'énergie. La technique d'hyperfiltration fait passer l'eau salée à travers une membrane semi-perméable en la soumettant à d'intenses pressions afin d'en retirer les impuretés. Une autre technique très utilisée au Moyen-Orient, la distillation éclair, consiste à provoquer la vaporisation de l'eau salée en la faisant passer par un réservoir sous vide pour la liquéfier de nouveau une fois l'eau débarrassée de ses impuretés. Ces deux procédés exigent un grand volume d'énergie.

L'Arabie saoudite possède 60 % des usines de dessalement de cette région du globe, dont la plus importante au monde, Shuaibah 3. Une fois sa capacité maximale de production atteinte, en 2009, cette usine peut produire 878 000 m^3 d'eau par jour. Pendant ce temps, l'Arabie saoudite inaugurera les usines de Ras Al-Zour et d'Al Juball, qui en produiront respectivement 793 000 et 736 000 m^3 par jour. Grâce à ces usines, le pays verra sa capacité de production d'eau par dessalement augmenter de 80 %.

L'usine de Shuaibah 3 sera alimentée par la plus grande génératrice au monde qui consommera un flot continu de pétrole à 3 $ le baril. Chaque année, l'Arabie saoudite puise 19 821 792 614 m³ d'eau dans ses réserves aquifères. Pour dessaler un volume d'eau comparable, le pays devra brûler environ 300 000 barils de pétrole ou le même volume de gaz naturel.

La Banque mondiale évalue que le Moyen-Orient aura besoin de 14 158 423 296 à 16 990 107 955 m³ d'eau chaque année au cours des 10 à 15 prochaines années pour combler ses besoins. Dessaler un volume d'eau si important pourrait nécessiter un million de barils de pétrole par jour.

C'est un million de barils qui n'alimenteront pas les camions et les voitures du monde entier. Pour placer les choses dans leur contexte, mentionnons que Buzzard, le plus important champ pétrolifère découvert dans la mer du Nord depuis les 25 dernières années, produit quotidiennement moins d'un cinquième de ce volume. L'ensemble des champs pétrolifères de l'Alaska pompe beaucoup moins qu'un million de barils par jour. Le pic de l'eau provoquera le pic pétrolier.

IL Y A MIEUX À FAIRE AVEC LE PÉTROLE

Les usines de dessalement ne sont pas les seuls nouveaux concurrents à se presser aux portes des champs pétrolifères moyen-orientaux pour réclamer leur part de pétrole et de gaz naturel, qui se raréfient progressivement.

Ce coin du monde est en passe de devenir le point de ralliement des entreprises du secteur pétrochimique mondial, lequel a d'énormes besoins énergétiques. Elles y sont attirées en raison du prix du carburant. Pourquoi produire de l'éthylène en Amérique du Nord où le gaz naturel est vendu à 5 $ le million de BTU alors qu'il se vend à moins d'un dollar au Moyen-Orient ? La matière première bon marché a attiré dans la région plus de la moitié des investissements mondiaux du secteur pétrochimique au cours des dernières années.

Le plastique est fait de propylène, lequel est un dérivé pétrochimique de base que l'on obtient par craquage du pétrole ou du gaz naturel. Il est beaucoup plus rentable de fabriquer des produits avec du pétrole, comme le plastique, que de le convertir en essence ou en diesel. Ce qui signifie que le secteur pétrochimique du Moyen-Orient, qui prend rapidement de l'expansion, sera bientôt le premier à puiser dans les réserves de pétrole de la région en dépit des besoins des raffineries du monde entier.

Contrairement aux crises des années 1973 et 1979, il ne s'agit pas d'enjeux politiques, mais bien d'enjeux économiques. La conversion du pétrole ou du gaz naturel en produits pétrochimiques procure un rendement cinq fois plus élevé que si on le vendait sous forme de carburant. De plus, le secteur des matières plastiques et des produits chimiques crée beaucoup plus d'emplois que celui du raffinage.

Finalement, le Moyen-Orient pourrait devenir le centre mondial de l'industrie chimique. Abu Dhabi est déjà le siège d'une industrie prospère des matières plastiques et est en train de se positionner comme un important fournisseur du secteur automobile chinois qui connaît un essor fulgurant. Le fabricant de produits plastiques Boruoge, installé à Abu Dhabi, a récemment indiqué qu'il comptait construire la plus importante usine de produits chimiques et plastiques à Taweelah, près de la frontière entre Abu Dhabi et Dubaï.

L'Arabie saoudite a également quelques plans ambitieux en réserve pour son secteur des produits plastiques et chimiques qui est en pleine croissance. Pendant que Saudi Aramco concentrait ses activités dans le raffinage et les produits pétrochimiques, la société Saudi Basic Industries Corporation (Sabic) s'est lancée dans la fabrication de produits chimiques fins dérivés du gaz naturel, plus rentables. Par le biais d'une campagne agressive d'acquisition d'entreprises et de technologies occidentales ainsi que de projets de coentreprise, Sabic est en train de devenir un joueur incontournable du secteur mondial des produits chimiques et compte devenir le plus important au monde d'ici 10 ans. Et cette société a d'excellentes chances d'y arriver.

Dans les faits, le pétrole demeurera une matière première rentable pour le secteur pétrochimique, et ce, bien longtemps après que le pétrole aura dépassé 100 $ le baril et qu'il aura envoyé le moteur à combustion interne et l'essence aux oubliettes. En définitive, c'est probablement le seul legs que les hydrocarbures vont laisser à cette région du globe.

VUE DU SOMMET

La raison pour laquelle les consommateurs occidentaux se soucient tant de la soif des pays de l'OPEP pour leur propre pétrole est qu'elle survient au moment même où la production dans ces pays a atteint un plateau ou même a commencé à diminuer. Suffire à la demande ne pose pas vraiment de problème lorsque la production est en pleine expansion. Il en est tout autrement lorsque l'énorme demande intérieure de pétrole survient au moment où la production stagne ou, pire encore, lorsqu'elle se met à décliner.

Une consommation intérieure effrénée et une production stagnante forment la combinaison gagnante pour provoquer une pénurie mondiale de pétrole étant donné que les principaux pays producteurs vont bientôt se mettre à cannibaliser une grande partie de leur propre capacité de production, en dépit des besoins de la réserve mondiale. Fait plus troublant, ce détournement des exportations se produira vraisemblablement dans les pays qui ont répété à maintes reprises aux consommateurs occidentaux qu'ils combleraient une grande partie des besoins mondiaux en pétrole.

La cannibalisation des exportations laisse déjà ses traces. Malgré l'attachement prépondérant que le monde accorde au pétrole des pays de l'OPEP, les exportations du cartel ont à peine augmenté depuis les cinq dernières années et baisseront vraisemblablement au cours des cinq prochaines. Sans la vague d'exportations de pétrole russe qui est survenue au cours de la même période, le prix du pétrole aurait franchi la barre des 100 $ beaucoup plus tôt.

Qui plus est, les exportations se sont maintenant mises à chuter. En 2007, au Moyen-Orient, elles ont baissé de près de 700 000 barils par jour. C'est l'Arabie saoudite, le plus important pays exportateur, qui a enregistré la plus forte baisse avec 600 000 barils de moins par jour. Bien que le royaume ait prétendu que cette baisse des exportations n'était que passagère, elle survient tout juste après cinq ans de stagnation des exportations, à un moment où le monde lutte constamment pour maintenir la capacité de production à son niveau actuel. Malgré cela, la version officielle du gouvernement saoudien est qu'il compte stimuler fortement sa production et ses exportations au cours des 10 prochaines années.

Cela risque de ne pas se produire. Même si la production au Moyen-Orient demeure la même, les exportations vont vraisemblablement chuter de près d'un million de barils par jour d'ici les quatre prochaines années en raison du détournement du pétrole qui servira à combler les importants besoins intérieurs des pays de cette région. De plus, on est en droit de s'attendre à des diminutions beaucoup plus importantes lorsque le phénomène de déplétion des plus anciens champs pétrolifères se mettra en branle.

Depuis près d'un siècle, c'est le Moyen-Orient qui a le plus contribué à la production mondiale de pétrole et avec les années, cet apport a commencé à laisser sa marque. La production d'importants champs pétroli-fères, comme le champ Burgan au Koweït, n'est plus que l'ombre de ce qu'elle était. On soupçonne de plus que la production de Ghawar, le plus important champ pétrolifère au monde, fournisseur de plus de 50 % du pétrole de l'Arabie saoudite, va également commencer à diminuer[6]. Le pétrole de Ghawar est de plus en plus dilué dans l'eau de mer que les ingénieurs injectent dans le puits afin d'y augmenter la pression et faire remonter le pétrole à la surface. Si l'on procède de la sorte, c'est qu'à l'évidence, le plus important puits au monde est en déclin.

Pendant ce temps, la production d'autres géants du pétrole du Moyen-Orient, comme l'Iran, est loin d'être ce qu'elle a été. Actuellement, l'Iran pompe un peu moins de quatre millions de barils par jour, soit moins du tiers de sa production durant le règne du dernier Shah d'Iran. Ainsi, l'Iran exporte à l'étranger deux millions de barils de moins par jour depuis la révolution en 1979.

Le même scénario se répète dans d'autres pays de l'OPEP en dehors du Moyen-Orient. La production du Venezuela, l'un des pays fondateurs de cet organisme, a diminué sans cesse et ce déclin a commencé avant même que le président Hugo Chávez ne nationalise le secteur pétrolier. Depuis 10 ans, la production de pétrole classique du Venezuela a chuté d'un million de barils par jour.

C'est la même chose en Indonésie où la production du brut est la moitié de ce qu'elle était il y a 30 ans. Son cas est particulièrement fascinant puisque ce pays incarne le cauchemar des Occidentaux. Il n'y a pas si longtemps, l'Indonésie produisait toujours du pétrole. Mais il n'en demeure pas moins que ce pays est importateur de pétrole. Sa production d'un million de barils par jour compte pour près de 20 % de sa consommation intérieure. En conséquence, l'Indonésie doit puiser dans les réserves mondiales, alors qu'il y a une décennie, ce pays était nettement un pays exportateur. L'Indonésie vient de retirer son adhésion à l'OPEP, dont elle était membre depuis 46 ans.

Jusqu'à récemment, on s'attendait à ce que la Russie prenne le relais de l'OPEP si l'organisme venait à montrer des signes de fatigue. Ce fut d'ailleurs le cas au cours de la majeure partie des 10 dernières années. Non seulement la Russie est-elle le deuxième plus important pays producteur de pétrole, mais la consommation intérieure russe, contrairement à celle de l'Arabie saoudite, a diminué dans la foulée de la chute de l'empire soviétique. La production quotidienne de pétrole de la Russie est passée de six à neuf millions de barils et presque la totalité de cette augmentation était destinée à l'exportation vers les marchés mondiaux. Les consommateurs européens gagnaient sur tous les tableaux puisqu'ils étaient dépendants du pétrole russe.

Pendant que le monde entier retenait son souffle chaque fois que l'OPEP publiait ses quotas de production, l'augmentation des exportations de pétrole de la Russie a permis aux automobilistes du monde entier de continuer de faire le plein. Les exportations de pétrole russe ont augmenté de 60 % depuis l'an 2000 et ont effectivement pu combler le fossé que l'OPEP a creusé en puisant dans sa propre production. Entre 2000 et 2006, ce sont les exportations de pétrole de la Russie, et non celles de l'OPEP, qui ont compté pour près de la moitié de l'augmentation de la production mondiale.

Toutefois, les exportations de pétrole russe sont maintenant assujetties aux mêmes forces qui sévissent dans les pays de l'OPEP. Récemment, l'industrie pétrolière russe a indiqué que la production n'avait pas augmenté en 2008 et qu'elle n'augmenterait pas de sitôt en raison de l'épuisement des réserves matures du bassin de Sibérie occidentale. Pendant ce temps, en Sibérie orientale, les efforts déployés pour y augmenter la production baignaient dans la controverse et étaient minés par d'importants dépassements de coûts.

Mais là comme ailleurs, le phénomène de déplétion n'explique pas à lui seul la baisse des exportations. Au moment où le prix du pétrole atteint des sommets, l'économie du deuxième plus important pays producteur, la Russie, surchauffe. Entre 2004 et 2007, l'économie russe croissait chaque année de 6 %. Les ventes annuelles de véhicules ont augmenté de 20 à 30 %. Qu'est-il arrivé à la demande intérieure russe autrefois si modeste ?

À l'instar des pays de l'OPEP, la Russie verra bientôt ses exportations diminuer, et ce, probablement à un rythme d'un demi-million de barils par jour au cours de la prochaine décennie. Ainsi, au lieu de combler le manque à gagner dans les pays de l'OPEP comme la Russie l'a fait durant la première moitié de la présente décennie, le géant énergétique du nord contribuera à amplifier la baisse des exportations de l'OPEP en retenant une partie de ses livraisons de pétrole à l'étranger. Et l'alignement de la Russie sur les pays de l'OPEP n'augure rien de bon pour le prix de l'essence.

En conséquence, le pays qui faisait partie de la solution contribuera dorénavant à amplifier le problème.

D'ici 2012 au plus tard, non seulement les deux plus importants producteurs de pétrole au monde, l'OPEP et la Russie, ne pourront plus pallier toute nouvelle augmentation de la demande, mais ils vont également livrer près d'un million et demi de barils de pétrole de moins par jour sur les marchés mondiaux. L'effondrement de l'offre ne s'arrêtera pas là. Au cours des cinq prochaines années, un autre pays exportateur verra probablement ses exportations chuter de façon encore plus marquée que dans les pays de l'OPEP et en Russie. Le Mexique, deuxième fournisseur de l'énorme marché américain après le Canada, verra ses exportations s'effondrer d'ici deux ans. Elles ont déjà diminué de 20 % en 2007. Et ce n'est que le début. Bien qu'il soit étonnant que le Mexique subisse le même sort que l'Indonésie et se mette à importer du pétrole, il n'en reste pas moins que ses exportations vont cesser. Actuellement, les quelque 1,2 million de barils par jour que le Mexique exporte presque entièrement aux États-Unis se mettront à chuter pour atteindre tout au plus un quart de million.

Le complexe de Cantarell, situé dans la baie de Campeche du golfe du Mexique, est le plus important champ pétrolifère mexicain et constitue le plus épineux problème de ce pays. Il s'agit actuellement du troisième plus important champ pétrolifère au monde et il fournit 40 % de la production mexicaine. Il est déjà arrivé que la production de champs pétrolifères en eau profonde se mette à décliner de manière particulièrement marquée, mais jamais comme à Cantarell, où la production a déjà diminué d'un million de barils par jour et où l'on s'attend à ce qu'elle chute encore d'au moins un demi-million sur le million qui reste, d'ici les cinq prochaines années. Lorsqu'on met cette baisse rapide de production en corrélation avec l'augmentation de la consommation intérieure d'essence au Mexique, on constate que très bientôt, la totalité de la maigre production du pays servira à remplir les réservoirs des automobilistes mexicains.

La Russie, les pays de l'OPEP et le Mexique comptent pour 60 % de la production mondiale. Ensemble, ils produisent un peu plus de 44 millions de barils par jour et en exportent environ 35 millions quotidiennement. Il est probable que ces producteurs soient en mesure de maintenir leur production près du niveau actuel, mais la hausse de la consommation intérieure fera baisser, dans les prochaines années, les exportations de trois millions de barils par jour.

À moins que la récession amorcée en 2008 ne se transforme en dépression s'étalant sur une décennie, ce manque à gagner de trois millions de barils par jour fera de nouveau grimper le prix du pétrole. L'augmentation du prix devra freiner suffisamment la demande en Amérique du Nord et en Europe pour que la demande intérieure des pays producteurs, comme l'Arabie saoudite et le Venezuela, et celle des pays émergents, comme la Chine et l'Inde, soient comblées.

Il peut paraître injuste que les Saoudiens puissent pratiquer le ski sur les pentes enneigées sous une immense bulle réfrigérée et éclairée par le soleil brûlant du désert pendant que nous nous efforçons de trouver des moyens de réduire notre consommation, ou encore que les concessionnaires de voitures des pays émergents fassent de bonnes affaires alors que les géants de l'automobile, à Detroit (General Motors, Ford et Chrysler), sont en train de fermer des usines. C'est toutefois une conséquence du renversement de l'offre et de la demande, qui va redéfinir notre monde. Lorsque la poussière sera retombée après ce véritable séisme, ce renversement laissera sans doute place à un monde beaucoup plus petit.

CHAPITRE 3

LE MIROIR AUX ALOUETTES

Les concepteurs et les ingénieurs des géants de l'automobile de Detroit ont des comptes à rendre pour avoir mis sur les routes des voitures comme la Pinto, le Gremlin, la Chevette et le K-Car. Lorsque les pays de l'OPEP ont fermé le robinet dans les années 1970, ceux qui avaient donné naissance au rêve américain en proposant d'imposants bolides chromés filant à vive allure, se sont mis à remplir les salles d'exposition des concessionnaires de voitures dont le souvenir fait rire jaune. Mais comme beaucoup de choses qui nous font grimacer aujourd'hui, ces voitures semblaient pourtant être une bonne idée à l'époque.

Du moins, ces voitures étaient la solution du point de vue d'un économiste, et non de celui d'un amateur de voiture. Lorsque le prix de l'essence à la pompe est élevé, les gens achètent des voitures économiques.

Je me souviens du jour où j'ai échangé la Buick que mon père m'avait donnée contre une Toyota Corolla. C'était au début des années 1970, une époque qui ressemble à plusieurs égards à la nôtre. C'était tout un changement. Je suis entré dans le stationnement du concessionnaire au volant d'une voiture équipée d'un puissant moteur V8 de 5 litres. J'en suis ressorti avec une voiture propulsée par un modeste moteur de 1,6 litre avec quatre cylindres en ligne. Je me disais que, quelque part au Japon, on avait dû retirer le moteur d'une tondeuse à gazon pour le mettre sous le capot de ma voiture. J'ai même dû payer 500 $ de plus pour obtenir un moteur plus « puissant ». Le modèle de base était équipé d'un moteur de 1,2 litre. J'ai cependant épargné un peu d'argent sur la transmission en choisissant la boîte de vitesses manuelle à quatre rapports qui, je l'espérais, me permettrait de tirer le maximum de ce minuscule moteur. Malheureusement, comme je n'avais jamais conduit de voiture manuelle, j'ai bousillé un ou deux embrayages avant de bien maîtriser la technique. La voiture coûtait environ 2 500 $ à l'époque, soit le même prix que la Nano de Tata actuellement. Mais je ne regrette rien ! Je n'ai plus jamais conduit de voiture à transmission automatique.

Bien entendu, la plupart d'entre nous ne voulaient pas conduire une minuscule voiture japonaise. Nous aurions préféré garder nos voitures plus imposantes, plus puissantes et plus confortables, si seulement nous avions les moyens d'en faire le plein. Toutefois, le Moyen-Orient avait fermé le robinet, et le prix de l'essence avait monté en flèche. Les experts prédisaient la fin du pétrole. L'économie nord-américaine venait d'entrer dans l'une de ses pires récessions depuis la fin de la Deuxième Guerre mondiale. Donc, tout comme les automobilistes vénézuéliens ont répondu à la baisse du prix à la pompe en consommant plus d'essence, nous avons jeté un coup d'œil à la note à payer pour conduire notre voiture équipée d'un moteur V8 et nous avons roulé vers l'un des nouveaux concessionnaires Datsun ou Toyota qui ouvraient leurs portes un peu partout en Amérique du Nord. Et il valait mieux conduire une Datsun ou une Toyota qu'une vulgaire Pinto. En Grande-Bretagne, la Mini Metro démontrait que les ingénieurs britanniques étaient capables de proposer un véhicule grand public équipé d'un moteur d'un litre.

À l'évidence, nous ne pouvions contrôler l'offre parce que, à l'époque, l'OPEP avait les mains sur le volant. En conséquence, nous avons tenté de contrôler la demande. Bien entendu, nous allions regretter ces longues balades au volant d'une puissante voiture américaine. Mais nous pouvions facilement nous passer de nous faire dévaliser une fois rendus à la pompe.

Il n'y avait pas que les nouveaux propriétaires de voiture qui faisaient des pieds et des mains pour freiner leur consommation d'essence. Les gouvernements se sont mis à l'exiger. Aux États-Unis, où les modes de transport consomment environ 30 % de toute l'énergie, dont 70 % du pétrole, le gouvernement a adopté la norme CAFE, pour *Corporate Average Fuel Economy* (consommation moyenne de carburant pour les entreprises). Ce programme forçait les fabricants d'automobiles à diminuer la consommation moyenne des voitures en les faisant passer de 18 litres aux 100 kilomètres à 9,4 litres aux 100 kilomètres, et ce, en moins de 10 ans. Plusieurs gouvernements ont baissé les limites de vitesse sur les autoroutes pour tenter de réduire par voie législative la consommation de carburant. Le président Carter est même allé jusqu'à dire que réduire la dépendance au pétrole était «l'équivalent moral d'une guerre».

Un prix élevé du pétrole a eu toutes sortes de conséquences sur la planète. Le gouvernement américain a demandé à ses concitoyens d'éteindre leurs lumières de Noël. Au Danemark, on risquait la prison si l'on consommait plus que sa ration d'électricité. Les Britanniques devaient quant à eux se contenter de chauffer une seule pièce en hiver, alors qu'ailleurs en Europe, plusieurs gouvernements interdisaient de piloter un avion, de naviguer en bateau ou de conduire une voiture le dimanche.

On a accordé des subventions aux propriétaires de maison pour les inciter à mieux isoler leur demeure et ainsi diminuer leur facture de mazout durant l'hiver. En Amérique du Nord, le réseau de gazoducs a pris énormément d'expansion afin d'encourager les familles à abandonner le mazout très coûteux au profit du gaz naturel à la fois abondant et bon marché à l'époque.

Même si les choses ont beaucoup changé, ce passé pas si lointain est revenu nous hanter lorsque le prix du pétrole a franchi les 100 $ le baril. En Amérique du Nord, le covoiturage revient en force, les ventes de scooters grimpent aussi rapidement que celles des VUS dégringolent, et de plus en plus de voies sur les grandes routes sont maintenant réservées aux véhicules qui transportent plusieurs passagers. Qui plus est, les gens commencent à saisir la grande différence entre dépendance au pétrole étranger rare et cher et dépendance au pétrole étranger bon marché et abondant. Quoique les deux aient mené à l'adoption de plans ambitieux pour inciter les consommateurs à se tourner vers des solutions de remplacement comme l'éthanol. En d'autres termes, si nous ne pouvons contrôler l'offre du pétrole, nous ferions mieux de trouver un moyen de contrôler l'offre d'un carburant presque aussi attrayant que le pétrole.

Mais ces initiatives mettent en lumière la croyance populaire qui veut que si nous contrôlons notre consommation énergétique, nous consommerons moins d'énergie, et que si nous injectons des fonds dans de nouvelles technologies, nous pourrons découvrir de nouvelles formes de carburant. Est-ce toutefois réaliste ? Est-ce qu'une meilleure efficacité énergétique mène à une baisse de la consommation d'énergie ? Serons-nous vraiment en mesure de faire pousser le carburant que nous avions l'habitude de puiser dans le sol ?

Il ne s'agit plus de questions spéculatives. Lorsque le pétrole conventionnel se fait rare et que le pétrole non conventionnel est l'équivalent de la menue monnaie que l'on pêche entre les coussins du sofa, il y a péril en la demeure.

Ceux qui se souviennent de la Pinto savent que, confrontés à des problèmes complexes, même les gens très intelligents adoptent parfois des solutions qui peuvent paraître simplistes aujourd'hui. Serions-nous en train d'agir de même à présent ?

L'EFFET DE REBOND

Personne n'est contre la vertu. Tous ceux et celles qui ont acheté une voiture économique dans les années 1970 ont effectivement épargné de l'argent, et les différents programmes d'efficacité énergétique soutenus par les secteurs public et privé ont effectivement augmenté notre rendement énergétique. Aux États-Unis, la consommation énergétique par dollar de PIB a chuté de moitié depuis 1975. Nous sommes plus efficaces sur le plan énergétique que nous ne l'étions lorsque j'ai vendu ma vieille Buick LeSabre.

Toutefois, n'allez surtout pas croire que cela signifie que nous utilisons moins d'énergie. En réalité, nous en consommons plus que jamais, beaucoup plus.

Notre consommation d'énergie a augmenté de 40 %, en dépit du fait que la consommation par dollar de PIB a chuté de moitié. Voilà pourquoi les programmes axés sur l'atteinte d'objectifs d'intensité énergétique, qui ont fait partie de la plupart des stratégies gouvernementales, n'ont de toute évidence pas permis de réduire la consommation d'énergie et les émissions de CO_2 qui en découlent.

Dans la foulée des chocs pétroliers provoqués par l'OPEP, des économistes renégats, comme Daniel Khazzoom en Amérique du Nord et Leonard Brookes au Royaume-Uni, ont avancé que toute amélioration de l'efficacité énergétique conduirait à un résultat aussi inattendu que fâcheux : une augmentation de la consommation d'énergie[1]. Cela allait à l'encontre de toutes les stratégies gouvernementales qui visaient à favoriser l'efficacité énergétique. Il va de soi que leur analyse n'a pas été bien reçue parmi la classe politique et les environnementalistes. Monsieur Khazzoom a même été menacé de mort lors des audiences sur l'environnement, tenues par le gouvernement de la province de Québec avant la mise en chantier de l'imposant projet hydroélectrique de la Baie-James.

Étrangement, l'«effet de rebond», comme il est maintenant convenu de l'appeler, va à l'encontre de toute sagesse populaire et institutionnelle. Il s'agit néanmoins d'une conclusion de la théorie économique de la demande.

Une meilleure efficacité énergétique fait baisser le prix de l'énergie et augmente par le fait même la consommation d'énergie, comme le prédit le modèle économique de la demande illustré graphiquement par une courbe descendante. En d'autres termes, l'efficacité énergétique fait baisser la demande d'énergie, qui fait baisser à son tour le prix de l'énergie. Ainsi, vous obtenez plus d'énergie pour le même prix et, finalement, vous en consommez plus.

Une plus grande consommation d'énergie stimule l'activité économique : il y a plus de véhicules sur les routes, plus de maisons en construction, plus d'objets qui sortent des usines et, inévitablement, plus de gens qui fréquentent les magasins. En conséquence, si l'efficacité énergétique permet de consommer plus d'énergie pour le même prix, on obtient une meilleure croissance économique pour le même prix. Et une économie plus vigoureuse conduit à une plus grande demande d'énergie. Autrement dit, l'énergie bon marché stimule l'activité économique qui, à son tour, force une plus grande consommation d'énergie. Lorsqu'on arrive au point où la croissance économique dépasse le taux d'amélioration de l'efficacité énergétique, il en résulte un effet de rebond très puissant.

Ce concept a été décrit il y a un siècle par l'économiste britannique William Stanley Jevons[2]. Ce dernier a observé que, dans la foulée des énormes gains en efficacité découlant de l'invention du moteur à vapeur par James Watt, la consommation de charbon, après avoir d'abord fléchi, a été multipliée par 10 entre 1830 et 1860.

À la même époque, on a observé le même phénomène avec l'acier. Le procédé Bessemer de fabrication de l'acier est l'invention qui a permis d'enregistrer les plus grandes économies de carburant de toute l'histoire de la métallurgie. Toutefois, ce procédé a mené en bout de piste à une augmentation, et non à une baisse de la demande de carburant dans ce secteur, en raison de la forte augmentation de la production d'acier qui a suivi.

Même s'il fallait moins d'énergie pour produire une tonne d'acier Bessemer ou pour faire tourner un moteur inventé par James Watt, les augmentations fulgurantes de la demande d'acier et de chevaux-vapeur ont largement dépassé les gains en efficacité et ont mené à une plus grande consommation de carburant.

C'est exactement ce qui est arrivé à votre voiture.

Les résultats n'ont pas tardé à se faire sentir lorsque la flambée du prix de l'essence a renvoyé les ingénieurs à leur table à dessin afin qu'ils conçoivent des véhicules plus économiques. Les fabricants d'automobiles ont réagi rapidement à la crise du pétrole en mettant au monde des technologies qui produisaient plus d'énergie avec moins de carburant: matériaux plus légers, injection du carburant, moteur turbo et cylindre à valves multiples. Les nouveaux moteurs permettaient de parcourir beaucoup plus de kilomètres. Depuis 1980, la distance parcourue en moyenne aux États-Unis pour chaque gallon d'essence a augmenté de 30%. C'est impressionnant. La technologie a pallié la hausse du prix du carburant, comme l'avaient prédit les manuels de science économique. En fait, le secteur des transports est devenu l'emblème utilisé par les économistes pour illustrer l'influence de la montée des prix sur les changements technologiques.

Cependant, quelques années après le deuxième choc pétrolier, on s'est rendu compte que les avancées technologiques n'ont pas permis de faire des économies de carburant là où cela comptait le plus, à savoir dans le nombre de litres d'essence consommé par une voiture pendant une année, et non sur une distance de 100 kilomètres. Sur ce plan, rien n'a changé. Aux États-Unis, une voiture américaine consomme autant d'essence qu'elle en consommait il y a 30 ans, à une époque où le moteur était 30% moins efficace.

Les nouvelles technologies ont permis aux fabricants d'automobiles de générer plus de puissance avec le même volume de carburant. Ce qui signifiait, toutes choses étant égales par ailleurs, qu'un automobiliste pouvait conduire sa voiture plus rapidement avec moins de carburant. Mais toutes choses n'étaient pas égales. Au lieu de faire rouler la même voiture à la même vitesse, les fabricants d'automobiles ont réalisé que les nouvelles technologies leur permettraient de faire rouler de plus gros véhicules, et plus vite, avec le même volume de carburant. Les fabricants n'ont pas pu résister à la tentation de produire des voitures plus rapides et plus massives. Au lieu d'utiliser les matériaux plus légers pour produire des voitures plus économiques, ils ont souvent choisi de se servir des progrès pour remplir leurs salles d'exposition de véhicules plus gros et plus rapides.

Ce paradoxe énergétique a transformé la Corolla et ses quatre cylindres en un énorme et vulgaire VUS. Le nombre de camions légers (une catégorie qui comprend les VUS, les fourgonnettes et les camionnettes) a augmenté de 45 % entre 1995 et 2005, soit sept fois plus que le nombre de voitures. Véritables obèses de l'énergie, ces camions légers représentent 80 % de l'augmentation des véhicules aux États-Unis depuis 1985, ce qui en fait le choix de prédilection de la famille américaine moyenne.

La LeSabre de mon père n'avait rien de comparable à la Toyota Corolla. Mais elle n'était rien à côté des Yukon Denalis et des gigantesques VUS qui circulent actuellement sur les routes. La technologie automobile leur procure un meilleur rendement énergétique que les camions produits dans les années 1970. Toutefois, les avancées accomplies au cours des 40 dernières années ne changent rien au fait que lorsque le prix de l'essence franchit les 100 $ le baril, il faut débourser plus de 100 $ pour remplir l'un de ces réservoirs gargantuesques. C'est l'effet de rebond par excellence. Votre moteur offre un meilleur rendement, mais vous consommez plus de carburant.

Même si vous ne conduisez pas un VUS, il est probable que votre voiture soit équipée de fonctions autrefois très coûteuses et qui consomment leur lot d'énergie. La plupart des véhicules vendus dans les pays développés sont maintenant équipés de vitres électriques, d'un toit ouvrant, de rétroviseurs extérieurs électriques, sans compter le climatiseur. Et maintenant, chaque jour, de nouveaux véhicules sortent des usines, équipés de fonctions très gourmandes comme des ordinateurs de bord et des systèmes de divertissement. Toutes ces options ne sont qu'une autre illustration du principe qui veut qu'une baisse du prix de l'énergie nous mène à en consommer davantage.

Faites le compte et vous comprendrez que le véhicule garé dans la rue dont le moteur tourne au ralenti offre probablement un pire rendement énergétique que le modèle T de Ford fabriqué en 1908[3].

Voilà donc pour les avantages découlant des économies d'énergie qu'offrent les nouvelles technologies. Sur le plan de la conservation, il y a pire. La consommation d'essence aux États-Unis ne se limite pas à la distance moyenne parcourue par véhicule pour chaque litre d'essence. Elle prend également en compte le nombre de véhicules qui circulent sur les routes. Là aussi, l'effet de rebond a ses répercussions.

Un meilleur rendement énergétique a fait baisser le prix des véhicules et, conséquemment, a permis à plus de gens de s'en procurer. Le nombre d'automobilistes américains a augmenté de 130 millions depuis 1970.

Au cours de la dernière décennie, le nombre de véhicules aux États-Unis a augmenté deux fois plus vite que le nombre de mises en chantier. Alors qu'en 1970, la plupart des familles américaines possédaient une voiture, aujourd'hui, elles en possèdent deux et parfois même trois.

Non seulement y a-t-il plus de véhicules sur la route, mais nous les conduisons plus souvent. En 1970, une automobile américaine roulait en moyenne un peu plus de 15 000 kilomètres par an. Au tournant du millénaire, ce chiffre avait pratiquement atteint 20 000.

Plus de grosses voitures qui roulent plus souvent. Voilà ce que les technologies du carburant ont apporté. En conséquence, nous sommes aussi dépendants de l'essence que nous l'étions entre les deux chocs pétroliers.

Pendant tout ce temps, nous aurions pu continuer de concevoir des voitures offrant un meilleur rendement énergétique. Mais, lorsque le prix du pétrole s'est effondré dans les années 1980, notre enthousiasme pour l'efficacité énergétique a connu le même sort. En 1985, l'année où les fabricants automobiles devaient produire des voitures offrant une consommation maximale de carburant quelque 8,7 litres aux 100 kilomètres, comme le prescrivait la norme CAFE adoptée 10 ans plus tôt, seule Chrysler a atteint son objectif. Les fabricants ont fait des pressions pour que l'objectif soit abaissé à environ 9 litres aux 100 kilomètres. Rien de grave, mais nous en subissons encore les conséquences. En 1990, le Sénat américain a rejeté un projet de loi visant à augmenter la norme CAFE de 40 %. En 2003, le gouvernement échouait de nouveau à resserrer les normes. De toute manière, le puissant VUS, si essentiel pour augmenter les revenus des fabricants de Detroit, n'était pas visé par la loi.

L'effet de rebond a augmenté le nombre de kilomètres parcourus à bord de véhicules plus gros et plus gourmands. Des décennies après le début de la course à l'efficacité énergétique, la flotte américaine de voitures consomme encore aujourd'hui environ 12 millions de barils par jour.

GRANDS VOYAGEURS

Le même scénario s'est répété dans le ciel. Lorsque le prix du combustible pour moteurs à réaction a monté en flèche dans les années 1970, les améliorations apportées à la conception ont permis aux ingénieurs de l'aviation de surclasser leurs homologues du secteur de l'automobile en matière de rendement énergétique. Voilà qui est encore conforme à l'opinion de n'importe quel économiste, surtout si l'on tient compte du fait que le coût d'un voyage par avion varie énormément selon le prix du carburant. On ne saurait trouver meilleur exemple dans un manuel de science économique pour illustrer le recours à la technologie en réponse à la flambée des prix.

La consommation de carburant par kilomètre s'est améliorée de 45 % depuis 1975. Les avionneurs ont à la fois revu la technologie des réacteurs et la conception des avions pour les rendre plus performants sur le plan de la consommation. En réaction aux chocs pétroliers provoqués par l'OPEP, les avionneurs ont d'abord agrandi leurs avions pour limiter les allers-retours et, par le fait même, réduire les dépenses en carburant. Tout le secteur de l'aviation s'est mis en mode économie de carburant. Cependant, comme l'automobile, l'effet de rebond a conduit les ingénieurs et les planificateurs du monde de l'aviation dans une impasse, ainsi que les projets qu'ils avaient consciencieusement échafaudés.

On n'avait pas prévu qu'un plus grand avion ferait baisser le prix par passager et les coûts des entreprises de transport aérien. Cela a eu pour effet d'augmenter la fréquence des vols. Au lieu de diminuer la consommation de carburant en réduisant le nombre de vols, les grands avions – par suite de frais d'exploitation moindres et du coût inférieur du billet d'avion – ont mené à une augmentation du nombre de vols. Il va de soi que la résultante a été l'augmentation de la consommation de carburant.

Comme ce fut le cas pour l'automobile, l'augmentation de la consommation d'énergie a eu tôt fait d'effacer les gains en efficacité énergétique par une marge de quatre pour un. La technologie a permis de réduire le coût du billet d'avion et, malgré le fait que le carburant coûtait plus cher, plus de gens se sont mis à prendre l'avion. Plus de vols, plus d'avions dans le ciel, plus d'avions qui consomment du carburant. La consommation totale de carburant a crû de 150 % aux États-Unis.

Les ingénieurs ont fait leur boulot. Leurs innovations ont servi la cause pour laquelle elles avaient été créées, à savoir nous permettre de mieux utiliser l'énergie. Néanmoins, cela n'a pas permis de favoriser les économies d'énergie. Comme avec le moteur à vapeur de James Watt ou le procédé économique de fabrication de l'acier de Bessemer, un meilleur rendement énergétique des automobiles et des avions a eu comme conséquence d'augmenter le nombre de gens qui circulent sur les routes et volent dans le ciel.

L'EFFET DE REBOND À LA MAISON

Ce rapport pernicieux entre un meilleur rendement énergétique et une augmentation de la consommation d'énergie, que l'on retrouve dans tous les secteurs des transports, se reproduit également dans le logement moyen qui consomme environ 20 % de toute l'énergie. Une meilleure isolation, un meilleur rendement des appareils ménagers et surtout des fournaises et des climatiseurs, moins gourmands en énergie, a permis d'enregistrer d'importants gains énergétiques dans les maisons.

Aujourd'hui, presque tous les appareils ménagers vendus dans les pays développés doivent être conformes à certaines normes, dont aucune n'était en vigueur dans les années 1970. Qui plus est, les systèmes de chauffage et de climatisation sont 30 % plus performants sur le plan énergétique que ceux qui étaient en place il y a 30 ans. Mais est-ce que ces gains se sont traduits par une baisse de la consommation d'énergie de la famille nord-américaine moyenne ?

Jamais de la vie. En fait, c'est l'inverse qui s'est produit. Comme ce fut le cas avec les véhicules, la consommation d'énergie a augmenté plus rapidement que l'économie d'énergie. Les climatiseurs, considérés autrefois comme un produit de luxe, sont maintenant répandus dans toute l'Amérique du Nord. Bien qu'ils offrent un rendement énergétique supérieur de 17 % à ceux fabriqués en 1990, leur nombre a augmenté de 36 %. Un climatiseur plus performant fait économiser plus d'énergie qu'un appareil plus gourmand, mais consomme tout de même plus d'électricité que pas de climatiseur du tout.

La taille des maisons nord-américaines est un exemple encore plus pertinent. En 1950, la surface d'une maison moyenne était de 93 m^2 alors qu'elle est de près de 232 m^2 actuellement. C'est deux fois et demie plus grand. Notre efficacité énergétique ne s'est sûrement pas améliorée de deux fois et demie. Encore là, on voit les traces de l'effet de rebond. Les maisons australiennes ne sont pas très différentes. Les maisons au Canada et en Nouvelle-Zélande sont un peu plus petites, alors qu'une maison moyenne en Grande-Bretagne ou en Allemagne est un tiers plus petite.

Ainsi, si les améliorations du rendement énergétique nous ont permis de faire baisser la facture d'électricité de nos maisons comme jamais auparavant, nous avons en revanche plus d'espace à chauffer, à rafraîchir et à éclairer. En agrandissant nos maisons, nous avons annulé tous les gains énergétiques, parce qu'il faut chauffer plus d'espace avec plus d'électricité. D'ailleurs, nous avons rempli ces plus grandes maisons de plus d'appareils qu'il faut brancher. Ainsi, autrefois, le téléphone ne nécessitait qu'un faible courant électrique, fourni par la prise de téléphone. Aujourd'hui, il doit être branché à une prise de courant, à l'instar de tous ces appareils qui disposent de transformateurs noirs qui se multiplient sur les barres d'alimentation d'un bout à l'autre du continent. Sans compter tous ces chargeurs de téléphone cellulaire, ces lumières halogènes et toutes ces petites choses qui font tourner le compteur d'électricité plus vite pendant que nous ne faisons rien. Et ce ne sont là que de petits appareils.

Les plus gros font monter la facture encore plus rapidement. Les téléviseurs au plasma consomment quatre fois plus d'électricité que les vieux téléviseurs. En Grande-Bretagne, lorsque les gens se sont rués dans les magasins pour se procurer un téléviseur à écran plat en vue de la Coupe du monde de soccer, les autorités ont rapidement compris que ces amateurs de sport constituaient une menace pour le réseau d'électricité. Le fait d'allumer tous ces téléviseurs au plasma au même moment nécessiterait près de 2,3 gigawatts, soit la production de deux centrales nucléaires[4]. La Grande-Bretagne n'a pas connu de panne de courant. Mais lorsqu'un simple match de foot pousse le réseau d'électricité dans ses retranchements, on voit bien que les téléviseurs ne sont pas qu'un simple appareil parmi tant d'autres à consommer de l'électricité. À cela, s'ajoutent les lecteurs Blu-ray, les consoles de jeux, les routeurs sans fil, les systèmes d'alarme, et ainsi de suite. Inutile d'en rajouter pour comprendre que l'effet de rebond se fait également sentir à la maison.

Au Canada, certaines personnes ont même installé des éléments chauffants dans l'entrée de voiture pour s'éviter la corvée du pelletage de la neige en hiver. De toute évidence, l'appât du gain apparaît plus fort que l'économie d'énergie. Et nous faisons fausse route si nous prétendons que tout ce qu'il y a à faire pour corriger la situation, c'est de modifier un tout petit peu notre mode de vie.

ÉCONOMISER L'ÉNERGIE
AU LIEU DE LA CONSOMMER

Le paradoxe énergétique a déjà servi à illustrer l'inefficacité des mesures visant à améliorer le rendement énergétique et l'économie d'énergie.

Cependant, alors que nous sommes confrontés au plus important défi énergétique de notre ère, l'efficacité énergétique apparaît encore plus cruciale. Nous devons donc apprendre des leçons que nous a enseignées le paradoxe énergétique.

Si l'efficacité énergétique mène à l'économie d'énergie, les consommateurs doivent éviter à tout prix d'en annuler les gains par une consommation d'énergie toujours plus grande. Ainsi, le prix de l'énergie ne doit pas baisser, car l'histoire nous montre que nous finissons toujours par en consommer plus.

Nous devons apprendre à être plus économes, sans toutefois bénéficier d'une baisse du prix de l'énergie. Ce ne sera qu'à ce moment que notre efficacité énergétique mènera à la conservation de l'énergie.

Mais si je ne suis pas récompensé par une baisse du prix de l'énergie, pourquoi diable voudrais-je faire des efforts pour économiser l'énergie ?

C'est simple : parce que si nous ne l'économisons pas, le prix de l'énergie, en particulier celui du pétrole, grimpera très haut et très rapidement. L'efficacité énergétique ne peut nous permettre de consommer plus de pétrole que l'offre mondiale déclinante peut en fournir, comme c'est le cas actuellement. Le défi que pose le phénomène de déplétion des réserves de pétrole est de consommer moins de pétrole, point à la ligne. Pour la plupart d'entre nous, c'est une option difficilement envisageable. Notre mode de vie dépend trop de notre consommation gargantuesque d'énergie. Au lieu de cela, nous préférons croire que nous allons trouver une solution au problème de pénurie des ressources et pouvoir continuer de consommer encore plus d'énergie jusqu'à la fin de nos jours.

L'efficacité énergétique est un miroir aux alouettes. Elle nous fait croire qu'il n'y a pas de conservation de l'énergie sans amélioration de la consommation d'énergie. Toutefois, cela n'est vrai que dans un monde imaginaire sans croissance économique, un monde où ni vous ni moi ne voudrions vivre.

Nous ne voudrions pas plus évoluer dans un monde où les lois de la thermodynamique cessent de s'appliquer. Souvenez-vous de vos cours de physique du secondaire où l'on vous enseignait que rien ne se perd, rien ne se crée. En fait, lorsqu'on parle de créer de l'énergie, on veut dire que l'on vient de trouver une nouvelle façon de consommer de l'énergie. Sinon, on fait fausse route. Les éoliennes et les panneaux solaires sont de bons exemples d'innovation en matière d'énergie. L'éthanol-maïs, par contre, en est un mauvais.

L'ILLUSION DE L'ÉTHANOL

La deuxième loi de la thermodynamique nous dit que l'éthanol ne réglera pas nos problèmes énergétiques.

En effet, ce que nous dit ce deuxième principe, c'est qu'il n'existe pas de système entièrement efficace. Une part de l'énergie est toujours perdue sous forme de chaleur, de bruit ou de quelque autre effet. L'énergie est en quelque sorte toujours présente, mais sous une forme différente. Ainsi, l'éolienne fait certainement bon usage de l'énergie du vent, mais elle en gaspille également une bonne partie en chaleur causée par la friction de ses pièces mobiles, en bruit à cause du battement de ses énormes pales et sous bien d'autres formes qui ne sont pas considérées comme «utiles». (Les fils à haute tension qui acheminent l'électricité en «laissent échapper» beaucoup également). L'efficacité d'une éolienne est en moyenne de 20 %. Ce qui signifie qu'environ un cinquième de l'énergie du vent qui fait tourner les pales sert à charger votre BlackBerry ou à faire fonctionner votre grille-pain. Le reste disparaît.

Si vous croyez que l'on y perd au change, vous devez savoir que le moteur de votre voiture n'est pas beaucoup plus efficace pour produire l'énergie nécessaire pour vous conduire au travail, même si vous avez payé l'essence beaucoup plus chère que le vent. Environ 80 % de l'énergie coûteuse qu'il y a dans le réservoir de votre voiture ne sert pas à la faire rouler.

Si vous voulez un bon exemple de mauvais échange thermodynamique, regardez du côté de l'éthanol. Oubliez un moment le fait que l'alcool éthylique contient moins d'énergie que l'essence qu'il est appelé à remplacer. Oubliez également le fait que, tout comme pour l'essence, la plus grande partie de l'énergie contenue dans un réservoir d'éthanol sera perdue inutilement.

Dans les faits, l'éthanol (comme l'hydrogène) représente une autre façon de transformer l'énergie, et les lois de la thermodynamique dictent que, en cours de transformation, une partie de cette énergie est perdue. Au début du procédé, vous avez un volume fixe d'énergie alors qu'en fin de procédé, il y en a moins. Dans un contexte de pénurie, cela représente une proposition encore moins alléchante.

Les biocarburants constituent un mythe puissant. Un mythe encore plus destructeur que l'illusion qui nous porte à croire que la solution à nos problèmes passe par l'efficacité énergétique. Les biocarburants alimentent les mythes de l'autosuffisance énergétique et de l'énergie verte et nous font croire que la vie pourra continuer à peu près comme si de rien n'était. Il n'existe d'ailleurs pas de mythes plus dangereux au sein du paradigme des biocarburants que ceux qui entourent le biocarburant préféré de l'Amérique, soit l'éthanol-maïs.

On produit de l'éthanol en transformant le sucre en alcool par distillation. Si plusieurs sources biologiques peuvent servir à produire de l'éthanol, 95 % de celui de l'Amérique du Nord provient du maïs. L'éthanol a depuis longtemps été utilisé comme additif à l'essence. D'ailleurs, il peut constituer jusqu'à 10 % du carburant qui alimente actuellement les voitures. Une voiture équipée d'un moteur modifié en conséquence peut prendre jusqu'à 85 % d'«E85», petit nom donné à l'éthanol dans le Midwest américain, la région où il est le plus vendu.

Récemment, l'éthanol a beaucoup attiré l'attention en raison de la flambée du prix du pétrole et des questions environnementales découlant des émissions de gaz à effet de serre. Mais la technologie qui permet d'en produire n'a rien de neuf. La première voiture d'Henry Ford fonctionnait entièrement à l'éthanol. La première voiture à rouler avec un mélange d'éthanol et d'essence a été construite en 1905. Ce qu'il y a de neuf, c'est la croyance qu'il serait économiquement viable de substituer l'éthanol à l'essence.

La production mondiale d'éthanol a fortement augmenté, surtout aux États-Unis où l'importante croissance de la production nationale a été dictée par le président Bush à Washington. La production est ainsi passée de 3,8 milliards de litres par année en 2000 à 22,7 milliards en 2007.

Mais George W. Bush projetait une plus grande augmentation de la production en fixant l'atteinte d'un objectif de production nationale de 132,5 milliards de litres avant 2017, soit près de six fois le record de production établi en 2007. (Actuellement, l'objectif de l'Union européenne est de produire 20 % de bio-carburants d'ici 2020.) Cela peut sembler une bonne nouvelle, mais n'oublions pas que si nous nous approchons ne serait-ce qu'un peu de cet objectif de production nationale d'éthanol, les familles du Canada et des États-Unis mangeront bientôt leur dernier épi de maïs.

La production d'éthanol engloutit déjà le tiers de la production américaine de maïs. Si l'on s'entête à atteindre l'objectif de production de 132,5 milliards de litres, le maïs ne servira plus à nourrir les populations d'humains et de bétail, mais à faire rouler les voitures.

Si cela vous paraît économiquement insensé, vous avez raison. D'ailleurs, un véritable marché libre ne donnerait aucune chance à ce projet. Mais comme les marchés du pétrole de l'Arabie saoudite et du Venezuela cachent le coût réel de l'énergie qui y est consommé, le marché, déformé par les politiques du gouvernement américain, masque les nombreux inconvénients de la production d'éthanol.

Cela n'a aucun sens, principalement parce qu'il faut un très grand volume d'hydrocarbures pour convertir le maïs en biocarburant. On doit d'abord le faire pousser, le récolter, puis distiller la farine de maïs pour en faire de l'éthanol. Comme toutes les sources d'énergie non conventionnelles, l'éthanol-maïs est miné par un taux de rendement décroissant. En réalité, le rendement énergétique est si minime que sans les importantes subventions accordées à ce secteur, personne ne croirait que l'éthanol est un carburant viable.

Le maïs ne pousse pas tout seul. Il a besoin de près de 40 % de tout l'engrais utilisé aux États-Unis. Et d'où provient tout cet ammoniac qui sert d'engrais? Du gaz naturel. Une pénurie de gaz naturel entraînera également une pénurie d'éthanol.

Comment procède-t-on pour faire pousser et pour récolter tout ce maïs? Les immenses tracteurs et les moissonneuses-batteuses sont alimentés au diesel, pas à l'éthanol E85. Il en est de même pour les camions qui transportent le maïs. De plus, le maïs ne se transforme pas tout seul en farine, pas plus qu'il ne se chauffe seul dans les distilleries qui poussent comme des champignons dans les contrées du Midwest américain. Ces procédés consomment beaucoup d'énergie. La majeure partie de cette énergie est obtenue grâce au gaz naturel et, dans certains cas, au charbon. Les dépenses d'énergie n'ont rien de banal, parce qu'une ferme nord-américaine consomme l'équivalent énergétique de trois à quatre TNT l'acre. L'agriculture industrielle est fondée sur la conversion des combustibles fossiles en nourriture. Si vous souhaitez reconvertir la nourriture en carburant, vous pouvez vous attendre à ce que le second principe de la thermodynamique prenne la part qui lui revient.

Enfin, l'éthanol ne peut être acheminé par pipeline comme le gaz ou le pétrole. Étant donné qu'il ne peut être transporté que par camion ou train, deux modes de transport qui, encore une fois, consomment du diesel, fabriqué à partir du pétrole brut, et non du maïs, cela limite le nombre de marchés où il peut être écoulé. Nous ferions mieux de manger le maïs et d'utiliser les milliards de dollars en développement et en subventions à des fins plus utiles.

Finalement, environ les trois quarts de l'énergie contenue dans un litre d'éthanol-maïs proviennent de la combustion du gaz naturel, du diesel et du charbon au cours des différentes étapes de la récolte du maïs, de sa transformation en éthanol et de son transport.

Alors pourquoi la production d'éthanol croît-elle si rapidement?

Pour transformer le bitume canadien en pétrole brut, il faut injecter de l'hydrogène. Parallèlement, pour que l'éthanol commence à ressembler à une source d'énergie, il faut injecter l'argent des contribuables américains. Injectez ce qu'il faut en subventions, en allégements fiscaux et en protection tarifaire, et l'éthanol-maïs apparaîtra comme solution de remplacement attrayante et viable à l'importation du pétrole sur les plans tant économique qu'environnemental.

Commençons par le congé de taxe d'accise, le Ethanol Excise Tax Credit, adopté par Washington, qui procure un allégement fiscal de 45 cents sur chaque gallon d'éthanol vendu comme carburant à moteur. Mais il y a plus. La plupart des États américains producteurs d'éthanol accordent des montants additionnels aux transformateurs d'éthanol et aux agriculteurs qui font pousser du maïs pour le convertir en éthanol.

Comme si ce n'était pas déjà assez, il y a également la protection tarifaire accordée aux agriculteurs américains et aux entreprises de distillation qui profitent de l'énorme taxe de 54 cents le gallon imposée sur l'éthanol brésilien, produit à partir de la canne à sucre et beaucoup plus efficace. Cette taxe empêche les biocarburants du Brésil (qui procurent un meilleur taux de rendement énergétique que le biocarburant à base de maïs) de remplir le réservoir des véhicules américains.

La production américaine d'éthanol suit la même tendance à la hausse que les subventions payées par les contribuables. En 2007, les contributions ont dépassé huit milliards de dollars, ce qui compensait près de la moitié du coût de la production. La subvention à l'éthanol américain s'élève à près de 10 milliards de dollars, soit le même montant que l'Inde accorde au pétrole, une pratique que dénoncent systématiquement les champions de la libre entreprise, à savoir les Américains. D'ailleurs, tout comme les subventions indiennes au secteur pétrolier grimperont au fur et à mesure que le cours du pétrole continuera sa progression, les subventions américaines à l'éthanol feront de même pour pouvoir atteindre les objectifs toujours croissants de production. Si la production américaine d'éthanol-maïs atteint l'objectif de 132,5 milliards de litres fixé par l'ex-président Bush, les subventions américaines grimperont de façon vertigineuse pour atteindre la somme mirobolante de 25 milliards de dollars.

Qu'obtiennent les contribuables américains en retour? Bien qu'ils ne l'aient peut-être pas encore réalisé, la perte nette d'énergie qui découle de la production d'éthanol-maïs représente un immense succès financier payé avec l'argent des contribuables, c'est-à-dire la subvention à l'achat d'importants volumes de gaz naturel et de diesel qui sont consommés pour créer un seul litre d'éthanol.

Si vous pensez que le recours à l'éthanol est un moyen plus écologique pour vous rendre au travail, je crains que vous ne vous berciez d'illusions encore une fois. Non seulement l'éthanol n'est pas une bonne solution de remplacement pour l'essence dérivée du pétrole, mais il n'est pas plus écologique. Il est même encore plus polluant: l'énorme volume d'énergie nécessaire à la production d'éthanol-maïs découle de la combustion d'hydrocarbures, ce qui noircit considérablement le tableau de ce carburant dit «propre». Une distillerie d'éthanol alimentée au charbon plutôt qu'au gaz naturel contribuera davantage aux changements climatiques que l'essence. Sans compter l'engrais répandu dans les champs de maïs. Une fois dans l'air, l'azote qu'il contient génère de l'oxyde d'azote, un gaz à effet de serre 296 fois plus dommageable pour l'environnement que le gaz carbonique.

Les États-Unis ne sont pas les seuls à se laisser berner par les carburants de remplacement qui causent en définitive plus de dommages que les combustibles qu'ils sont censés remplacer. Une étude démontre que le biodiesel dérivé de l'huile de palme produit en Indonésie cause 10 fois plus de dommage à l'environnement que le diesel conventionnel. Pendant ce temps, on prévoit que la forêt tropicale indonésienne sera rasée à 98 % d'ici 2022 afin de faire pousser ce carburant supposément « propre ». Une autre étude démontre que le fait de raser une forêt pour y faire pousser la matière première d'un biocarburant entraîne des émissions de CO_2 400 fois plus importantes que tout autre carburant conventionnel[5].

INFLATION ET PIC DU MAÏS

Il n'y a pas que les prétendues économies d'énergie ou les soi-disant réductions des émissions de gaz à effet de serre qui entachent l'image de l'éthanol. Son influence sur l'augmentation du prix de la nourriture et sur l'inflation en général y contribue également. En effet, si l'éthanol ne joue pas un rôle important dans l'atteinte des objectifs d'économie d'énergie, son rôle est autrement plus important dans l'augmentation du prix de la nourriture.

Le détournement d'un volume toujours croissant de la nourriture destinée aux humains et au bétail au profit de la production d'énergie a eu des conséquences immédiates sur l'établissement du prix des denrées. Aux États-Unis, le prix du maïs a augmenté de 60 % entre 2005 et 2007, au moment où l'éthanol drainait une part toujours croissante de la production américaine de maïs. Cependant, l'influence de la grande production intérieure d'éthanol sur le prix des denrées ne se limite pas au maïs. Si l'on considère que la demande d'éthanol provoque une augmentation du prix du maïs, vers quel type de récolte les agriculteurs vont-ils se tourner ?

Comme tout autre agent économique doté de sens commun, les agriculteurs réagissent aux signaux du marché en abandonnant une culture moins rentable pour une culture qui leur rapportera plus d'argent. Grâce à la subvention américaine de sept milliards de dollars accordée annuellement à la production d'éthanol, presque toutes les cultures sont abandonnées au profit du maïs. C'est le cas de plus en plus d'acres où le maïs livre un combat sans merci à d'autres types de culture dont le prix risque de grimper bientôt.

En 2007, la production américaine de maïs a augmenté de 20 %, alors que les autres cultures chutaient de 7 %. Entre 2000 et 2007, le maïs, qui occupait 30 % des huit plus importants types de culture aux États-Unis, est passé à 40 %.

Le soya a été le premier à tomber au combat, puisque le soya et le maïs font habituellement partie de la même rotation culturale. Cela étant, la popularité du maïs a aussi forcé d'autres cultures à céder du terrain. La montée du prix du riz a déjà provoqué des soulèvements sociaux et forcé les producteurs à le garder pour eux. Le prix du blé a doublé entre 2006 et la moitié de l'année 2008.

Étant donné que la moitié de la production américaine de maïs est dédiée au bétail, l'augmentation du prix du maïs s'est propagée le long de la chaîne alimentaire. Presque tous les animaux à l'origine de produits vendus au supermarché et dans les boucheries, ont mangé du maïs (y compris le saumon d'élevage). Les œufs ont été pondus par des poules élevées aux grains de maïs. Le lait, le fromage et le yogourt proviennent de vaches Holstein nourries au maïs. Il est simple de comprendre que la montée du prix du maïs fait aussi monter le prix de ce qui est nourri au maïs et, finalement, le prix de nos denrées.

Les comptoirs des viandes et des produits laitiers des supermarchés sont les endroits les plus évidents où trouver des traces de maïs. D'une manière ou d'une autre, des milliers de produits contiennent du maïs. Il y a évidemment l'huile de maïs, mais il y a également les produits impossibles à lire dans la liste des ingrédients, comme la lécithine, le dextrose ou la gomme de xanthane. Ce sont tous des produits dérivés du maïs. L'édulcorant des boissons gazeuses provient du maïs. Il y en a dans les aliments surgelés, les vinaigrettes et même dans les couches. Si le pic pétrolier conduit au pic du maïs, il se peut que nous en ressentions les répercussions dans notre panier d'épicerie. Mais, bien avant cela, nous allons réaliser que le repas dans notre assiette coûte de plus en plus cher.

Comme il fallait s'y attendre, l'inflation alimentaire menace le monde entier, particulièrement les États-

Unis où la production d'éthanol-maïs est la plus importante. Même lorsque la récession a réduit à néant le taux d'inflation, l'inflation alimentaire a continué son escalade à un rythme soutenu de 5 % aux États-Unis, au début de 2009.

Washington n'a pas ordonné la production annuelle de plus de 23 milliards de litres d'éthanol sans que quelqu'un, quelque part, en tire profit. En effet, la production d'éthanol-maïs profite à certaines personnes et, conséquemment, il s'en trouve pour la défendre. Les terres agricoles du cœur des États-Unis sont devenues plus rentables qu'elles ne l'ont jamais été depuis 30 ans en raison de la hausse du prix des récoltes. Les concessionnaires de John Deere n'ont pas connu un tel essor depuis des décennies. Les fermiers qui croulaient autrefois sous les dettes, franchissent maintenant leurs portes les poches pleines d'argent. Les producteurs de potasse de la Saskatchewan accumulaient les heures supplémentaires pour tenter de répondre à la demande apparemment insatiable du marché américain pour l'engrais, même si le prix de la potasse avait quintuplé en 2008. Pour les chanceux qui tirent profit de la production d'éthanol-maïs, les temps n'ont jamais été meilleurs.

Toutefois, les consommateurs et les contribuables américains, qui paient en définitive toutes ces subventions, réalisent que l'illusion de la production d'éthanol-maïs, alimentée davantage par des préoccupations politiques que par des questions de sécurité énergétique nationale – ou même de consommation d'énergie –, leur coûte cher.

Devant la flambée du taux d'inflation alimentaire et des coûts budgétaires, le public commence à retirer son appui aux subventions irréfléchies à la production d'éthanol-maïs. Le plus tôt sera le mieux. Parce que l'inflation est la seule chose que cette énergie renouvelable risque d'alimenter.

L'ART DE TIRER LES MAUVAISES LEÇONS

Quelques décennies après les chocs pétroliers des années 1970, il semble que le pire qui nous soit arrivé n'ait été ni la panique ni les longues files d'attente aux stations-service, ni la stagflation ni encore moins l'arrivée de la Pinto. Ce qui viendra probablement nous hanter de nouveau, ce sont les leçons que les économistes et les politiciens ont choisi de tirer de cette période. Les mauvaises leçons.

Bien qu'il arrive régulièrement que nous nous livrions à des séances de félicitations pour avoir réussi à réduire le volume de pétrole que nous consommons afin de produire un dollar du PIB, il n'en reste pas moins que nos économies continuent de consommer plus de pétrole que jamais avec plus d'efficacité que jamais, ce qui les rend plus vulnérables que jamais au prix du pétrole.

Que nous ayons moins besoin de pétrole qu'il y a 30 ou 40 ans pour soutenir notre économie plus imposante n'apporte que peu de réconfort. Le paradoxe de l'efficacité énergétique qui a conduit les automobilistes à consommer plus de pétrole ou les propriétaires de maison à payer une facture d'électricité plus salée joue le même rôle au sein de l'économie. Le pétrole consommé par unité du PIB aux États-Unis a chuté de plus de 50 % depuis le premier choc pétrolier provoqué par l'OPEP. Malgré tout, la consommation globale de pétrole a augmenté de 20 %.

Les chocs de l'OPEP ne nous ont pas désintoxiqués du pétrole. Ils ont simplement conduit à des changements technologiques qui ont augmenté notre dépendance. Maintenant que l'offre stagne, nous risquons d'évoluer au sein d'une économie mondiale qui pourrait ne plus connaître la croissance. Dans ce monde, qui pourrait bientôt être le nôtre, il y aura beaucoup moins de services à l'auto, beaucoup plus de vélos et, sans doute, moins de saumon de l'Atlantique dans notre assiette. Bref, ce monde sera beaucoup plus petit.

DEUXIÈME PARTIE

CHAPITRE 4

S'ENGAGER DANS LA SORTIE

Quiconque a visité Belgrade au milieu des années 1990 sait dans quelle mesure le coût élevé de l'essence peut transformer une ville.

Nous avons peut-être cru que 4 $ américains le gallon ou 1,50 $ canadien le litre, était un prix élevé pour l'essence, mais ce prix reste beaucoup moins que celui de l'eau minérale, et les Serbes auraient été d'un tout autre avis, à cause des sanctions infligées par l'ONU lors de la succession de conflits qui ont mené au démembrement de la Yougoslavie. À l'époque, le seul moyen de faire le plein consistait à trouver une station-service clandestine (en fait, un simple étal le long de la route) où l'on pouvait se procurer de vieilles bouteilles d'eau d'Évian en plastique remplies d'essence de contrebande. Et à 10 marks allemands ou environ 8 $ américains la bouteille (ce qui équivaut à 36 $ le gallon), beaucoup de Serbes se sont résignés à laisser leur auto à la maison et ont trouvé d'autres moyens de se déplacer[1].

L'atmosphère dans la capitale de la Serbie était d'un calme surnaturel malgré les tensions politiques qui convulsaient le pays en guerre. Des autobus esseulés et de rares taxis roulaient sur les boulevards vides. Alors que le vacarme et la suie des émissions de diesel asphyxiaient les autres capitales européennes, Belgrade était presque silencieuse et on y respirait un air pur et frais. Les bars et les cafés ne désemplissaient pas, mais les voitures garées le long des trottoirs bourdonnant d'activités ne quittaient jamais leur emplacement.

C'est ce à quoi ressemble une grande ville en pénurie d'essence. La bonne nouvelle, c'est que dans le petit monde de demain, l'air sera pur et le centre désengorgé. Je vous laisse deviner les désavantages…

On s'adaptera plus difficilement sur les routes qu'ailleurs à la rareté croissante des sources d'énergie. Beaucoup plus de la moitié du pétrole consommé quotidiennement aux États-Unis sert à propulser des véhicules. La situation est la même au Canada, en Australie et dans tous les pays nantis où les citoyens vivent loin les uns des autres et adorent être au volant. Consommer moins de pétrole, et forcément moins d'essence et de diesel, nous obligera à quitter la route d'une façon ou d'une autre.

Bientôt, pour exactement la même raison, nous devrons suivre l'exemple des Serbes qui ont délaissé leur voiture pour se déplacer à pied ou à vélo : nous n'aurons plus les moyens de conduire autant que nous en avions l'habitude. Il ne faut pas regarder loin devant nous pour entrevoir une telle réalité : nous n'avons qu'à nous souvenir de ce qui s'est produit aux États-Unis au milieu de 2008 lorsque le prix du gallon d'essence a grimpé à plus de 4 $ américains alors qu'il était de 1,80 $ quatre ans plus tôt. Cette augmentation éclipse même les augmentations considérables que les automobilistes ont subies lors des précédents chocs pétroliers de l'OPEP. L'augmentation depuis 2002 est presque quatre fois supérieure à la majoration des prix qui a suivi la révolution iranienne en 1979.

Même exprimé en valeur constante (ou en « dollars indexés » comme disent les économistes), le prix de l'essence a grimpé à des niveaux plus élevés encore que dans les années 1970, lorsque les pénuries d'essence ont obligé les Américains scandalisés à faire la queue aux stations-service. Si l'on y pense bien, la flambée du prix du pétrole de l'OPEP, qui semblait le scénario de la pire éventualité, ne semble pas si grave. En fait, il nous sera beaucoup plus déchirant cette fois de voir notre monde rétrécir, ne serait-ce que parce qu'il est beaucoup plus vaste que lors de la dernière crise énergétique.

Les frais d'utilisation d'un véhicule traînent loin derrière le taux d'inflation général, ce qui a incité plus de gens à prendre le volant. Autrefois, chaque foyer américain avait une automobile ; aujourd'hui, chaque famille en possède deux.

Cette situation s'explique parce qu'il coûte beaucoup moins cher aujourd'hui qu'il y a 30 ans d'acheter et d'entretenir une voiture. En 1980, les dépenses en énergie engloutissaient presque 20 % des revenus d'une famille moyenne. Vingt ans plus tard, cette proportion a chuté à 5 %, même si les automobilistes ont roulé 30 % plus qu'à l'époque des chocs pétroliers de l'OPEP.

Aujourd'hui, nous parcourons de plus longues distances en voiture pour moins cher. Bientôt, nous paierons davantage pour aller moins loin. La dépendance à l'automobile commence à ressembler à une mauvaise habitude.

S'il était douloureux de faire le plein en 2008 lorsque le prix de l'essence a flambé, il faut s'attendre à souffrir encore davantage très bientôt. Au cours du prochain cycle économique, le prix de l'essence grimpera jusqu'à 7 $ le gallon (plus de 2 $ canadiens le litre) au fur et à mesure que cette ressource se raréfiera sur les marchés internationaux. Cette augmentation sera supérieure de 70 % aux sommets que nous avons connus en 2008, sommets qui ont précipité l'économie mondiale dans une récession.

Comment se comporteront les automobilistes lorsque le prix de l'essence atteindra ce sommet ? Un regard vers l'Europe nous permet d'imaginer à quoi ressembleront les autoroutes américaines dans un proche avenir. Les Européens paient déjà pratiquement ce prix depuis des années à cause des taxes sur le carburant qui inciteraient la plupart des Américains à se soulever contre leur gouvernement.

Par contre, les automobilistes sont très différents aux États-Unis et en Europe, y compris au Royaume-Uni, un pays pourtant semblable à l'Amérique du Nord sur les plans culturel et historique. 90 % des Américains se rendent au travail en voiture, alors que seulement 60 % des Britanniques ont cette habitude. Aux États-Unis, 60 % des foyers possèdent une deuxième voiture, alors qu'ils ne sont que 30 % en Grande-Bretagne.

On ne s'étonne donc pas que les citoyens américains possèdent le plus grand nombre de voitures par habitant au monde, alors que les Britanniques se classent loin derrière, au vingt-troisième rang[2]. La plupart des autres États anglophones, toutefois, suivent le mode de vie américain : l'Australie, le Canada et la Nouvelle-Zélande se classent respectivement aux troisième, cinquième et sixième rangs.

Non seulement les Américains possèdent-ils plus d'automobiles que les Britanniques, mais ils s'en servent aussi davantage. Un Américain prend le volant quatre fois par jour pour parcourir près de 34 kilomètres, alors qu'un Britannique fait en moyenne deux trajets qui sont trois fois plus courts, quelque 11 kilomètres.

Et n'oublions pas que 30 % des familles de Grande-Bretagne n'ont même pas de voiture, alors qu'elles ne sont que 10 % à s'en priver aux États-Unis. Le tiers des citoyens du Royaume-Uni parvient donc à vivre sans auto.

Non seulement les Britanniques possèdent-ils moins d'autos par habitant que les Américains, ils conduisent aussi des véhicules de types très différents, même s'ils sont fabriqués par un constructeur nord-américain comme Ford ou General Motors. La moitié des modèles que General Motors vend au Royaume-Uni et ailleurs en Europe n'ont jamais été offerts en Amérique du Nord, jusqu'à aujourd'hui[3].

Si les Nord-Américains veulent voir à quoi ressemblera leur prochaine voiture, ils n'ont qu'à jeter un coup d'œil chez les concessionnaires de Francfort ou de Londres. On y expose de petites automobiles au moteur peu puissant qui n'auraient pas pu percer sur le marché nord-américain, mais qui deviendront les plus populaires en Amérique du Nord lorsque le prix du baril franchira le cap de la centaine de dollars, tout comme ma Toyota Corolla a soudainement volé la vedette dans les années 1970.

Ironie du sort dans le marché automobile de l'avenir : ce seront les usines nord-américaines de Ford et de ce qu'il restera de General Motors et Chrysler, une fois qu'elles auront échappé à la faillite, qui seront à la tête du mouvement pour produire des voitures compactes efficaces. Ces entreprises qui ont lancé le Hummer et le moteur surpuissant de 440 pouces cubes tenteront bientôt de nous vendre une drôle de petite voiture à hayon. Un de leurs secrets les mieux gardés est que depuis des années, elles fabriquent ces autos partout à travers le monde à l'intention des automobilistes qui se préoccupent davantage de l'efficacité énergétique et moins de la puissance d'accélération, contrairement à nous, d'après Ford et General Motors.

Alors que General Motors se débattait dans son pays d'origine, elle fabriquait en Europe l'Opel Astra, la deuxième voiture compacte la plus vendue, après la Golf de Volkswagen. Malgré l'immense popularité de la Golf en Europe, General Motors ne croyait pas que les Nord-Américains adopteraient son Astra avant de se rendre à l'évidence que sa réflexion stratégique était erronée. Au moment où le prix de l'essence grimpait allègrement vers 4 $ le gallon, General Motors a annoncé qu'elle commencerait à exporter vers l'Amérique du Nord les Astra fabriquées dans ses usines belges. Bien entendu, depuis, la mise sous la protection de la faillite a forcé General Motors à mettre en vente sa division Opel, mais ne vous étonnez pas si les nouveaux propriétaires – que ce soit le gigantesque équipementier canadien Magna International ou l'entreprise chinoise Basic Automotive Industry (BAIC) – commencent à exporter ces modèles européens autrefois jugés invendables en Amérique du Nord.

Ce sera la même situation pour Audi, BMW ou tout autre constructeur européen qui vend des véhicules aux Nord-Américains. La plupart de leurs modèles destinés au marché intérieur européen n'ont pas réussi à franchir l'Atlantique, car ils sont trop compacts ou trop peu puissants (ou les deux à la fois) pour répondre aux goûts des automobilistes nord-américains. Ceux-ci pourraient bientôt avoir la surprise d'apercevoir, garée dans leur rue, une Polo de Volkswagen, une auto encore plus petite que la Golf. À en juger par le succès phénoménal de la Smart de Mercedes, les fabricants d'automobiles européens pourraient revoir leur catalogue de produits. Lorsque les Nord-Américains aimaient les gros véhicules puissants, c'était ce qu'ils leur fabriquaient. Mais si ces consommateurs se tournent plutôt vers les versions compactes et efficaces, ils peuvent aussi leur en offrir.

PEUT-ON QUITTER LA ROUTE ?

Ceux qui se sont déjà aventurés sur un carrefour giratoire à Paris savent que les Européens sont des as du volant. Ils arrivent à se glisser par miracle dans les rues étroites et les boulevards encombrés pare-choc contre pare-choc à une vitesse étourdissante pour un Nord-Américain.

Pourtant, le secret du système de transport européen n'est pas la capacité des citoyens à se déplacer à une vitesse digne d'un Grand Prix, mais plutôt leur fidélité au système de transport public. L'Europe est sillonnée d'autoroutes impeccables où les grosses berlines filent à plus de 180 kilomètres à l'heure, mais aussi de trains à grande vitesse qui peuvent atteindre 320 kilomètres à l'heure. En raison de son réseau dense de métros, de trains, d'autobus et de tramways, une automobile y est un luxe pratique, certes, mais guère une nécessité. Et comme nous l'avons vu, les automobilistes européens ne conduisent pas aussi souvent que nous, loin de là. Ils peuvent sauter dans le métro pour sortir au restaurant ou acheter un pain au coin de la rue.

Si vous êtes attiré par ce mode de vie, préparez-vous à investir des milliards de dollars dans les infrastructures.

Le métro de ma ville a pratiquement atteint les limites de sa capacité. Les trains se succèdent au rythme maximal que leur permettent les normes de sécurité. Le système de transport en commun de Toronto n'est pas à la hauteur de celui de New York, mais il n'est pas non plus pire que celui de la plupart des villes nord-américaines. Il est certainement beaucoup plus efficace que dans des agglomérations comme Los Angeles, mais il ne peut faire plus.

Lorsqu'un nombre croissant d'automobilistes nord-américains, australiens et néo-zélandais décideront d'imiter les Européens et de se déplacer à l'aide des transports publics, ils se rendront compte que leurs réseaux sont loin d'être prêts à relever les défis posés par un monde plus petit. En 2008, le nombre d'usagers a augmenté d'environ 5 % dans les villes des États-Unis tandis que les Américains ont parcouru 134 milliards de kilomètres de moins en auto au cours des trois premiers trimestres, comparativement à la totalité de l'année précédente. Pourtant, jusqu'où peut aller cette tendance si les wagons du métro sont toujours bondés?

Non seulement de nombreux citoyens abandonneront leur automobile, mais les autres l'utiliseront de moins en moins. Si je dois me rendre au travail en voiture, je pourrais ne plus avoir les moyens de l'utiliser à d'autres fins lorsqu'il m'en coûtera plus de 100 $ pour faire le plein. Et pour quelque 10 millions d'Américains, l'usage d'une auto coûtera si cher qu'ils devront se résoudre à quitter la route. Lorsqu'ils devront garer leur voiture de plus en plus souvent, ils choisiront de se déplacer en métro ou en train de banlieue. Et alors, l'héritage légué par les politiques des administrations précédentes en matière de transport reviendra hanter tous les Nord-Américains.

Au cours des premières décennies d'après-guerre, alors que l'Europe investissait massivement dans ses infrastructures de transport en commun, les États-Unis déversaient leurs richesses dans de nouvelles routes et autoroutes. Subissant les pressions agressives des fabricants d'automobiles de Detroit, tant les gouvernements des États que le gouvernement fédéral ont dépensé des milliards en argent public pour construire le plus vaste réseau routier au monde. Cela allait de soi, après tout:

les États-Unis ne sont-ils pas le royaume de l'automobile dans toute sa quintessence?

Ce ne fut pas toujours le cas.

La plupart des gens considèrent Detroit comme la *Motor City* par excellence. Pourtant, dans les années 1920, cette ville qui allait devenir le cœur de l'industrie automobile disposait d'un réseau dense d'autobus et de tramways électriques qui en faisait un modèle en matière de transport en commun au pays. À la fin de la Seconde Guerre mondiale, ce système vital desservait plus d'un million d'usagers par jour. Dix ans plus tard seulement, il a été démembré sous l'assaut des automobiles déversées par les usines tournant à plein régime. Aujourd'hui, Detroit est la plus grande ville des États-Unis sans réseau de train léger sur rail. Que s'est-il passé?

Dans les années 1920, la vie ressemblait à ce qu'elle pourrait être dans le petit monde de demain. Aux États-Unis, 90 % de tous les déplacements se faisaient à bord d'un train électrique et seulement une personne sur dix possédait une automobile. Beaucoup croyaient que le marché de l'automobile était saturé et General Motors perdait de l'argent. Les fabricants ont donc créé d'autres débouchés. Puisque General Motors construisait des automobiles et des autobus, mais non des tramways, elle avait tout lieu de faire pression pour que les villes nord-américaines délaissent ce mode de transport. L'abandon du tramway au profit de l'autobus, amorcé à Detroit dans les années 1930, a été interrompu par le déclenchement de la Seconde Guerre mondiale, lorsque le besoin de conserver le précieux carburant a temporairement favorisé les tramways électriques. Mais dès la fin de la guerre, le combat de Detroit contre le transport en commun sur rail a repris de plus belle.

General Motors n'était pas la seule entreprise à pouvoir profiter de l'abandon du tramway. Standard Oil of California et Firestone Tire and Rubber jouaient gros, elles aussi. En 1936, les trois entreprises avaient uni leurs forces pour créer National City Lines qui a elle-même engendré une filiale, Pacific City Lines, deux ans plus tard puis, en 1943, une entreprise distincte baptisée American City Lines. Leur objectif consistait à acheter et à démanteler les voies ferrées, ce qu'elles ont réussi avec brio. Elles ciblèrent plus d'un millier de réseaux municipaux de transport électrique sur rail et réussirent à en « motoriser » 90 % en usant de tactiques de pression, en achetant au comptant des réseaux ferroviaires privés pour les détruire par la suite, et en soudoyant des fonctionnaires responsables du système public. (Dans certains cas, elles leur ont offert des Cadillac pour les inciter à se convertir aux autobus.) Une opération semblable s'est déployée au Canada, mais quelques lignes de tramway subsistent toujours à Toronto.

Aux États-Unis, un grand jury fédéral conviendrait certainement qu'il s'agit d'une conspiration gigantesque d'entreprises souhaitant saboter le réseau de transport en commun. General Motors a été accusée de complot criminel en 1949 pour avoir contribué à anéantir le système de transport sur rail de Los Angeles, mais cela n'a pas réussi à la ralentir. En 1974, un sous-comité sénatorial, le Senate Subcommittee on Antitrust and

Monopoly, a enquêté sur le rôle joué par l'industrie automobile pour saccager le réseau de train léger sur rail aux États-Unis. Mais à cette époque, il ne restait pour ainsi dire rien de ce réseau. Les tramways de Detroit avaient même été vendus à la ville de Mexico pour une bouchée de pain. On peut se consoler en pensant que les Mexicains en ont bien profité : soi-disant trop vétustes pour circuler dans la Motor City, ils ont pourtant rendu des services inestimables aux résidants de la capitale mexicaine jusqu'à leur destruction lors du grand tremblement de terre de 1985[4].

Lors de cet âge d'or de l'automobile, un adage disait : « Ce qui est bon pour General Motors est bon pour l'Amérique. » Et ce que General Motors voulait par-dessus tout, c'est que les Américains prennent le volant. Le rêve de General Motors de voir les ventes d'automobiles augmenter sans arrêt impliquait le déplacement des citoyens vers les banlieues de plus en plus lointaines. Grâce à la commodité de l'automobile et grâce aux routes sur lesquelles les conduire, les citoyens s'éloignaient de plus en plus de leur lieu de travail.

Cette situation obligeait également à relier les villes et les États de tout le pays par un labyrinthe complexe d'autoroutes. Un comité nommé par le président Eisenhower et présidé par Lucius D. Clay (qui se trouvait justement à siéger au conseil d'administration de General Motors...), recommanda le remaniement complet du réseau autoroutier du pays. L'*Interstate Highway Act* fut adopté en bonne et due forme en 1956. La loi consistait en travaux publics d'une ampleur historique : 66 000 kilomètres de nouvelles autoroutes reliant toutes les villes de plus de 50 000 habitants et l'élargissement d'innombrables routes existantes.

Tandis qu'augmentait la distance entre le domicile et le lieu de travail, les villes avalaient de plus en plus l'arrière-pays tout autour. Les agriculteurs ont vendu leurs champs et leurs pâturages aux promoteurs qui les détruisaient au bulldozer et y déversaient du bitume en vue d'y aménager de nouvelles collectivités pour les millions de citadins quittant la ville au volant de leurs nouvelles automobiles rutilantes, pratiquement toutes fabriquées en Amérique du Nord. Et plus ces réseaux routiers étaient étendus, plus les banlieues pouvaient pénétrer dans les terres agricoles et les forêts.

La plupart des Américains ne demandaient pas mieux que de suivre la voie pavée par Detroit. Les prix relativement peu élevés de l'immobilier en banlieue permettaient aux gens de s'acheter une maison ou un terrain de deux à trois fois plus vaste qu'en ville.

On pouvait donc s'offrir non seulement une résidence plus spacieuse, mais aussi une grande cour où les enfants pouvaient jouer, loin des lotissements urbains encombrés et des rues congestionnées du centre-ville. Et puisque toutes les maisons étaient flambant neuves, elles étaient construites avec les matériaux les plus récents et équipées d'appareils ménagers dernier cri.

Non seulement les maisons, mais aussi l'ensemble des infrastructures, étaient toutes neuves : les écoles, les réseaux d'égout et d'électricité, sans oublier les hôpitaux récemment construits figuraient tous dans le concept des banlieues qui, dans les années 1950, incarnaient le rêve américain en brique et en asphalte. Le faible coût de l'énergie a permis à cette façon de vivre de demeurer la même durant les cinquante dernières années. Par contre, ces banlieues d'après-guerre ressemblent dorénavant à des quartiers déshérités, alors que les agglomérations éloignées, où sont plantées des maisons gigantesques (*monster houses*) sur de petits lots fraîchement gazonnés à côté de jeunes arbres rachitiques, gagnent maintenant la faveur des acheteurs.

Le système de transport public était la seule chose qui manquait à ce portrait idyllique. Pourquoi en prévoir un dans ces quartiers où tout le monde possédait une automobile? Après tout, si les gens n'avaient pas de voitures, ils ne déménageraient pas en banlieue.

Le transport public aurait pu être considéré comme une dépense frivole à l'époque de l'aménagement des banlieues, mais son absence dans un monde où le prix du baril de pétrole franchit le cap des 100 $ est une erreur impardonnable.

Dans le nouveau contexte de cette flambée du prix, les Nord-Américains devront adopter des habitudes de conduite plus européennes. Toutefois, nous pouvons imposer ce modèle de comportement aux automobilistes dans la mesure où ils ont l'option de se déplacer en transport en commun, qu'ils vivent aux États-Unis, au Canada, en Australie, en Nouvelle-Zélande ou même au Groenland. Les Américains se classent au dernier rang des pays de l'OCDE pour l'utilisation du transport en commun. Et c'est parce que dans de nombreux cas, ils n'ont accès à aucun autobus, tramway ou métro, malgré toute leur bonne volonté.

Pour estimer sommairement l'importance du sous-groupe d'automobilistes qui pourraient adopter les habitudes de transport en commun des Européens, il faudrait observer les quelque 57 millions d'Américains qui possèdent au moins une automobile et ont facilement accès au transport en commun, c'est-à-dire ceux qui habitent à 30 minutes à pied ou moins de leur lieu de travail. Nous sommes peu nombreux à vouloir marcher autant.

Ces 57 millions d'«Européens» potentiels représentent légèrement plus de la moitié des ménages des États-Unis qui possèdent au moins une auto. Ce sont ces personnes qui seront en mesure d'utiliser le transport en commun comme les Européens lorsque le prix du pétrole l'imposera.

En Europe de l'Ouest, un ménage sur cinq vit sans voiture. Alors, si le même pourcentage de nos 57 millions d'Américains qui sont en mesure d'imiter les Européens joignent le geste à la parole, comme le leur dictera certainement le prix de l'essence, nous pouvons nous attendre à ce que de 10 à 12 millions de ménages américains quittent la route.

Toutes autres choses étant égales, les personnes les plus susceptibles de le faire sont les automobilistes à faible revenu. Votre voisin immédiat et vous-même pourriez préférer payer plus cher plutôt que de vous déplacer dans un moyen de transport bondé. La circulation à Londres est aussi congestionnée qu'à New York, Toronto ou Montréal. Les citoyens très riches seront les derniers à mettre leur voiture au rancart, mais ce qui est vraiment différent en Amérique du

Nord, c'est que même les pauvres conduisent une auto.

En fait, nombreux sont ceux qui ont accès à plus d'une voiture. Il y a peut-être davantage de Maserati et de Ferrari sur les routes des États-Unis que n'importe où dans le monde, mais ce qui témoigne plus que tout de l'importance de l'automobile dans la culture et la vie américaines, ce ne sont pas les habitudes de conduite des gens riches, mais plutôt celles des moins bien nantis. Environ 24 millions de ménages américains disposant d'un revenu annuel inférieur à 25 000 dollars américains possèdent au moins un véhicule. Plus incroyable encore, un nombre supérieur à 10 millions de ces familles possèdent et conduisent plus d'une voiture.

Bientôt, ces gens ne conduiront plus du tout. Au moins un sur cinq, parmi les automobilistes à faible revenu, devra abandonner sa deuxième voiture, sans doute une quasi-épave assoiffée de carburant. Mais nombreux sont ceux qui devront aussi abandonner leur première auto, probablement plus récente et plus efficace sur le plan énergétique.

En 2008, alors que le prix avait atteint 4 $ le gallon, l'essence avait déjà devancé les dépenses d'épicerie dans le budget des familles à faible revenu. À l'avenir, on observera le même effet dans les foyers à revenu moyen. Même s'ils vivent au paradis de l'automobile, les Américains décident généralement de remplir leur estomac avant le réservoir d'essence de leur voiture. Toutefois, au cours des 10 dernières années, cette diminution de la consommation n'a pas suivi la courbe de l'augmentation des prix, du moins jusqu'à la récession actuelle. Ainsi, de 2004 à 2008, les Américains ont augmenté leur achat d'essence cinq fois plus vite que le reste de leurs dépenses, même en corrigeant leurs habitudes de conduite.

Les revenus joueront incontestablement un rôle important pour déterminer qui restera sur la route et qui devra la quitter, mais il faudra aussi tenir compte du lieu de résidence. Alors que 75 % des Nord-Américains vivant en zone urbaine ont accès à un quelconque mode de transport en commun, seulement la moitié des familles de la banlieue jouissent d'un tel service. En zone rurale, l'accès au transport en commun chute à environ 25 %.

Ceux qui dépendent de leur automobile pour le moindre déplacement s'adapteront difficilement au prix élevé du carburant. Le métro ne convient pas aux banlieues peu densément peuplées. En fait, même les trajets en autobus sont peu fiables dans les quartiers où les maisons sont éloignées les unes des autres et les équipements collectifs pratiquement inexistants.

Pourtant, même ceux d'entre nous qui sont relativement préparés à la hausse du prix du carburant verront leur monde rétrécir. Bien que les Européens se déplacent moins en voiture que les Nord-Américains, cela ne signifie pas qu'ils ne le font jamais. Il en va de même pour tous les citadins de la planète : les habitants de Paris et de Tokyo, tout comme les New-Yorkais et les Montréalais, se rendent peut-être au travail à pied ou en métro, mais la plupart d'entre eux possèdent, garée quelque part, une voiture qui trouve toute son utilité pour certaines activités. Essayez, où que vous soyez dans le monde, d'aller à l'épicerie, de faire la navette pour conduire les enfants à leurs multiples activités ou de partir en balade à la campagne en transport en commun et vous aurez hâte de sauter dans votre auto.

Pourtant, l'avènement de l'essence à 7 $ le gallon ou plus de 2 $ le litre dans les prochaines années verra le poste des dépenses en énergie dépasser allègrement le niveau record atteint lors des précédentes crises du pétrole, notamment celle que nous avons traversée de justesse en 2008. Si la tendance se maintient, les Nord-Américains abandonneront un peu partout sur le continent leurs automobiles qui deviendront des monuments couverts de rouille élevés à la gloire de l'époque révolue de l'essence abordable.

LES AMAS DE FERRAILLE

Comme je possède une Audi vieille de neuf ans, ce seront les factures du garagiste autant que le prix de l'essence qui m'inciteront à quitter la route. Le prix du plein d'essence hebdomadaire obligera nombre d'entre nous à réexaminer nos modes de déplacement, ce qui se traduira par une diminution des automobiles sur les routes.

Combien de moins? Revenons dans le passé, jusqu'en 1982, dernière année où l'on a vendu moins de 10 millions de véhicules aux États-Unis. Même si la situation est grave, le plus grand défi de Detroit ne consistera pas à survivre à cette baisse des ventes pendant une récession. Le vrai problème est que les ventes ne redécolleront probablement pas lors de la reprise économique. L'amélioration prévue de l'économie sera une arme à double tranchant pour les fabricants d'automobiles puisqu'elle entraînera une augmentation du prix de l'essence encore plus élevée que tout ce que nous avons connu.

En 2006, près de 17 millions de véhicules ont trouvé preneur aux États-Unis. Aujourd'hui, on en vend à peine plus de la moitié et demain, ce pourrait être encore moins. Le plus grand problème n'est pas que Detroit fabrique le mauvais type de véhicules, en dépit du gouvernement fédéral qui insiste pour que tout autre prêt d'urgence de milliards de dollars serve à rééquiper les usines pour construire des automobiles à faible consommation d'énergie. C'est plutôt qu'on en produit trop. Comme il y aura de moins en moins d'automobiles sur les routes américaines, l'industrie fabriquera beaucoup moins de véhicules qu'elle le prévoyait.

Voici pourquoi. Tout comme nous pouvons mesurer l'épuisement des réserves de pétrole, nous pouvons suivre la vitesse à laquelle les automobiles quittent la route. Ce taux de renouvellement ou de « mise à la casse » indique le pourcentage de véhicules abandonnés chaque année.

À l'heure actuelle, le taux de mise à la casse aux États-Unis est de l'ordre de 5 %, soit environ 13 millions de véhicules motorisés retirés de la route chaque année, ce qui signifie que l'on doit vendre 13 millions de nouveaux véhicules pour que le parc automobile demeure constant. Toutefois, l'histoire nous apprend que le taux de mise au rancart lui-même augmente au rythme de la hausse du prix du pétrole. Cette situation reflète le fait que les modèles plus anciens sont beaucoup moins économes en essence que les plus récents et deviennent donc de plus en plus chers à conduire lorsque le prix à la pompe explose. Plus les automobiles paient cher leur essence, plus ils sont enclins à se défaire de leurs automobiles assoiffées.

Une hausse d'un seul point de pourcentage du taux de mise à la casse équivaut au retrait d'environ 14 millions de véhicules vieillissants annuellement. Si les concessionnaires ne vendent que 10 millions de véhicules neufs, alors 4 millions de véhicules de moins circulent sur la route chaque année. Au bout de 10 ans, on commencera à remarquer qu'il faut de moins en moins de temps pour rentrer à la maison à l'heure de pointe si, bien entendu, on ne fait pas partie des 40 millions d'ex-automobilistes convertis au transport en commun.

La part des véhicules utilitaires légers, autrefois si recherchés, part qui représentait 60 % des nouvelles ventes en 2006, passera à moins de 25 % d'ici 2012, ce qui renversera pratiquement du jour au lendemain près de deux décennies de croissance ininterrompue. Chrysler est particulièrement vulnérable à la hausse du prix du pétrole puisque ses profits dépendent de cette catégorie pour près de 70 %. Non seulement le prix du pétrole diminue l'attrait de ces véhicules, mais ces véhicules et leurs propriétaires se verront bientôt ostracisés comme les goinfres d'essence qu'ils sont en réalité. Aujourd'hui, les concessionnaires n'arrivent même plus à donner ces véhicules gourmands et à offrir du financement à l'achat.

De fait, la chute libre de la valeur des contrats de location des véhicules utilitaires sport a grevé le bilan des grands de l'auto au cours des derniers trimestres. Presque le quart de l'incroyable perte de 8,37 milliards de dollars américains que Ford a subie en un seul trimestre de 2008 était attribuable à des pertes sur les contrats de location. Des véhicules ultragourmands comme le Yukon de General Motors ou le Sequoia de Toyota ont perdu jusqu'à 70 % de leur valeur d'origine à l'expiration de leurs baux de trois ans en 2008.

À cause de la chute de la valeur des véhicules, les pertes sur les baux ont atteint une telle ampleur que Chrysler a déjà annoncé son retrait du secteur du crédit-bail, alors que Ford et General Motors réduisent radicalement leurs activités de location et arrêtent même pour de bon la location de la plupart des camionnettes.

Il s'est avéré toutefois que les pertes sur les baux étaient le cadet de leurs soucis puisque les deux entreprises ont été contraintes de demander à être protégées de leurs créanciers en vertu de la *Loi sur les faillites*. L'industrie nord-américaine de l'automobile a abandonné près de la moitié de sa capacité de production et donne de plus en plus l'impression qu'elle ne reviendra pas au niveau antérieur.

Toutefois, les États-Unis ne sont pas le seul pays où les ventes d'automobiles s'écroulent. Au Royaume-Uni, le nombre d'immatriculations de nouvelles voitures a chuté de 22 % entre février 2008 et février 2009, et l'Australie a connu sensiblement la même situation. Au Canada, les ventes ont baissé de 28 %. Qu'en est-il des concurrents des Américains ? Au Japon, où les chaînes de production tournent au ralenti et où on met à pied des ouvriers, les ventes baissent de 32 %, pour atteindre le niveau le plus bas des 35 dernières années. En Allemagne, à la suite d'une baisse de 14 % en janvier 2009, les ventes de voitures sont à leur plus bas niveau depuis la réunification. Cependant, les États-Unis ont été frappés particulièrement violemment : les ventes ont chuté de 41 % entre février 2008 et février 2009.

Les chocs pétroliers transforment toujours les capitalistes coriaces de Detroit en farouches partisans du keynésianisme. Après la deuxième crise du pétrole de l'OPEP, Lee Iacocca avait prié Washington de sauver Chrysler de la faillite. Puis en 2008, les contribuables ont entendu de nouveau le refrain bien connu de Detroit : « Un peu d'argent pour manger ? » Le Congrès a voté à 370 contre 58 en faveur d'un prêt d'urgence de 25 milliards de dollars américains à l'industrie automobile. Les Européens, pour ne pas être en reste, ont réclamé 40 milliards d'euros à l'Union européenne pour que la situation soit équitable pour tous tandis que les fabricants canadiens ont tendu le chapeau pour obtenir des milliards pour eux-mêmes en évoquant ouvertement la possibilité de déplacer des milliers d'emplois au sud de la frontière s'ils n'obtenaient pas ce qu'ils voulaient.

Les enjeux sont de taille puisque les trois grands de Detroit perdent rapidement de l'argent. Fin 2008, le Congrès américain a lancé à General Motors et à Chrysler une autre bouée de sauvetage de 17 milliards de dollars américains pour éviter l'effondrement immédiat des deux entreprises et de leurs chaînes de production, un peu partout sur le continent. Le Canada a contribué en versant quatre milliards de dollars canadiens pour protéger les emplois dans les usines de General Motors et Chrysler au pays. Pourtant, les chaînes de production ralentissent de jour en jour et chaque baisse de production se répercute, par l'entremise des équipementiers automobiles, sur les autres secteurs de l'économie. Devant l'éventualité de l'effondrement de General Motors, les gouvernements des États-Unis et du Canada ont été contraints d'acquérir une participation dans les capitaux propres du géant de l'auto en faillite. Un apport de 50 milliards de dollars des contribuables américains a permis à Washington d'obtenir une participation de 60 % dans l'entreprise, alors que les 9,5 milliards de dollars consentis par les Canadiens ont permis à Ottawa et à l'Ontario d'acquérir une participation d'un peu moins de 12 %.

Toutefois, certains dirigeants de l'industrie automobile à Detroit se consolent sans doute du malheur de leurs concurrents. Dans une manifestation du paradoxe d'efficacité qui fait réfléchir – et aussi du manque de mémoire dont nous souffrons parfois –, les consommateurs réagissent à la baisse du prix de l'essence à la pompe en rejetant les types de véhicules que Washington souhaite voir fabriqués au pays. Les ventes de Prius de Toyota, par exemple, ont chuté d'environ 30 %. Lorsque le pétrole ne coûte pas cher, la logique économique de l'industrie canadienne des sables bitumineux n'a aucun sens, tout comme celle de conduire une automobile hybride.

Comme le prix de l'essence en temps de récession porte les acheteurs à se questionner sur la pertinence de remplacer leurs lourds véhicules utilitaires sport par des autos hybrides aux lignes profilées et à haut rendement énergétique, les dirigeants de Detroit se demandent pourquoi ils devraient se donner la peine de reconfigurer leurs chaînes d'assemblage. Si les consommateurs veulent plus de camions, pourquoi ne pas leur en construire?

Toutes les usines de VUS et de véhicules utilitaires légers ont leur raison d'être seulement lorsque le prix du baril de pétrole se maintient à moins de 50 $. C'est un prix à trois chiffres qui mine leurs ventes. Puisque toute aide du gouvernement fédéral dépend de l'engagement des grands de l'auto à construire des véhicules qui consomment moins, le Congrès les informe de toute évidence qu'il prévoit une hausse du prix du pétrole. Peut-être suggère-t-il aussi à Detroit que le prix des émissions de carbone grimpera également. Mais au bout du compte, tandis que les fabricants d'automobiles acceptent volontiers l'argent de Washington, ce sera aux consommateurs de décider quels types de véhicules ces entreprises construiront.

On peut certainement comprendre la perplexité des consommateurs quand vient le moment d'acheter un véhicule. Trois mois après la hausse du prix de l'essence à 4 $ le gallon, à l'été 2008, le prix a chuté de plus de la moitié en raison de la pire récession depuis des décennies. Si vous étiez l'une des rares personnes qui songeaient à acheter un nouveau véhicule en 2009, quel modèle auriez-vous choisi? Votre prévision du prix du carburant aurait probablement déterminé votre choix. Vous pouvez vous permettre d'acheter un VUS lorsque l'essence baisse à cause de la récession, mais si le prix remonte au niveau atteint lors du Memorial Day en 2008, vous opterez plutôt pour la Prius.

Si vous prévoyez acheter une voiture d'ici peu, vous avez probablement remarqué que l'essence est abordable seulement lorsque nous n'avons pas les moyens d'en acheter, autrement dit, en période de récession. Ainsi, le seul moment où nous pouvons faire le plein, c'est lorsque nous perdons notre emploi et ne pouvons pas acheter une voiture. Lorsque l'économie se ressaisit et que nous retrouvons la capacité financière d'acheter un véhicule, le prix de l'essence grimpe à un niveau tel que nous ne pouvons plus nous permettre de conduire. D'une façon ou d'une autre, nous ne nous en sortons pas.

À moins, bien entendu, que nos prochaines voitures ne soient pas mues à l'essence. Mais est-ce réaliste?

L'AUTOMOBILE ÉLECTRIQUE

Karl Marx a dit un jour qu'un grand événement se répète: la première fois, il se déroule de manière tragique, la seconde, de manière grotesque. C'est le cas de la voiture électrique.

Nous entendons souvent dire que les automobiles hybrides et électriques sont les véhicules de l'avenir, mais nous pourrions dès aujourd'hui rouler dans des voitures qui fonctionnent sans essence et ne rejettent aucun gaz à effet de serre, sans la tragique erreur de direction commise il y a environ 100 ans. Au XIXe siècle, les Londoniens zigzaguaient dans des automobiles électriques pour éviter les voitures à cheval. Vous avez bien lu : la technologie dans laquelle nous fondons aujourd'hui tous nos espoirs existait déjà à l'époque victorienne lorsque les hommes portaient l'épée pour sortir en ville.

Même si les fabricants d'automobiles et les organismes de réglementation craignent que les voitures électriques à batterie manquent de puissance, on a vu un véhicule de ce type rouler à plus de 100 kilomètres à l'heure en 1899. Et même si l'on nous répète sans relâche que la technologie actuelle ne nous permet pas de fabriquer une batterie qui ait suffisamment d'autonomie, une auto de marque Detroit Electric a pu franchir une distance de 340 kilomètres avec une seule charge alors que les trolleybus étaient encore tirés par des chevaux.

À l'époque où le premier Model T quittait la chaîne de montage de Ford, les autos électriques étaient plus populaires que les modèles à combustion interne, et on comprend facilement pourquoi. Elles faisaient peu de bruit, étaient propres et fiables, particulièrement si on les comparait aux voitures à essence souvent dangereuses qui les concurrençaient. Ces véhicules poussifs, bruyants et gourmands n'étaient généralement pas conduits par leur propriétaire, mais plutôt par un chauffeur qui faisait souvent office de mécanicien : pour se déplacer, on avait besoin de quelqu'un pour démarrer le moteur et se tenir prêt à réparer les inévitables pannes. Pendant ce temps, les voitures électriques étaient fabriquées spécialement à l'intention des médecins et autres professionnels qui devaient pouvoir monter dans leur voiture et la conduire sans attendre l'aide de qui que ce soit. (Souvenez-vous qu'à l'époque, les médecins faisaient des visites à domicile...)

Puis est survenu ce qui semble maintenant le chapitre tragique de l'histoire de l'automobile. En 1913, Cadillac a mis au point le premier démarreur électrique destiné à remplacer les démarreurs à vilebrequin embarrassants que nous avons tous remarqués dans les anciens films en noir et blanc. Pour la première fois, les automobilistes pouvaient facilement démarrer leur propre automobile même sans avoir le physique d'un haltérophile. Grâce à cette innovation et aux prix de plus en plus bas des voitures fabriquées en série comme le Model T (dont le prix est passé de 850 $ en 1909 à 300 $ dans les années 1920, soit environ 3 200 $ américains d'aujourd'hui), le véhicule muni d'un moteur à combustion interne a démarré sur les chapeaux de roues dans un nuage de fumée. De cet âge d'or de l'auto électrique restent seulement les chariots élévateurs à fourche et les voiturettes de golf, ainsi que les tramways et les trolleybus, abandonnés pourtant par la plupart des villes.

Puis, comme pour donner raison à Karl Marx, les décideurs de Detroit ont décidé de rejouer ce chapitre de l'histoire de l'automobile comme une farce.

À l'époque où les VUS entreprenaient leur ascension pour dominer le marché nord-américain, l'Assemblée législative de Californie a décidé qu'il était temps de régler le problème de la pollution des automobiles et a lancé le projet du véhicule à zéro émission (*Zero Emision Vehicle* ou ZEV) en vertu duquel 2 % des véhicules vendus dans cet État ne devaient plus comporter de tuyau d'échappement dès 1998. Ce nombre devait passer à 10 % cinq ans plus tard.

Confrontés à une réglementation qui les obligeait à modifier leurs pratiques, les fabricants d'automobiles ont fait ce qui leur réussit le mieux : ils ont mobilisé leur armée de lobbyistes pour faire tomber cette règle. Tout comme la norme CAFE a fini par être allégée au point de devenir complètement inutile, le mandat ZEV a été finalement révoqué.

Mais pas avant que de nombreux fabricants réussissent à faire ce qu'ils disaient impossible : ils ont construit des véhicules électriques. Toyota a lancé une version à batterie de son mini VUS RAV4, Ford a inventé une camionnette électrique et à peu près toutes les autres entreprises ont dévoilé un modèle dont elles pouvaient s'enorgueillir. Toutefois, la vedette indéniable fut l'EV1 de General Motors, un véhicule profilé et rapide, et les personnes qui ont eu la chance d'obtenir un crédit-bail se sont rapidement passionnées pour leur voiture. Tout comme la Prius hybride de Toyota est devenue un symbole de statut social chez les célébrités, l'EV1 faisait la fierté de vedettes telles que Tom Hanks et Mel Gibson.

General Motors avait un gros problème : sa nouvelle automobile innovatrice obtenait un vrai succès.

Les innovations sont rarement commercialisées lorsqu'elles risquent de réduire en poussière les résultats de leurs créateurs. Ce que General Motors craignait plus que tout, c'était de se retirer du marché hautement rentable des véhicules assoiffés d'essence. Plus des trois quarts de ses revenus provenaient de la fabrication des VUS, des fourgonnettes et des camionnettes. L'entreprise ne souhaitait certainement pas se lancer dans la fabrication des EV1 au détriment des VUS et elle ne voulait pas non plus fabriquer des automobiles électriques nécessitant peu d'entretien, alors qu'elle profitait des fréquentes visites des propriétaires de véhicules à essence chez leur concessionnaire pour la vidange d'huile et les révisions périodiques qui augmentent joliment les résultats. Du reste, si l'EV1 se vendait bien en Californie, pourquoi les provinces canadiennes et les autres États se priveraient-ils d'exiger eux aussi des véhicules non polluants des grands fabricants ? La suite relève de la comédie.

L'entreprise s'est donné beaucoup de mal pour faire savoir aux éventuels acheteurs que son automobile était peu pratique et son autonomie, inadéquate. On aurait cru que General Motors les priait de ne pas acheter son EV1.

Pendant ce temps, toutes les parties qui avaient intérêt à ce que le moteur à combustion interne continue de tourner se sont jetées dans l'arène. Sachant que le défaut perçu de l'automobile électrique était, et demeure, son autonomie, qui dépend de la technologie de la batterie, les sociétés pétrolières ont raflé des brevets de batterie pour s'assurer que ces innovations ne soient jamais commercialisées. Les fabricants d'automobiles avaient eux aussi un autre tour dans leur sac : confrontés au choix de s'adapter aux nouvelles réalités du marché ou de contester devant les tribunaux, ils ont choisi la dernière avenue.

Le procès intenté par General Motors et Daimler-Chrysler reposait sur la prétention que le mandat du véhicule à émission zéro violait l'*Environmental Quality Act* de Californie et la *Clean Air Act* fédérale. Autrement dit, General Motors déclarait se porter à la défense des lois de Californie contre les propres décideurs de l'État. Ironie ultime : les fabricants d'automobiles soutenaient que les véhicules sans émissions accroîtraient la pollution puisque le coût moyen des automobiles augmenterait et que les consommateurs seraient portés à conserver leurs vieilles voitures un peu plus longtemps.

Une coalition d'usagers d'EV1 et de groupes environnementaux comme l'Union of Concerned Scientists et l'American Lung Association voyaient les choses d'un autre œil et ont contesté avec les ressources à leur disposition. Malgré tout, la comédie s'est jouée.

Les grands de l'auto et du pétrole ont gagné la partie : le mandat ZEV a été abrogé en 2003 et le programme de l'EV1 a été abandonné. Les véhicules ont été rappelés et détruits, malgré les supplications de leurs usagers. Alors que le dernier lot de 78 automobiles se trouvait en attente d'être livré à la casse, des militants ont recueilli 1,9 million de dollars américains pour les racheter à General Motors, qui a refusé leur offre. Cette entreprise ne souhaitait surtout pas vendre des voitures à des automobilistes qui les voulaient vraiment.

Quelques années plus tard à peine, les ingénieurs responsables de l'EV1 travaillent sans relâche pour tenter de mettre au point la Chevy Volt. C'est ce que doit faire une entreprise qui vend des automobiles et des camions conçus pour fonctionner avec du carburant peu coûteux lorsque le prix du pétrole augmente sans cesse. Maintenant que le marché des VUS a bel et bien disparu, General Motors travaille à plein régime pour relancer son programme de véhicules électriques, et a misé toute sa crédibilité dans un effort ambitieux pour accélérer la phase de développement et arriver sur le marché avant ses principaux concurrents, en particulier Toyota[5].

Malgré sa réorganisation radicale, ainsi que la vente et la fermeture de nombreuses divisions de l'entreprise, General Motors a annoncé qu'elle comptait toujours fabriquer la Volt d'ici fin 2010, en tenant pour acquis bien entendu que l'entreprise existerait toujours. La voiture sera équipée d'un moteur électrique rechargeable au moyen d'une prise de courant normale. L'autonomie maximale du moteur sera d'environ 55 kilomètres, mais le véhicule sera également muni d'un petit moteur à combustion interne de quatre cylindres qui alimentera une génératrice plutôt que la chaîne de transmission. L'automobiliste qui souhaitera aller au-delà de la limite du rayon du moteur électrique verra le moteur à essence prendre la relève pendant que se rechargeront les batteries. Le système jumelant l'électricité et la combustion interne devrait permettre un rendement de 2,35 litres aux 100 kilomètres. Pourtant, hier encore, la même entreprise jugeait qu'il était impossible d'atteindre 8,7 litres aux 100 kilomètres. N'oublions pas, par contre, qu'en 1974, une Opel T-1 modifiée a pu obtenir un rendement stupéfiant de 0,62 litre aux 100 kilomètres. Il reste encore place à beaucoup d'amélioration[6].

Bien que les économies potentielles de carburant soient attirantes et que la technologie semble ambitieuse, la production demeure insignifiante. Au cours de la première année, on ne fabriquera que 10 000 Volt et même lorsque la production atteindra son plein régime, General Motors estime qu'elle se situera entre 54 000 et 60 000 exemplaires par année seulement.

Même si General Motors atteint ces objectifs de production, ces véhicules ne suffirait pas pour remplacer les automobiles à essence qui seront délaissées en raison du prix élevé du carburant. En outre, rares seront les automobilistes en mesure de débourser les quelque 35 000 à 50 000 dollars américains que devrait coûter la solution de General Motors. Chrysler tente de joindre les rangs avec sa gamme de véhicules à propulsion électrique Envi qui devrait être sur le marché entre 2011 et 2013. Toutefois, est-ce que Chrysler aussi existera toujours?

Pourtant, pendant que Detroit se ressaisit, d'autres entreprises s'affairent déjà à construire les soi-disant véhicules de l'avenir. La voiture électrique la plus vendue au monde, le véhicule à hayon G-Wiz, est fabriquée par l'entreprise indienne REVA depuis 2001 et déjà exportée au Royaume-Uni sous le nom G-Wiz i. La voiture norvégienne TH!NK roule aussi sur les autoroutes de Scandinavie et devrait être vendue aux États-Unis pour aussi peu que 15 000 $ américains. En Amérique du Nord, l'automobile canadienne ZENN a obtenu les approbations réglementaires en Colombie-

Britannique, au Québec et dans 46 États américains. Et si vous ne tenez pas à une petite auto excentrique, peut-être serez-vous séduit par la Tesla Roadster américaine, dont la carrosserie a été conçue par Lotus, qui atteint 160 kilomètres à l'heure en quatre secondes. En outre, son coût de fonctionnement est inférieur à 0,02 $ par kilomètre, mais le prix de base d'un modèle 2009 atteint 109 000 $.

Ni General Motors, ni Ford, ni Chrysler n'ont démontré à ce jour leur capacité à fabriquer rentablement une automobile hybride. Si elles n'y parviennent pas, combien de temps encore le marché (ou les contribuables, dans le cas de General Motors) leur laissera-t-il la possibilité d'essayer ? En fait, aucun fabricant d'automobiles d'envergure mondiale ne gagne d'argent avec des voitures hybrides, à l'exception de Toyota probablement, qui en tirerait des marges bénéficiaires infimes. En 2008, la grande entreprise japonaise a même annoncé son premier exercice sans profit depuis les 70 dernières années.

À l'heure actuelle, on dénombre environ 70 000 automobiles électriques sur le réseau routier nord-américain, sur un total d'environ 247 millions de véhicules. Un automobiliste sur 3 000 est donc inoculé contre la hausse du prix du carburant alors que tous les autres doivent la subir.

Bien entendu, il ne sert à rien de concevoir des moteurs alimentés par un nouveau type de carburant si celui-ci ne peut pas répondre à la demande. Il ne s'agit pas de remplacer les véhicules, mais bien les milliards de barils de pétrole qui les font rouler. Comment sera produite l'électricité qui devra faire fonctionner ces automobiles? S'agit-il d'une mission impossible?

Les 13 millions de barils de pétrole brûlés chaque jour par le parc automobile américain correspondent à une énorme quantité d'énergie. Si nous voulons alimenter ces véhicules à l'électricité, nous aurons besoin chaque jour d'une quantité d'énergie égale à celle consommée par près de deux millions de maisons nord-américaines en un an[7]. Bien sûr, les moteurs électriques sont beaucoup plus efficaces que ceux à combustion interne, mais les centrales électriques ne produisent pas tellement plus et ne sont pas nécessairement plus saines pour l'environnement, en matière d'émissions de gaz à effet de serre.

L'énergie n'est pas à ce point facile à trouver qu'il suffise simplement de brancher nos automobiles comme si de rien n'était. D'une part, nous devrons utiliser beaucoup plus d'électricité que maintenant. Si augmenter notre capacité de production d'électricité pour remplacer tout ce pétrole ne vous semble pas un grand défi, rappelez-vous ce qui s'est produit le 14 août 2003. Cet après-midi-là, le réseau électrique alimentant New York, Detroit et Toronto a cédé sous la pression du pic de consommation estivale avec des résultats désastreux. Je m'en souviens parce que j'ai dû descendre 18 étages à pied. Les ascenseurs, les guichets automatiques et les téléphones sont tous tombés en panne parce qu'il y avait trop de climatiseurs en fonction pendant cette journée de canicule. Nous frôlons dangereusement notre capacité maximale de production.

Depuis, les sociétés de services publics ont fait le maximum pour promouvoir l'économie d'énergie, notamment en soudoyant leurs clients afin qu'ils n'utilisent pas leurs climatiseurs et leurs lave-vaisselle en période de pointe. J'ai même remarqué qu'on avait baissé l'éclairage dans mon immeuble : le stationnement intérieur est plongé dans la quasi-obscurité et s'éclaire seulement lorsque les détecteurs de mouvement perçoivent l'arrivée de quelqu'un. De plus, après 17 h 30, plus de la moitié des lampes du hall d'entrée sont éteintes. Même la climatisation me semble déficiente en plein été dans mon gratte-ciel ultramoderne où on annonce fièrement dans le hall que l'immeuble réduira ses émissions de carbone de 20 % d'ici 2012. Malgré toutes les mesures d'économie de ce genre, nous consommons toujours de plus en plus d'électricité, et nous devrons investir des milliards de dollars en production d'énergie et en infrastructures de transport d'énergie simplement pour répondre à la demande prévue et pour remplacer les équipements désuets. Doubler la capacité de production pour répondre à la demande éventuelle de millions de voitures électriques devient une tâche titanesque.

Même si Detroit fabriquait suffisamment d'automobiles électriques pour réaliser une différence notable dans notre consommation de pétrole, nous n'aurions pas accès à l'énergie excédentaire pour les recharger : nous pouvons à peine faire ronronner nos climatiseurs. Si le climat de notre région de l'Amérique du Nord nous obligeait à faire fonctionner la climatisation à longueur d'année, nous aurions probablement autant d'interruptions de courant et de baisses de tension qu'au Koweït et ailleurs au Moyen-Orient.

Supposons maintenant que nous décidions d'aller de l'avant pour construire toutes ces nouvelles centrales électriques. Avec quoi les alimenterons-nous? Nous avons vu que même les taux de consommation actuels font baisser nos réserves de gaz naturel à un rythme alarmant. Le gaz naturel n'est plus un carburant peu coûteux : avant la récession, son prix en Amérique du Nord avait doublé comparativement aux cinq années précédentes. En outre, en Europe et en Asie où le gaz naturel est rare, ce carburant coûte plus du double qu'en Amérique du Nord.

Reste, en théorie du moins, l'option de construire des centaines de nouvelles centrales nucléaires pour produire l'énergie. Mais le fait qu'aucune n'ait été inaugurée en Amérique du Nord depuis une génération n'est pas fortuit. Même si elles sont plus sécuritaires qu'on le croit généralement, elles coûtent cher à construire et à assurer, elles ne sont pas fiables (à tout moment, environ la moitié de la capacité de production nucléaire du Royaume-Uni demeure inaccessible) et elles génèrent des déchets toxiques dont nous ne savons toujours pas comment nous débarrasser (alors que les terroristes, eux, semblent avoir une bonne idée de ce qu'ils voudraient en faire). En outre, la mise en marche d'une centrale nucléaire requiert 17 ans en moyenne.

Le réacteur finlandais Olkiluoto 3 est le plus récent d'une longue suite de déceptions dans ce domaine. Il devait souligner la renaissance du nucléaire à l'échelle mondiale, mais une suite de problèmes techniques, de dépassements de coûts, de retards interminables et de problèmes de procédure ont malmené le projet dès le premier jour. Le projet Olkiluoto 3, construit en Finlande par la société française Areva, devait être le premier réacteur nucléaire construit en Europe depuis 30 ans et le porte-drapeau des soi-disant réacteurs de troisième génération. Malgré un rythme effréné, la construction a été entravée par des dépassements de coûts et des incertitudes concernant la sécurité. Devant l'accumulation de problèmes, les gouvernements des quatre coins du monde observent la situation avec anxiété[8].

Le prix croissant du gaz naturel et les nouvelles inquiétudes au sujet des émissions de carbone pourraient redorer l'image de l'énergie nucléaire avec le temps, mais les raisons qui rendaient problématique l'usage du nucléaire à grande échelle demeurent valables aujourd'hui encore.

Qu'en est-il des énergies renouvelables? Tous les environnementalistes rêvent d'un parc de voitures électriques alimentées par des éoliennes et des panneaux solaires. Mais est-ce réaliste à l'échelle commerciale de masse? Alors que les énergies renouvelables jouissent d'une grande visibilité dans les médias et d'une aide gouvernementale tout aussi importante, elles ne représentent qu'une infime portion de la production totale d'énergie. Le gouvernement de l'Ontario, par exemple, espère atteindre 10 % en 2010. Un chef de file de l'éolien comme l'Allemagne produit environ 15 % d'énergie renouvelable et le Danemark espère en produire 20 % en 2011. Toutefois, de nombreux experts croient qu'il serait difficile de faire plus. Si le vent cesse de souffler ou si le soleil ne brille plus, le réseau s'effondre et les lumières s'éteignent.

Les énergies renouvelables présentent un problème : le vent et le soleil sont intermittents et on ne peut s'y fier pour maintenir le flux d'électricité. Les panneaux solaires ne sont pas très efficaces au Canada lors des nuits d'hiver, alors que le réseau électrique exige un flux constant. C'est ce qui explique que même si nous avions accès à toutes les installations solaires et à tous les parcs d'éoliennes que nous pouvons construire, nous aurions tout de même besoin de faire fonctionner d'autres centrales (au charbon, au gaz naturel, nucléaires ou hydroélectriques) pour fournir la charge de base. Toutefois, une étude commandée par le ministère de l'Environnement, de la Protection de la nature et de la Sûreté nucléaire d'Allemagne, démontre qu'il est possible de répondre à la plus grande partie de la demande en électricité avec des énergies renouvelables, surtout en obtenant l'électricité d'endroits où le soleil brille presque en permanence. Autrement dit, l'Europe pourrait obtenir la majorité de son énergie d'Afrique du Nord, alors que le Canada et le nord des États-Unis pourraient aussi vraisemblablement domestiquer l'énergie solaire produite au Mexique[9].

On était très écolo au Moyen Âge, mais voudrions-nous retourner vivre à cette époque ?

Malgré les généreuses subventions gouvernementales, les énergies renouvelables ne fournissent qu'une minuscule quantité de l'énergie que nous consommons et, qui plus est, seulement dans les pays les plus riches du globe. Nous n'allons pas remplacer notre combustible le plus important par une source d'énergie incapable de faire fonctionner nos séchoirs à cheveux s'ils étaient tous allumés en même temps. Nous aurions besoin de multiplier plusieurs fois la capacité d'énergie renouvelable avant d'en remarquer l'impact sur l'alimentation en énergie totale de la plupart des pays et avant qu'elle devienne la nouvelle source d'énergie facilitant la conversion massive des automobilistes aux véhicules électriques.

Bien entendu, il existe toujours la solution d'appoint – ce bon vieux charbon – pour alimenter toutes les centrales nécessaires pour recharger le premier parc de voitures électriques au monde. Le charbon est la source d'énergie additionnelle la moins chère et la plus accessible. Par contre, les émissions du charbon annuleraient toutes les réductions d'émissions réalisées grâce à l'augmentation du nombre de véhicules électriques, à moins de mettre au point et d'implanter d'abord la technologie de capture et stockage de CO_2 (CSC) appelée « charbon propre » à une échelle bien supérieure à ce qui existe actuellement.

La technologie CSC consiste à débarrasser les émissions du gaz carbonique, en le pompant sous le sol vers des puits de pétrole ou de gaz usés, ou assez profondément sous l'eau pour éviter qu'il circule ou remonte à la surface. Certes, l'idée de retirer les gaz à effet de serre de notre consommation de carburant fossile mérite réflexion, et beaucoup d'espoir et d'argent sont investis dans cette technologie, mais ce n'est pas une raison pour faire comme si de rien n'était. En plus des difficultés posées par l'échelle des infrastructures nécessaires et parce que cette technologie n'a jamais été éprouvée à une échelle assez importante pour faire une différence, le processus nécessite de l'énergie et augmenterait la consommation de carburant d'une centrale jusqu'à 40 %, ce qui diminuerait les gains en efficacité des dernières décennies et augmenterait les coûts jusqu'à 90 %. Sans la technologie CSC, le recours à nos réserves de charbon, qui sont toujours abondantes, accélérerait les émissions à effet de serre dans le monde alors que le phénomène des changements climatiques nous dit de faire exactement le contraire[10].

Le projet consistant à construire des centaines de centrales au charbon capables de capter leurs émissions de carbone et les pipelines pour transporter ces émissions à des endroits souterrains appropriés pour les entreposer serait une tâche titanesque. Voici une idée de la quantité de carbone qu'il faudrait capter et stocker : les émissions de gaz carbonique générées aux États-Unis atteignent plus de six milliards de tonnes impériales par année, soit une masse équivalant à plus de 76 millions de chars d'assaut Abrams. Imaginez tenter de trouver un endroit pour cacher cette quantité de chars d'assaut chaque année et vous commencerez à avoir un aperçu du défi que représente le stockage de nos émissions de carbone. Ce n'est pas impossible, mais loin d'être facile, et certainement pas bon marché. Le prix des émissions de carbone devra atteindre un minimum de 60 à 70 $ la tonne avant que quiconque ne s'intéresse à capter et à emmagasiner le carbone sur une base commerciale. C'est 60 à 70 $ de plus que ce que coûtent actuellement les émissions de carbone aux États-Unis, au Canada ou en Australie. Bref, à moins d'attribuer aux émissions de carbone un prix très substantiel, le CSC demeure un projet chimérique.

Et à propos de défis monumentaux, il y a toujours le rêve lointain de l'économie de l'avenir basée sur l'hydrogène. Toutefois, si l'on imagine difficilement un parc d'automobiles électriques, on peut entrevoir les obstacles posés par les voitures fonctionnant à l'hydrogène. D'une part, l'hydrogène ressemble beaucoup à l'électricité parce qu'il ne s'agit pas d'une source, mais bien d'un transporteur d'énergie. L'hydrogène ne surgit pas du sol : il faut le produire et pour ce faire, il faut du pétrole. Produire suffisamment d'hydrogène pour faire rouler le parc automobile des États-Unis – soit l'équivalent de 13 000 dirigeables Hindenburg chaque jour – nécessiterait de doubler la capacité de production d'électricité[11]. Et si l'on veut utiliser une énergie renouvelable plutôt que le charbon, le gaz naturel ou le nucléaire, il faudrait couvrir de panneaux solaires une zone égale à la superficie du Massachusetts, ou planter des éoliennes sur un territoire équivalant à l'État de New York. Arrêtons-nous ensuite au problème de construire un réseau de postes de distribution d'hydrogène, puis à celui de leur remplissage par camions-citernes (l'hydrogène ne peut pas être transporté par pipeline à cause des risques de fuites). Ensuite, n'oublions pas que l'hydrogène coûte beaucoup plus cher que l'essence et que les véhicules qui s'en servent coûtent environ un million de dollars chacun. Tout à coup, une paire de souliers confortables et un vélo s'imposent à nous comme des éléments de la solution. La théorie que nous pouvons simplement passer de l'essence à l'hydrogène évoque la boutade cynique attribuée à Marie-Antoinette : « S'ils n'ont pas de pain, qu'ils mangent de la brioche ! »

Réinventer l'automobile ne présente pas un pari insurmontable, mais le défi est assurément énorme. Les piles actuelles au lithium-ion résisteront-elles à des années de conduite ? Celle qui alimentait l'ordinateur portable de mon épouse n'a même pas résisté à la gestion de ses courriels avant de s'enflammer et de griller son disque dur. Aucun fabricant de voitures électriques n'a encore pu faire fi du fait que l'essence n'est pas au bout du compte un mauvais moyen de transporter de l'énergie : elle emmagasine environ 20 fois autant d'énergie par livre que la batterie la plus perfectionnée. Mais ne vous attendez pas à voir les ingénieurs jeter l'éponge. Le prix du baril d'essence dans les trois chiffres réussira à concentrer leur attention sur les améliorations technologiques destinées à économiser le carburant. Toutefois, reste à voir quand et à quel prix elles surviendront.

De plus en plus d'automobilistes s'engageront dans la bretelle de sortie pendant que Detroit s'adaptera à un marché réduit à un peu plus de la moitié de ce qu'il était. Ce faisant, l'administration Obama, engagée dans d'imposantes dépenses en infrastructures pour stimuler l'économie, pourrait tenir compte des implications de ce pronostic. Pourquoi consacrer les milliards de dollars des contribuables à la construction de nouvelles routes si de moins en moins d'automobilistes y circulent ? Et pourquoi dépenser d'autres milliards encore pour remettre sur pied l'industrie de l'automobile que le prix élevé du baril de pétrole vouera bientôt à l'obsolescence ? Ce sont davantage d'infrastructures de transport en commun plutôt que d'automobiles et de routes dont l'Amérique et le reste du monde auront bientôt besoin.

CHAPITRE 5

RETOUR À LA MAISON

Vous comprendrez le principe qui parviendra à faire reculer la mondialisation en faisant l'analogie avec une course en taxi.

Peu importe votre destination, vous surveillez le compteur et vous vous demandez si vous avez assez d'argent dans vos poches pour régler la course. Sautez dans un taxi à Séoul en Corée, et vous pourrez vous permettre de rouler toute la journée pour visiter la ville. Mais à Londres, vous déciderez peut-être de vous rendre à pied à votre destination.

La distance coûte de l'argent.

Tel sera le mantra de la nouvelle économie locale.

Pensez à tout ce que vous achetez chez Home Depot, Wal-Mart ou au petit magasin au coin de la rue. Il y a peu de chances que ces produits aient été fabriqués près de chez vous. Votre jean, votre cafetière ou votre cellulaire viennent probablement de l'autre côté du globe. Toutefois, la flambée du prix de l'énergie aura un impact considérable sur le coût du transport partout dans le monde, comme cela s'est produit il y a plus de 30 ans, lors des chocs pétroliers. C'est le prix du carburant plutôt que les tarifs douaniers qui est sur le point de devenir l'obstacle le plus important au commerce international, que l'on transporte la marchandise par bateau, train, camion ou avion.

En effet, la flambée du prix du pétrole nous transportera bientôt à une époque où le contexte commercial international sera largement comparable à ce qu'il était il y a 30 ou 40 ans. À l'époque, les pays faisaient beaucoup moins d'échanges commerciaux et protégeaient jalousement leurs économies nationales de la concurrence étrangère par d'énormes barrières douanières.

C'était un monde très différent de celui dans lequel notre économie est actuellement enracinée. À l'époque des obstacles aux échanges, le commerce international croissait à un rythme beaucoup plus lent qu'aujourd'hui. Le marché intérieur était beaucoup plus important puisqu'on exportait et importait moins de marchandises. C'était l'époque où votre moulinet de pêche était probablement fabriqué par Penn plutôt que par Dawai, où vous conduisiez une GM ou une Ford plutôt qu'une Toyota ou une Honda et où même vos chaussettes étaient fabriquées à Montréal plutôt qu'en Indonésie. Et dans pratiquement tous les cas où les tarifs douaniers et les quotas vous incitaient à acheter des biens fabriqués au pays, vous avez immanquablement payé plus cher que vous ne l'auriez fait si les produits importés avaient pu être vendus dans votre centre commercial sans les droits punitifs.

En outre, à l'époque, les pays faisaient des échanges avec d'autres États qu'aujourd'hui. Les importations et les exportations étaient davantage d'envergure régionale : les pays négociaient avec leurs voisins et non avec l'autre bout du monde, à certaines exceptions près, bien entendu. Nous avons toujours acheté du thé en Chine et en Inde, mais nous avions l'habitude de nous procurer nos autres biens beaucoup plus près de chez nous. En fait, la plupart de nos produits de consommation étaient fabriqués ici même.

Tout a changé progressivement au cours de la vie de la plupart des lecteurs de ce livre. De 1960 à 1973, la part des exportations dans le produit intérieur brut mondial a crû de plus de 50 %. Et le monde y a gagné. Les économistes savent depuis longtemps que le commerce international avantage les importateurs autant que les exportateurs, ce qui explique pourquoi on a déployé tant d'efforts soutenus pour abattre les barrières commerciales au cours de la seconde moitié du siècle précédent. Des décennies de négociations commerciales multilatérales ont profondément transformé le monde. L'émergence de l'Inde et de la Chine comme puissances économiques trouve son origine, dans une large mesure, dans la diminution des barrières tarifaires et non tarifaires des pays importateurs les plus riches. L'explosion du commerce international au cours des 25 dernières années a entraîné la mondialisation à grande échelle de nos économies.

La mondialisation suscite beaucoup de discussions, mais elle désigne un processus très simple : le déménagement d'usines vers les pays où la main-d'œuvre coûte le moins cher ou, mieux encore, l'abandon définitif de la fabrication des produits que l'on réalisait soi-même pour se contenter de les acheter auprès d'une autre usine à une fraction du prix. Avant de pouvoir faire l'un ou l'autre toutefois, il faut d'abord démanteler les barrières commerciales qui lient géographiquement une usine au marché qu'elle approvisionne.

Il y a une trentaine d'années, les salaires versés en Chine offraient un avantage beaucoup plus important qu'aujourd'hui, cependant à l'époque, les importations venant de ce pays étaient rares. Personne n'allait vous empêcher d'y déménager votre usine, mais les barrières commerciales faisaient en sorte qu'il était difficile de vendre ce qu'on y fabriquait dans un atelier de misère à l'un des grands pays industrialisés du monde. Si les tarifs douaniers dans les deux chiffres ne vous arrê-taient pas, il y avait toujours les quotas d'importation immuables sur tous les produits – des vêtements à l'acier – pour vous tenir en échec, vous et votre usine chinoise.

À cette époque, si vous abandonniez votre main-d'œuvre locale grassement payée, vous deviez du même coup sacrifier le marché intérieur qui constituait l'essen-tiel de votre gagne-pain. Ce marché était réservé aux fabricants locaux qui employaient une main-d'œuvre locale, quoique coûteuse. Tel était le compromis : on échangeait des prix plus élevés, et donc moins de pouvoir d'achat, contre des emplois au pays.

Maintenant, toutes ces barrières commerciales ont été abolies et les entreprises sont libres de s'établir là elles gagneront le plus d'argent. Tandis qu'on déracinait un nombre croissant d'usines d'Amérique du Nord et d'Europe pour les transporter vers les marchés de l'emploi peu coûteux en Asie, les syndicats du pays perdaient leur pouvoir de négociation.

Lorsque les emplois ont traversé l'océan, les concessions salariales ont vite remplacé les augmentations de revenus dans les négociations des nouvelles conventions collectives des secteurs de l'automobile et de l'acier qui étaient autrefois hautement protégés et très généreux. Étant donné que le coût de la main-d'œuvre représente généralement jusqu'à deux tiers du coût d'un bien manufacturé, on parvenait à contenir les prix en limitant les salaires.

C'est finalement pour cette raison que les États-Unis ont appuyé la mondialisation et ont accepté de laisser aller tous ces emplois vers la Chine. La mondialisation a changé le compromis qui est devenu «des prix plus bas contre des pertes d'emplois». Au bout du compte, nous avons soutenu la mondialisation parce que nous voulions être en mesure de payer moins cher nos ordinateurs, nos véhicules, nos vêtements et nos meubles. Les terrains de stationnement des Wal-Mart débordaient de travailleurs nord-américains venus se procurer des biens *Made in China* à des prix imbattables même si, ce faisant, ils achetaient la perte de leurs propres emplois.

À moins d'être un col bleu dont l'emploi a été «délocalisé» vers un pays reconnu pour sa main-d'œuvre bon marché, vous aussi profitez de la nouvelle économie mondialisée. Votre salaire d'employé du secteur des services vous permet de vous offrir plus de iPod et de téléviseurs à écran plat que jamais. En entraînant la baisse du prix de tous les produits, la mondialisation vous donne plus d'argent à dépenser et la plupart d'entre nous, dans les pays développés, sommes très heureux de le dépenser. Toutefois, le marché mondial est aussi un produit artificiel de l'ère de l'énergie bon marché. Déménager son usine à l'autre bout du monde pour profiter des coûts inférieurs de la main-d'œuvre est une bonne décision d'affaires dans la mesure où les biens manufacturés peuvent être livrés un peu partout pour un prix raisonnable. Lors de la première grande explosion du commerce mondial entre 1960 et 1973, le baril de pétrole ne coûtait en moyenne que 14 $ américains. Le deuxième bond prodigieux dans les échanges a eu lieu de 1987 à 2002 grâce non seulement à une baisse de 30 % des tarifs douaniers, mais également à des frais de transport encore relativement bon marché. Un baril de pétrole coûtait environ 25 $ à l'époque.

Quand l'énergie est bon marché, l'économie mondiale se porte généralement bien, mais lorsque son prix augmente, l'économie mondiale se resserre. La tendance à la hausse de la part des exportations dans le PIB s'est interrompue entre le premier choc pétrolier en 1973 et le contrecoup de la deuxième crise de l'OPEP en 1979, malgré une réduction de 25 % des tarifs douaniers dans le monde. Les frais de transport, particulièrement ceux du transport transocéanique de longue distance, ont triplé et annulé l'effet de toutes les réductions de tarifs douaniers internationaux en vigueur à l'époque.

On a beau libéraliser le commerce comme bon nous semble, cela ne changera rien si personne n'a les moyens d'expédier les produits que l'on souhaite vendre. Entre les deux chocs pétroliers, les coûts de transport élevés ont freiné la croissance des échanges commerciaux et dévié les échanges vers des zones de plus en plus régionales. Tandis que le coût du transport transocéanique quintuplait au début des années 1980, la part des importations de produits non pétroliers aux États-Unis a chuté d'un étonnant 6 % en un peu plus de cinq ans, alors que la part des importations des Caraïbes et d'Amérique latine a augmenté dans une mesure équivalente. En matière de parts commerciales, il s'agit d'un déplacement considérable impliquant la déviation de milliards de dollars de marchandises.

Changez le prix du baril de pétrole et vous changez de partenaires commerciaux, dans le cas où vous faites du commerce, bien entendu.

Quelle leçon nous donne la turbulence du prix du pétrole dans les années 1970 ? En 2008, sitôt après que nous eûmes « goûté » au baril de pétrole au-dessus de 100 $, les échanges commerciaux internationaux se sont interrompus pour la première fois en plus de 25 ans, lorsqu'un autre choc pétrolier avait entraîné les mêmes conséquences. Une récession a déjà éloigné la Chine et ses nouvelles usines rutilantes des consommateurs occidentaux. Et un retour du prix du pétrole dans les trois chiffres lors de la prochaine reprise économique éloignera l'Empire du Milieu encore plus. Reviendrons-nous aussi aux échanges régionalisés ? L'énorme déficit commercial de l'Amérique du Nord avec la Chine sera-t-il un lointain souvenir de l'époque où le pétrole était bon marché ?

MER AGITÉE

Les cargos porte-conteneurs sont les chevaux de bât du commerce international. Vous avez certainement déjà vu ces navires de haute mer sur le pont desquels sont empilés ce qui ressemble à de gigantesques blocs Lego. À l'intérieur de ces conteneurs se trouve le fruit de la mondialisation : tous les produits fabriqués à un bout du monde pour être vendus à l'antipode. Ces entrepôts flottants fonctionnent grâce aux résidus qui se déposent au fond des barils de pétrole, un cambouis qui a de plus en plus de valeur et est connu sous le nom de « combustible de soute » ou « diesel marine ».

La tendance fortement marquée vers la conteneurisation nous rappelle à la réalité de l'avenir du commerce mondial. Aujourd'hui, le système commercial international pourrait être encore plus vulnérable à la flambée du prix du pétrole qu'il ne l'était dans les années 1970. Des modifications récentes apportées à la technologie du transport maritime rendent les coûts de transport transocéanique beaucoup plus vulnérables au prix du pétrole que lors des chocs pétroliers de l'OPEP, ce qui nous laisse croire qu'il y aura des conséquences beaucoup plus graves sur le commerce mondial qu'à cette époque[1].

Puisque les porte-conteneurs peuvent être déchargés beaucoup plus rapidement que les vraquiers, ils passent beaucoup plus de temps en mer qu'à quai. Un bâtiment de transport commercial passe maintenant 85 % du temps en mer, alors qu'il naviguait 55 % du temps il y a 15 ans à peine. Au cours de ces années, la part de fret expédié par conteneurs est passée de 35 % à 75 %.

Les vitesses accrues ont également rendu les coûts de transport plus vulnérables à la variation du prix du carburant. La transition aux porte-conteneurs a augmenté l'importance de la vitesse des navires puisqu'ils passent beaucoup plus de temps en mer qu'au port. Au cours des 20 dernières années, les porte-conteneurs ont été bâtis de façon à aller plus vite que les vraquiers, et puisque les porte-conteneurs les remplacent graduellement, la vitesse de la flotte mondiale s'est accélérée.

Toutefois, il faut plus d'énergie pour aller plus vite. Dans le transport international, l'accélération des cargos au cours des 15 dernières années a doublé la consommation de carburant par unité de volume de trafic de marchandises, une autre feinte de l'efficacité paradoxale.

La part du carburant dans l'ensemble des coûts de transport a donc augmenté régulièrement. Tandis que le prix du pétrole grimpait à 100 $ le baril, celui du diesel marine a suivi. Il représente près de la moitié du coût total d'expédition par bateau. Les incidences pour l'avenir sont patentes : il existe un lien direct entre les coûts de transport et le prix mondial du pétrole. L'augmentation de celui-ci se traduit immédiatement par une augmentation des coûts d'expédition, souvent à cause du coefficient d'ajustement de soutage qui ajoute automatiquement l'augmentation du carburant à la facture d'expédition. L'augmentation du prix du baril de pétrole de 30 à 100 $ a augmenté la facture quotidienne de carburant d'un cargo de 9 500 à 32 000 $.

Les usines chinoises qui exportent en Amérique ont subi des augmentations particulièrement fortes. De janvier 2007 à janvier 2008, la surtaxe de soutage transpacifique, une taxe de référence appliquée sur le fret provenant de Chine, est passé de 455 $ à plus de 1 100 $ pour un conteneur standard de 40 pieds. Il devient de plus en plus coûteux de se procurer de la marchandise chinoise avec chaque augmentation du prix du pétrole.

En outre, ces coûts seront à leur tour absorbés dans le prix de tout ce que l'on se procure chez Wal-Mart, Costco ou tout autre magasin à grande surface qui vend à petits prix de grandes quantités de produits fabriqués à l'étranger. Et ce, jusqu'à ce que ces grandes surfaces trouvent un autre endroit où fabriquer ces marchandises pour un coût encore plus bas. Dans un contexte où le prix du pétrole atteint les trois chiffres, la source d'approvisionnement la moins chère sera aussi la plus proche. La Chine ne nous a jamais semblé aussi lointaine.

LE TARIF DE SOUTAGE

Si l'augmentation du prix du pétrole ne fait que ralentir faiblement le semi-remorque de la mondialisation, tenez pour acquis que c'est exactement ce genre de coûts que l'on ajouterait au commerce international si l'on cherchait délibérément à le freiner.

Les coûts de transport produisent le même effet que les tarifs, qui sont simplement une taxe à l'importation. Tous deux opposent des obstacles au commerce international. Plus le tarif est élevé, moins les importations sont concurrentielles sur le marché puisque la fonction du tarif consiste à rendre les produits importés plus chers que les biens fabriqués au pays. Il n'est pas très difficile de transposer une augmentation des coûts de transport en tarif; il s'agit simplement d'évaluer comment ces coûts affectent le prix de détail final.

Autrement dit, si les coûts de transport doublent à cause de la flambée du prix du carburant, nous pouvons calculer dans quelle mesure ils font augmenter le prix de vente final d'un article expédié, puis exprimer ce montant comme s'il s'agissait d'un tarif douanier.

Alors, à combien s'élèveraient ces tarifs? Nous en avons eu un aperçu entre 2004 et 2008 lorsque le prix du baril de pétrole est passé de 30 à presque 150 $. Le coût du transport transocéanique a triplé au cours de la même période. En transposant cette augmentation en tarif, on se rend compte qu'elle annule toutes les libéralisations de marché des 30 dernières années.

En 2000, lorsque le prix du baril de pétrole atteignait 20 $, les coûts de transport des cargos qui traversaient le Pacifique équivalaient à un tarif douanier américain de 3 % en moyenne. À 100 $ le baril, les coûts de transport équivalent à un tarif moyen de 8 %. Lorsque le prix du baril atteint 150 $ – comme cela s'est produit l'été 2008 –, cela équivaut à un tarif de 13 %, ce qui nous ramène aux tarifs moyens des années 1970. À l'époque, les barrières tarifaires étaient si élevées que la plupart des grands marchés du monde ne pouvaient être approvisionnés que par les fabricants du pays.

Lorsque le prix du pétrole atteint 100 $ le baril, les coûts de transport surpassent les conséquences des tarifs douaniers sur tous les partenaires commerciaux des États-Unis, incluant même le Canada et le Mexique, leurs voisins et cosignataires de l'ALÉNA.

La mesure dans laquelle l'augmentation inouïe des coûts de transport ralentira les échanges commerciaux avec des fournisseurs outre-mer comme la Chine où la main-d'œuvre est bon marché dépendra en fin de compte de la part de ces coûts dans l'ensemble. Les biens dont le rapport valeur-poids est élevé comportent implicitement un coût de transport plus faible que les produits qui ont un rapport valeur-poids inférieur. Vous ne vous inquiéterez probablement pas des frais de transport d'un conteneur de 40 pieds rempli de diamants, mais vous serez un peu plus préoccupé si vous expédiez des jouets en plastique destinés aux magasins «Tout à un dollar».

Il s'avère qu'un pourcentage étonnamment élevé de produits fabriqués en Chine et exportés en Amérique du Nord est vulnérable au fret. Les coûts de transport des meubles et de l'acier – des exportations typiques de Chine – sont généralement élevés. Autrement dit, les coûts de transport représentent une part importante de leur prix de vente au détail. Par conséquent, l'avantage concurrentiel des fournisseurs chinois dans les marchés éloignés, comme l'Amérique du Nord et l'Europe, est grandement vulnérable à la flambée du prix du diesel marine qui propulse les cargos desservant leurs marchés d'exportation.

La Chine avait déjà perdu son avantage concurrentiel dans certaines industries, comme l'acier par
exemple. Nous avions eu un bref aperçu du déplacement des courbes de coût mondiales dans l'industrie
américaine de l'acier avant la récession et l'effondrement subséquent des ventes d'automobiles qui ont fait
chuter les ventes d'acier des producteurs américains et
étrangers. Toutefois, la récession masque certaines
mutations étonnantes du marché de l'acier aux États-
Unis qui ont sauté aux yeux dès que le prix du pétrole
a franchi la barre des 100 $ le baril.

En 2007, l'avantage concurrentiel dans le domaine
de l'acier s'était déjà déplacé des exportations chinoises
pour revenir vers les produits nord-américains. L'augmentation galopante des coûts de transport – premièrement pour expédier en Chine du minerai de fer
provenant d'Australie ou du Brésil, et ensuite pour
exporter l'acier marchand en Amérique du Nord –
ajoutait jusqu'à 90 $ au prix de la tonne d'acier laminé
à chaud qui s'élevait alors à 600 $. Cette augmentation
a largement annulé l'avantage que représentait la main-
d'œuvre chinoise bon marché sur ce qui, grâce au
progrès technologique, représentait un peu moins
d'une heure et demie de travail par tonne. Pour la
première fois en 10 ans, l'acier *Made in USA* coûtait
moins cher que les importations chinoises. Entre juillet
2007 et mars 2008, longtemps avant que la récession
ne fasse éclater le marché de l'acier aux États-Unis, les
exportations chinoises vers ce pays avaient baissé de
20 % alors que la production américaine d'acier avait
crû de 10 %. Les aciéries américaines avaient rapidement

regagné leur marché intérieur. Qui aurait cru que le prix astronomique du pétrole puisse redonner vie à la *rust belt* américaine?

C'est là un effet du prix du baril de pétrole à plus de 100 $ sur les coûts de transport transocéanique, et pas seulement dans l'industrie de l'acier. Les coûts de transport chassent la production des pays à la main-d'œuvre peu coûteuse, comme la Chine, pour la déplacer en Amérique du Nord. Les pièces pour pompes industrielles, les piles pour tondeuses à gazon et les meubles sont quelques produits dont la fabrication a été rapatriée. On coupera les cadenas aux grilles des usines empoussiérées et on graissera généreusement les machines qui n'ont pas tourné depuis des années au fur et à mesure que les coûts de transport et de logistique gagneront en importance.

Prenons par exemple l'industrie du meuble qui était un employeur important et prospère dans le sud des États-Unis. Des parcs industriels gigantesques aménagés près de Dongguan juste au nord de Hong Kong se sont mis à fabriquer massivement, à partir de bois nord-américain, des meubles destinés à l'Amérique du Nord et au reste du monde. Ce faisant, des centaines de fabricants de meubles, notamment dans les Carolines, ont dû fermer leurs portes et condamner au chômage des milliers de travailleurs du bois qualifiés.

Toutefois, les meubles sont encombrants et occupent beaucoup d'espace dans des conteneurs. Avec chaque dollar d'augmentation du pétrole, augmentation qui transparaît instantanément sur le coefficient d'ajustement du soutage transpacifique figurant sur la facture de transport, un autre fabricant de meubles de Taylorsville en Caroline du Sud obtient un sursis au détriment d'une usine à l'autre bout du monde où les travailleurs gagnent une fraction du salaire des Américains. Avec le prix du baril au-delà de 100 $, l'avantage économique net des meubles chinois est si minime qu'il ne vaudra bientôt plus la peine d'attendre la livraison d'une causeuse pendant trois mois.

Les entreprises n'abandonneront pas pour autant leur quête de main-d'œuvre au plus faible coût simplement parce qu'elles ne peuvent plus compter sur un transport abordable. Plutôt que d'embaucher du personnel sur un autre continent, le secret consistera à trouver la main-d'œuvre la moins chère à des distances raisonnables du marché à approvisionner. On cherche non seulement une main-d'œuvre peu coûteuse, mais à proximité.

Les *maquiladoras* du Mexique proposent une solution à l'approvisionnement des marchés américain et canadien. La brève renommée de ce pays a été sapée par la concurrence de la main-d'œuvre chinoise beaucoup moins chère. Toutefois, dans un contexte de prix du pétrole astronomiques, les salaires versés aux Mexicains n'ont pas à être aussi bas que ceux des Chinois pour être concurrentiels sur le marché nord-américain. (Et étant donné la perte éventuelle de ses exportations de pétrole, l'économie mexicaine aura certainement besoin de ce répit.)

Comparons, par exemple, comment le prix du pétrole peut modifier les coûts de transport entre la Chine et le Mexique. À 30 $ le baril, les importateurs américains paient 90 % de plus pour faire livrer des biens de Chine plutôt que du Mexique. Lorsque le prix du baril atteint 100 $, cet écart atteint 150 %, et plus le prix du pétrole augmente, plus la fabrication de produits en Chine devient coûteuse. À 200 $ le baril, le transport d'un conteneur de Chine coûtera trois fois plus cher que le transport d'un conteneur du Mexique.

Ces frais d'expédition ne sont pas à négliger, aussi bon marché la main-d'œuvre chinoise soit-elle. Si vous possédez une usine à Chengdu, la hausse du prix du pétrole et celle des frais d'expédition qui s'ensuit commencent probablement à vous préoccuper. En tenant compte des coûts de transport occasionnés par le baril à plus de 100 $, votre avantage concurrentiel représenterait l'équivalent d'un tarif douanier de 20 % sur vos exportations vers les États-Unis, alors que votre concurrent mexicain pourrait y exporter ses produits en franchise. C'est ce type d'avantage de coûts qui vous incitera à vous empresser de délocaliser votre usine chinoise au Mexique.

La même logique qui pousse certaines entreprises à quitter la Chine pour le Mexique en incitera d'autres à abandonner le Mexique pour regagner le Nord. C'est ce qu'a fait récemment l'entreprise Crown Battery Manufacturing lorsqu'elle a déplacé des emplois de son usine de Reynosa au nord du Mexique pour les rapatrier vers son port d'attache en Ohio, et c'est ce que ferait tout fabricant de piles de 13 000 kilos destinées à des équipements pour l'exploitation de mines souterraines du sud de l'Illinois. Même une distance de 3 200 kilomètres devient trop onéreuse quand le baril de pétrole coûte plus de 100 $[2].

Bien entendu, les mêmes coûts de transport exercent une influence dans les deux sens et l'Amérique devient à son tour trop éloignée pour approvisionner le marché chinois. Toutefois, étant donné la direction dans laquelle la plupart des biens traversent le Pacifique, il incombera davantage à la Chine qu'à l'Amérique du Nord de s'adapter.

Ce qui s'est déjà produit avec l'acier chinois importé aux États-Unis avant la récession devrait se répéter dans une variété de secteurs vulnérables aux coûts de transport lorsque la récession sera chose du passé et que le prix du pétrole augmentera de nouveau. Au cours de ce processus, nos énormes déficits commerciaux avec la Chine disparaîtront rapidement et notre paysage industriel ravagé se ressaisira au même rythme.

CHAPITRE 6

L'AUTRE PROBLÈME
DES COMBUSTIBLES FOSSILES

Le XIXe siècle ne fut pas exactement ce qu'on pourrait appeler un âge d'or sur le plan des changements climatiques. Depuis des millénaires, la technologie n'avait pratiquement pas évolué. La roue, la métallurgie, les principes de la navigation, la médecine rudimentaire et quelques autres activités qui définissent la civilisation (à l'exception notable de la poudre à canon) figuraient dans le répertoire humain avant l'histoire écrite. Et bien que plusieurs transformations aient eu lieu entre l'époque où nos ancêtres ont commencé à prendre des notes et celle des perruques poudrées d'Europe, les techniques fondamentales n'avaient pas beaucoup changé.

Puis, nous avons découvert comment utiliser l'énergie fossile et pratiquement du jour au lendemain, tout s'est transformé : les villes, la campagne, le travail, la main-d'œuvre et le capital. Et le climat, quoique beaucoup plus lentement, s'est également mis à changer lui aussi.

Les usines qui ont poussé comme des champignons en Grande-Bretagne pour se multiplier ensuite en Europe et en Amérique du Nord ont été les premières à relâcher dans l'atmosphère le carbone emprisonné dans le charbon. Même si les émissions mondiales n'étaient à l'époque qu'une fraction de ce qu'elles sont aujourd'hui, environ la moitié du gaz carbonique émis à la fin du XIXᵉ siècle par les manufactures insalubres immortalisées dans les œuvres de Charles Dickens et William Blake retient toujours la chaleur de la Terre au-dessus de nos têtes.

Mais par une ironie dans laquelle l'Histoire semble se complaire, le XIXᵉ siècle nous fournit une partie de la solution aux problèmes qu'il a légués aux générations futures : la théorie économique.

On ne s'étonnera pas que la période de l'histoire où le commerce mondial a vraiment pris son essor corresponde au développement des études scientifiques sur ce qui fait fonctionner les économies. C'était l'époque de l'érudit amateur. Puisque les gens commençaient à peine à comprendre la biologie, par exemple, ils n'avaient pas à fréquenter l'université pour en faire leur profession. S'ils étaient riches, ils aménageaient un laboratoire là où ils trouvaient de l'espace (peut-être dans leur résidence secondaire à la campagne) et se consacraient à l'étude des différentes espèces de grenouilles.

Il est généralement plus difficile de trouver de l'argent que des batraciens, alors ce n'est probablement pas le fruit du hasard que le théoricien de l'économie le plus reconnu du XIXᵉ siècle ait été millionnaire (en dollars courants). David Ricardo avait déjà fait fortune à la bourse de Londres lorsqu'il a lu *The Wealth of Nations* d'Adam Smith (paru en français dès 1792 sous le titre *Recherches sur la nature et les causes de la richesse des nations*) et s'est intéressé à la provenance de la richesse.

La théorie de l'avantage comparatif de Ricardo est à la fois très convaincante et d'une grande simplicité : si chacun ne fait que ce en quoi il excelle, plutôt que ce qu'il fait seulement correctement, tout le monde s'en portera mieux. Il ne s'agit pas d'être le meilleur en quoi que ce soit. En fait, vous n'avez même pas à être meilleur que votre partenaire commercial. Tout ce qui compte, c'est que vous fabriquiez ce que vous faites le mieux.

Lorsque Ricardo a publié *On the Principles of Political Economy and Taxation* (*Des principes de l'économie politique et de l'impôt*) en 1817, le vin et les étoffes coûtaient moins cher à fabriquer au Portugal qu'en Angleterre. On aurait pu croire que l'Angleterre aurait dû abandonner ces deux industries, mais Ricardo voyait les choses d'un autre œil. Le Portugal présentait (et présente toujours) d'énormes avantages en matière de viniculture, mais non dans le textile. Si les Portugais avaient insisté pour fabriquer et exporter ces deux produits, ils auraient abandonné l'occasion de tirer pleinement avantage de leur supériorité en œnologie et d'exporter leur production vinicole excédentaire à l'Angleterre en échange de tissus. Puisqu'ils étaient meilleurs pour fabriquer du vin que des étoffes, les Portugais pouvaient obtenir plus de textile en échange de leur vin qu'en échange de leur travail, ce qui améliorait leur situation. Les Anglais aussi s'en tiraient mieux puisqu'ils obtenaient des débouchés pour leur production textile, sans oublier l'immense plaisir de boire le vin portugais plutôt que le leur.

Et c'était exactement de cette façon que les choses se passaient. L'industrie textile britannique a dominé le monde durant le règne de la reine Victoria et les hommes d'affaires trinquaient à leur réussite avec un verre de porto exporté en Grande-Bretagne depuis la ville du même nom, où d'anciens entrepôts affichent encore les noms de plusieurs exportateurs britanniques. Les économistes aiment avoir raison, comme tout le monde, et Ricardo a vraiment réussi sur ce point.

Toutefois, la Grande-Bretagne n'a pas bâti un empire sur lequel le soleil ne se couche jamais en vendant du textile au Portugal. Ce que les Britanniques ont réussi de mieux que quiconque à l'époque a été de tirer parti de l'énergie qui était autrefois emprisonnée dans les veines de charbon. On compare souvent l'énergie fossile à une armée d'esclaves parce qu'elle accomplit un travail considérable en échange de l'énergie nécessaire à son exploitation. Grâce à l'industrialisation, les Britanniques ont mobilisé ces esclaves mieux que quiconque pendant longtemps. Associée à un régime économique de libéralisation commerciale, l'utilisation du combustible fossile a permis à l'industrie britannique de faire valoir son avantage comparatif et de dominer le monde.

Bien entendu, d'autres pays ont emboîté le pas. La France, la Russie, le Japon, les États-Unis et, surtout, l'Allemagne se sont lancés dans l'industrialisation – et la consommation de charbon – massive. Lorsque la Première Guerre mondiale a éclaté au début du XXe siècle, les autres pays avaient largement rattrapé la Grande-Bretagne en émettant autant de carbone qu'elle.

Cette situation a permis aux économies occidentales (et japonaise) de connaître une croissance technologique et économique sans précédent qui n'a jamais cessé depuis, en dépit de deux guerres mondiales, d'une dépression et de 50 années d'opposition militaire avec l'Union soviétique. Par contre, la plupart ignoraient que la consommation de tout ce charbon (et, plus tard, de ce pétrole) réchauffait lentement la planète. Pourtant, il était difficile de l'ignorer puisque les villes occidentales étaient souillées par la suie et étouffaient dans la fumée. Les émissions de particules provenant des usines alimentées au charbon dégageaient un brouillard si épais sur Londres qu'il était souvent impossible de voir l'autre côté de la rue. Mais les niveaux de gaz carbonique qui augmentaient graduellement dans l'atmosphère semblaient bénins en regard des avantages économiques que procurait cette source d'énergie.

Ainsi, la concentration de gaz carbonique dans l'atmosphère augmentait au rythme de la croissance à pas de géant de l'économie mondiale. Tandis que nous nous enrichissions lentement mais sûrement, la planète devenait de moins en moins habitable à cause de nous. La concentration de gaz carbonique dans l'atmosphère est passée de 280 à 390 parties par million depuis l'ère préindustrielle jusqu'à aujourd'hui. Certains scientifiques croient que 450 ppm constitue le seuil fatidique au-delà duquel nous sommes voués à la catastrophe, mais James Hanson de la NASA, un des experts en climatologie les plus réputés au monde, fixe ce niveau à 350 ppm, niveau que nous avons franchi dans les années 1980[1].

Nous semblons avoir compris la portée des dangers qui nous guettent au tout dernier moment. L'Amérique du Nord et l'Europe s'inquiètent de plus en plus du changement climatique et du rôle des gaz à effet de serre émis par l'activité humaine dans le processus de «cuisson» de la planète. Cette inquiétude a graduellement transcendé les lignes de parti dans les pays de l'OCDE et est même devenue une préoccupation commune des deux grands partis des États-Unis. En Australie, les inquiétudes de nature environnementale ont balayé la sagesse politique traditionnelle et le premier ministre John Howard n'a pas été réélu même si son gouvernement a dirigé le pays durant une période de croissance économique spectaculaire. Quelle a été son erreur? Il a fait fi de la menace des changements climatiques dans un des premiers pays à en subir les effets. Kevin Rudd l'a remplacé en 2007 et a rapidement signé le protocole de Kyoto. Dans tous les pays développés, la lutte contre les changements climatiques est passée d'une politique marginale à une préoccupation de tous, bien ancrée dans notre quotidien.

Tandis que la lutte contre la récession mondiale a temporairement relégué les problèmes des émissions de carbone à l'arrière-plan, ces inquiétudes augmenteront, et non le contraire, dans les années à venir. Nous constaterons de plus en plus la fonte des calottes glaciaires, la recrudescence des canicules estivales en Europe et l'augmentation des sécheresses partout dans le monde. Il y a beaucoup de raisons pour nous inciter à bâtir un monde où les émissions de carbone seront limitées. La plus importante pourrait bien être l'état dans lequel nous laisserons la planète à nos enfants et petits-enfants. Personne ne souhaite léguer aux générations futures un monde à la merci des extinctions massives, de la famine et des guerres motivées par la faim.

Malheureusement, un tel monde semble de plus en plus possible de jour en jour. Les émissions totales ont augmenté de 25 % dans le monde depuis 10 ans. Malgré toutes les diminutions des émissions de carbone dans les pays développés, on n'observe aucun ralentissement des émissions à l'échelle mondiale. En fait, les rejets toxiques augmentent plus rapidement que ne l'entrevoyaient les prévisions les plus pessimistes du Groupe d'experts intergouvernemental sur l'évolution du climat (GIEC). Même si le monde se rend rapidement compte du problème, les émissions au cours de la première décennie du nouveau millénaire ont crû quatre fois plus vite que durant les années 1990.

S'il y a matière à réjouissance, c'est que seule une petite fraction de cette augmentation provient des pays riches de l'OCDE, ceux-là mêmes qui ont semé les graines de ce problème, il y a plus de deux siècles. En fait, les émissions provenant des pays les plus développés du monde ont augmenté de 5 % seulement entre 2000 et 2007, soit le dixième de la croissance de 50 % observée dans les pays en voie de développement, et ce, au cours d'une période où le prix du baril de pétrole atteignait 50 $ à peine en moyenne. Lorsque le prix du brut dépasse 100 $, les émissions, tout comme la consommation de pétrole, chutent davantage dans ces économies.

Dans les pays membres de l'OCDE où les consommateurs paient le plein prix pour un baril de pétrole, l'augmentation du coût fera plus pour réduire les émissions de gaz à effet de serre qu'une centaine de protocoles de Kyoto. La diminution du nombre d'automobilistes sur la route et le fait qu'ils conduiront des véhicules plus petits, jumelés à des aéroports à moitié vides, opposeront un obstacle à la consommation de pétrole en Amérique du Nord et, ce faisant, diminueront tout autant les émissions de carbone sur le continent. La flambée du prix du baril de pétrole de 20 à 70 $ entre 2000 et 2007 a carrément stoppé la croissance des émissions de carbone aux États-Unis et dans la plupart des pays de l'OCDE. Imaginez ce qu'il adviendra de ces émissions lorsque ce prix doublera.

Même si l'on tient compte des émissions additionnelles causées par le retour de certaines industries lourdes comme l'acier, la baisse des émissions occasionnées par les secteurs du transport en Amérique du Nord dépassera toutes les attentes. La consommation de pétrole tout comme les émissions de gaz à effet de serre ont plafonné en Amérique du Nord[2]. Ainsi, l'empreinte de carbone de ce continent s'allégera tandis que celle de la Chine et des autres pays en voie de développement deviendra de plus en plus lourde.

Ironiquement, les États-Unis pourraient en fin de compte se conformer aux normes du protocole de Kyoto qu'ils ne se sont jamais engagés à signer. La diminution des émissions ne sera pas le résultat de la réglementation internationale ni des traités internationaux, mais de la flambée du prix du pétrole et de celle du kérosène. Un monde plus petit émet moins de carbone.

Toutefois, les pays développés n'ont pas commencé à « décarboniser » simplement en diminuant leurs déplacements. Ils y sont parvenus en délaissant le carburant qui en a fait des puissances industrielles : le charbon. La France, par exemple, obtient 75 % de son électricité des centrales nucléaires, alors que le Danemark et l'Allemagne sont les chefs de file des énergies renouvelables dans le monde[3]. Le recours mixte de l'Ontario et du Québec au nucléaire et à l'hydroélectricité est particulièrement favorable au climat. Le moyen le plus simple de maîtriser les émissions est toutefois beaucoup moins exotique : convertir au gaz naturel les centrales au charbon coupe les émissions de carbone de moitié environ. C'est ce qu'ont fait les pays de l'OCDE.

Bien que les États-Unis trônent sur de riches gisements de charbon, les organismes de réglementation des États refusent de plus en plus d'augmenter le nombre de centrales thermiques au charbon. Même au Texas, qui n'est pas particulièrement reconnu pour ses préoccupations d'ordre écologique, les pressions publiques ont entraîné, en 2007, le retrait de demandes de permis visant à construire jusqu'à huit nouvelles centrales thermiques au charbon qui auraient pu produire 6 000 mégawatts d'énergie nouvelle. Et le Texas n'est pas seul. Aux États-Unis, de 2006 à 2009, on a refusé ou retiré 83 permis pour de nouvelles centrales au charbon.

Dans l'Amérique du Nord d'aujourd'hui, où l'on s'inquiète des émissions de gaz à effet de serre, les tractations politiques entourant la construction d'une nouvelle centrale au charbon rappellent beaucoup les négociations nécessaires pour faire approuver la construction d'une centrale nucléaire immédiatement après l'accident à Three Mile Island, à la fin des années 1970. Au Royaume-Uni, on n'a construit aucune centrale thermique au charbon depuis 1986 et en Ontario, on s'apprête à convertir trois centrales au charbon à la biomasse.

C'est une bonne nouvelle pour la planète que les anciens dépravés du charbon de l'OCDE soient en train de s'amender. Par contre, les environnementalistes n'approuvent probablement pas ce qui se passe à l'extérieur de l'Amérique du Nord et des autres pays de l'OCDE. Le protocole de Kyoto a confié la gestion des émissions de carbone à ceux qui avaient été les plus grands émetteurs, mais ce ne sont plus eux qui sont responsables des émissions d'aujourd'hui, ni de celles de demain.

RÉVOLUTION INDUSTRIELLE 2.0

Même si notre révolution industrielle est chose du passé depuis longtemps, une autre est en marche à l'opposé du globe. En outre, le fait que les émissions de gaz à effet de serre des pays en voie de développement aient explosé de 50 % depuis 2000 démontre que cette fois, les industriels chinois vont de l'avant avec un enthousiasme qu'envieraient les industriels britanniques et américains du XIXe siècle, chapeau haut de forme et gros cigare.

L'augmentation des émissions dans les économies en émergence éclipse leur déclin dans les pays développés, tout comme l'augmentation de la consommation de pétrole diminue l'importance de la baisse de la consommation de carburant en Amérique du Nord et en Europe. Depuis l'an 2000, les pays en voie de développement comptent pour 90 % de l'augmentation totale des émissions dans le monde. Et pourtant, ces mêmes pays ont été exemptés des contraintes d'émissions prévues par le protocole de Kyoto.

La récente augmentation des émissions a été si importante dans les pays en développement que dès 2005, elles surpassaient celles des pays de l'OCDE. En outre, depuis, le fossé s'est creusé davantage. Les pays qui ne font pas partie de l'OCDE émettent déjà 2,5 milliards de tonnes métriques de plus par année que l'OCDE, ce qui équivaut à 20 % des émissions totales de l'OCDE, et cet écart se creusera davantage année après année.

Il faut brûler du carbone avant d'émettre des gaz à effet de serre. Comme nous l'avons souligné au chapitre 2, la consommation de pétrole dans les pays en voie de développement dépassera bientôt celle de l'OCDE et lorsque cela se produira, la croissance des émissions dans ces pays s'accélérera plus encore, surpassant les émissions des pays développés.

N'oublions pas qu'il s'agit ici de pétrole seulement. Les pays émergents ont depuis longtemps surpassé l'OCDE pour ce qui est de la consommation de charbon, la façon la plus salissante de générer de l'énergie à partie d'hydrocarbures. Le charbon est le carburant qui produit le plus de carbone, soit deux fois plus par unité d'énergie que le gaz naturel et environ 20 % de plus que le pétrole. Plus le prix du pétrole augmente, plus les pays en développement brûleront de charbon. Autrement dit, même si l'augmentation du prix du pétrole réduit la demande, elle incitera aussi à délaisser ce combustible au profit du charbon. Si nous n'assignons aucun prix aux émissions atmosphériques, l'énergie obtenue grâce au charbon coûtera de deux à trois fois moins cher que le gaz naturel ou l'énergie nucléaire. Il n'est pas difficile de comprendre pourquoi les pays en voie de développement qui cherchent désespérément de l'énergie succombent si facilement à la tentation de brûler de plus en plus de charbon.

Difficile pour un pays de résister, particulièrement s'il n'est pas riche. On prévoit que la consommation mondiale de charbon doublera de 2005 à 2030, et que la Chine et l'Inde seront responsables ensemble de près de 80 % de cette croissance.

Cette hausse s'ajoute à une énorme augmentation. Depuis l'an 2000, les émissions de gaz à effet de serre ont plus que doublé en Chine. En 2006, ce pays a dépassé la plus grande économie mondiale, les États-Unis, pour devenir le plus grand émetteur au monde et il continue sa course. En 2007, ses émissions dépassaient déjà de 10 % celles des États-Unis.

Une économie comporte deux caractéristiques fondamentales pour les émissions. La première, c'est la quantité d'énergie moyenne nécessaire pour produire une unité de PIB. Moins on utilise d'énergie, moins on doit brûler de carburant hydrocarbure et, ce faisant, moins on émet de carbone. Une économie efficace est une économie propre.

Le deuxième facteur est l'intensité de carbone de cette énergie qui mesure la trace des émissions de carbone par unité d'énergie consommée. Si vous utilisez l'hydroélectricité comme au Québec ou dans certaines régions de Nouvelle-Zélande, vous ne relâchez pas la moindre trace de carbone dans l'atmosphère. Il en va tout autrement de la consommation de charbon.

Notre objectif à tous consistera à utiliser une énergie plus propre en moins grande quantité. Sur ces deux points, l'économie chinoise et celle de la plupart des pays en développement, si ce n'est tous, sont gravement désavantagées.

En Chine, l'utilisation de l'énergie par unité du PIB est quatre fois celle de l'économie des États-Unis. Autrement dit, les Chinois dépensent quatre fois plus d'énergie que les Américains pour générer un dollar de PIB. En outre, la Chine émet un tiers de carbone de plus par unité d'énergie que les États-Unis et plus du double de l'Union européenne. Si nous combinons la consommation intensive d'énergie de la Chine, sa faible efficacité en matière d'émissions de carbone et des taux de croissance économique dans les deux chiffres, nous obtenons un puissant cocktail pour favoriser l'explosion de l'augmentation des émissions.

Aucun autre pays ne brûle autant de charbon que la Chine. Ce pays dépend de ce combustible qui lui fournit près des deux tiers de la totalité de ses besoins en énergie et environ 80 % de son énergie électrique. Par contre, le charbon fournit à peu près 50 % de l'électricité aux États-Unis et moins de 40 % au Royaume-Uni, pendant qu'au Canada, c'est environ 12 % seulement. L'Australie est le seul pays de l'OCDE qui a un portrait de consommation du charbon semblable à celui de la Chine : elle retire 75 % de son énergie du charbon. Toutefois, il faut souligner que l'Australie est le plus grand exportateur de charbon au monde et que c'est de bonne guerre si elle profite elle-même d'une partie de sa propre ressource[4].

Non seulement la Chine dépend-elle du charbon pour pratiquement la totalité de ses besoins en énergie, mais ceux-ci croissent de façon exponentielle. On trouve déjà plus de centrales au charbon en Chine qu'aux États-Unis, au Royaume-Uni et au Japon réunis. Alors que les enjeux environnementaux compliquent de plus en plus, et empêchent même totalement, l'obtention de permis pour acquérir de nouvelles capacités de production en Amérique du Nord et en Europe, la Chine inaugure des centrales au charbon à un rythme effréné afin de suivre l'explosion des besoins en énergie de son économie en pleine expansion.

Entre 2009 et 2012, la Chine prévoit inaugurer plus de 500 nouvelles centrales au charbon. Les émissions provenant de ces usines annuleront à elles seules toutes les baisses d'émissions exigées des pays de l'OCDE en vertu du protocole de Kyoto : telle est l'ampleur du nuage qui plane au-dessus de l'Empire du Milieu. Le gaz carbonique n'est qu'une des formes de pollution provenant du charbon qui menacent le pays :

le smog planant sur Pékin pendant les Jeux olympiques de 2008 a donné un petit avant-goût de la crise de santé publique qui sévit et sévira en Chine, ou au Japon, qui se trouve sous le vent des cheminées de son rival sur le continent.

Les nouvelles centrales au charbon devraient représenter environ 80 % de l'augmentation des émissions de gaz à effet serre de la Chine au cours des cinq prochaines années. Il y a d'autres pays, bien sûr, et l'on prévoit que Taiwan, le Vietnam, l'Indonésie et la Malaisie doubleront presque leur consommation de charbon entre 2005 et 2030[5]. Au cours de la même période, l'Inde augmentera également de plus du double sa capacité de produire de l'électricité à partir de charbon.

Là-haut dans l'atmosphère, il n'y a pas de frontières entre les pays. Alors que tous les États sont souverains sur Terre, aucun ne l'est dans la biosphère. Les émissions de la Chine sont donc celles du monde entier. Son gaz carbonique est partagé en parts égales avec tous les pays qui imposent des coûts importants sur leur propre économie afin de réduire les émissions atmosphériques.

La hausse vertigineuse des émissions provenant de Chine et des autres pays en développement pose des embûches redoutables à l'Amérique du Nord et aux autres pays de l'OCDE dans leurs efforts en vue de réduire les émissions de carbone. Tandis que l'OCDE s'emploiera à augmenter les pénalités imposées à ses pays membres, sa tolérance face au comportement débauché de ses partenaires commerciaux en matière d'émissions de carbone chutera radicalement.

Aucun État n'acceptera de sacrifier le bien-être de sa propre économie au profit d'un quelconque objectif environnemental, peu importe l'urgence de la situation, à moins que d'autres pays fassent le même sacrifice. Les États-Unis et la Grande-Bretagne promettent tous deux de réduire leurs émissions de 80 % d'ici 2050, mais cette décision pourrait entraîner la mort de leur économie si le reste du monde n'est pas prêt à suivre cette voie.

Le défi, de toute évidence, consiste à inciter les pays en développement à modifier leurs pratiques commerciales et industrielles qui génèrent des émissions de carbone. Le problème est que ces derniers ne sont pratiquement pas enclins à modifier leurs comportements dans un proche avenir. Dans les pays comme la Chine et l'Inde, on n'assiste pas aux déversements d'inquiétude propres aux Nord-Américains et aux Européens au sujet du réchauffement climatique. Pourtant, les Chinois et les Indiens ont toutes les raisons du monde de s'inquiéter, autant que les citoyens des pays de l'OCDE, des impacts des changements climatiques. En fait, ils devraient s'alarmer davantage puisque la plupart des modèles sur les changements climatiques prévoient des stress environnementaux beaucoup plus considérables, des sécheresses surtout, dans ces régions du monde, si l'on ne jugule pas ces émissions de carbone. La Chine et l'Inde subissent déjà des pénuries d'eau dévastatrices causées par les régimes climatiques en mutation. Selon les projections climatiques, les glaciers de l'Himalaya pourraient avoir fondu d'ici 2035, entraînant la disparition de l'eau de fonte qui alimente les rivières de l'Asie. Deux milliards d'humains dépendent du Gange, de l'Indus, du Brahmapoutre, du Salouen, du Mékong, du Yangtze et du fleuve Jaune pour leur approvisionnement annuel en eau. Le plus grand responsable des émissions de carbone au monde risque gros dans la lutte contre les changements climatiques[6].

Toutefois, malgré le fait que la demande d'énergie dans les pays en développement augmente à un rythme beaucoup plus rapide que dans les pays développés, le Chinois moyen consomme le dixième de l'énergie d'un Nord-Américain. On ne s'étonnerait donc pas que la Chine demande aux pays de l'OCDE de revenir lui parler de gestion de carbone dans 50 ou 100 ans lorsque ses citoyens auront un niveau de consommation d'énergie par habitant comparable au leur.

LE TARIF SUR LE CARBONE

Les efforts déployés par les pays développés pour restreindre et remplacer les centrales au charbon semblent une quête inspirée par Don Quichotte lors-qu'on les juxtapose aux projets d'expansion de l'énergie houillère de la Chine et d'autres pays en développement. Toute diminution des émissions de gaz à effet de serre obtenue dans les pays développés grâce à l'abandon du charbon sera tout simplement anéantie par l'augmentation des émissions des nouvelles centrales au charbon de Chine et des autres économies émergentes.

Sauver la Terre est un motif noble pour passer au vert, mais il existe une autre raison pour nous obliger à adopter le plus rapidement possible un régime de réduction du carbone : il s'agit du bon vieil intérêt économique. Si nous ne parvenons pas à nous entendre pour sauver le monde au bénéfice de quelqu'un d'autre, aussi bien le faire pour le nôtre.

De toute évidence, Washington n'avait pas jusqu'ici considéré la politique du carbone sous cet angle, loin de là. La récente administration Bush a toujours traîné les pieds lorsqu'il était question de mettre un prix sur les émissions de carbone, de crainte que l'économie américaine souffre trop de l'augmentation subséquente du prix de l'énergie. Le fait est que l'économie souffre déjà du coût élevé de l'énergie. On n'a qu'à jeter un coup d'œil vers Detroit pour s'en convaincre.

Comme nous avons déjà payé les coûts économiques du baril de pétrole à plus de 100 $, pourquoi ne pas tirer quelques avantages de notre diminution de consommation de pétrole et, donc, d'émissions de carbone ?

Fixer un prix aux émissions de carbone lorsque les nôtres diminuent et que celles de nos concurrents explosent est une stratégie économique évidente. Mieux encore : c'est une stratégie économique à laquelle on peut apposer une étiquette toute verte.

À quoi bon fermer une centrale au charbon chez nous si une autre du même type est inaugurée quelque part sur la planète ? La réponse à cette question nous ramène à la théorie de l'avantage comparatif de David Ricardo : les pays devraient se consacrer à ce qu'ils font de mieux. Tout comme tout le monde se portait mieux lorsque le Portugal, plutôt que l'Angleterre, se consacrait à transformer le raisin et les rayons du soleil en vin, la planète dans son ensemble se portera mieux lorsque les pays les plus efficaces pour brûler le carbone en consommeront le plus. Là réside leur avantage comparatif dans ce monde où les émissions de carbone ont une incidence économique.

Le protocole de Kyoto n'est pas parvenu à reconnaître que dans un monde où les émissions de gaz à effet de serre sont limitées inégalement, le droit d'émission procure soudainement un avantage économique considérable. La fabrication migrera rapidement de cette partie du monde où les émissions sont surveillées (et donc où elles coûtent de l'argent) vers les régions du monde qui ne les réglementent pas (et où elles ne coûtent rien). De même que les emplois manufacturiers fuient les taxes et les salaires élevés, ils s'échappent des zones où le carbone coûte cher.

Autrement dit, le protocole de Kyoto renverse la théorie de l'avantage comparatif de Ricardo: les émissions de carbone ne migreront pas vers les pays qui peuvent les gérer le plus efficacement, mais vers ceux qui ont tout simplement la permission d'émettre, et il s'avère que ce sont les émetteurs les moins efficaces. C'est un avantage comparatif par décret qui défie les endroits où se situe le véritable avantage comparatif économique. C'est pourquoi l'opposition des États-Unis au protocole de Kyoto n'était pas vraiment une question de conséquences environnementales, mais bien économiques. La plupart des Américains croyaient que le traité ne leur offrait pas une situation équitable, et ils avaient raison. Les entreprises d'outre-mer n'auraient pas été tenues d'obéir aux mêmes règles que leurs concurrents américains en matière de carbone.

En 1990, année de référence du protocole, 70 % des gaz à effet de serre rejetés dans le monde provenaient de l'OCDE. En 2007, les mêmes pays en émettaient 50 %.

Des données comme celles-ci devraient nous rappeler que le monde a changé et que les traités comme le protocole de Kyoto devraient s'adapter s'ils veulent réussir à accomplir davantage que seulement déplacer des emplois des États industrialisés vers les pays en développement. Il ne s'agit pas de dicter une moralité ou de jeter le blâme sur qui que ce soit. Les Nord-Américains et les Australiens émettent environ 20 tonnes métriques de carbone par habitant, alors que les Britanniques en produisent environ la moitié (même si leurs déplacements en avion en génèrent plus que tout). Cette prétention d'une morale plus élevée n'est pas à la portée des pays les plus riches.

Toutefois, comme l'a démontré David Ricardo il y a près de deux siècles, les pays développés ne doivent pas à tout prix être plus propres que leurs concurrents pour se prévaloir d'un avantage comparatif. Ils n'ont qu'à exploiter leur avance en matière de gestion du carbone, comme les Britanniques ont tiré parti de leur avance dans leur usage du charbon. Pour ce faire, il faut instaurer un tarif sur le carbone.

C'est certainement l'une des grandes ironies du monde plus petit en construction que ce soit Ricardo, souvent invoqué pour défendre la thèse du libre-échange, qui nous fournisse l'idée d'imposer un tarif sur les importations. Toutefois, le monde a changé depuis que le textile et le vin dominaient les échanges commerciaux. Les tarifs dénaturent l'avantage comparatif en protégeant les industries nationales. Par contre, le cocktail énergétique d'un pays altère l'avantage comparatif de manière similaire : comme l'énergie sale est peu coûteuse, elle équivaut à une subvention aux industries qui s'en servent. Ainsi, les tarifs sur le carbone n'ont rien de tarifs. Il s'agit de tarifs compensatoires parce qu'ils créent une situation équitable plutôt que d'avantager un pays au détriment de l'autre.

La stratégie la plus directe pour stopper la croissance incessante, semble-t-il, des émissions de carbone dans le monde ne consiste pas à reprendre les négociations sur le protocole de Kyoto en vue de stimuler les réductions volontaires d'émissions. Ce que nous devons faire, c'est obliger les émetteurs établis sur notre territoire à payer une redevance sur le carbone, puis faire de même pour les importateurs.

Rien de plus simple. Cela coûte plus cher d'être plus propre, mais ce le sera davantage pour nos concurrents. Sauver la planète tout en coiffant nos concurrents commerciaux, existe-t-il une situation gagnante plus satisfaisante pour tous ?

Les Européens évoquent de plus en plus cette avenue. Depuis 2004, l'Europe de l'Ouest impose des coûts économiques aux émetteurs sur son propre territoire. À ce jour, il en coûte environ 13 €, soit un peu plus de 20 $, pour émettre une tonne métrique de gaz à effet de serre sur la Bourse européenne du carbone. Ces prix augmenteront probablement en même temps que les diminutions d'émissions prescrites pour l'Europe deviendront de plus en plus importantes. (Tout récemment, soit avant la récession de 2008, les crédits d'émissions ont atteint jusqu'à 24 €, soit 40 $ la tonne.) Lorsqu'un État comme la France obtient 90 % de son électricité de centrales hydroélectriques ou nucléaires qui émettent peu de carbone, il est logique qu'il œuvre en faveur d'une économie mondiale privilégiant les pays dotés d'avantage comparatif en gestion du carbone.

Tandis que l'Europe élève ses propres normes en matière d'émissions, on réclame des tarifs sur l'importation de carbone en provenance de pays qui ne suivent pas les mêmes règles, comme la Chine.

Si les fabricants européens doivent payer pour être conformes, ils ne devraient pas avoir à débourser une seconde fois en abandonnant leur compétitivité à la faveur de rivaux commerciaux qui les sous-estiment en agissant mal. Et ce qui s'avère vrai en Europe l'est aussi pour tous les pays développés, Amérique du Nord comprise.

En effet, un tarif sur le carbone pourrait perturber tous les secteurs de fabrication, de l'acier aux produits de luxe. Plus les émissions produites par la fabrication d'un produit exporté sont importantes, plus le tarif sera élevé lorsque ce bien pénétrera les marchés nord-américain ou européen.

Un tarif sur le carbone, et les restrictions qu'il entraînera sur l'accès aux marchés, pourrait être le seul moyen qui parviendra à convaincre le reste du monde de gérer ses émissions. Si la Chine produit des gaz à effet de serre pour sa propre consommation, nous n'y pouvons pas grand-chose. Mais si ce pays fait fonctionner ses industries d'exportation avec des centrales au charbon qui rejettent du carbone, nous pouvons insister auprès de ses exportateurs pour qu'ils paient un tarif pour ces raisons.

En fin de compte, les industries d'exportation chinoises représentent une part des plus importantes des sources d'émissions du pays, qui sont elles-mêmes parmi les plus importantes au monde. De récentes estimations semblent indiquer que le tiers des émissions totales de gaz à effet de serre de Chine provient du secteur de l'exportation. Ainsi, les exportations chinoises représentent à elles seules le deuxième émetteur en importance au monde, devancé uniquement par les émissions totales de l'économie des États-Unis.

Ce faisant, si vous vivez aux États-Unis, vous paierez bientôt votre électricité deux ou trois fois plus cher parce que les organismes de réglementation des États ont forcé les services publics à brûler du gaz naturel plutôt que du charbon en vue d'épargner l'environnement. Ainsi, à l'échelle internationale, en devenant plus propres, nous subventionnerons l'avantage commercial d'un autre pays. C'est une mauvaise idée pour notre propre économie, et c'est une mauvaise idée pour l'environnement sur toute la planète.

Cela explique pourquoi les analystes en matière de politiques commerciales s'intéresseront de plus en plus à l'éventualité d'un tarif sur le carbone. Toutefois, d'autres citoyens, comme les Chinois, se demanderont si cette formule est bien juste. N'avons-nous pas exporté nos propres émissions en Chine lorsque nous y avons implanté des usines et que nous avons ensuite importé des biens fabriqués autrefois chez nous ? Pouvons-nous maintenant pénaliser la Chine pour les émissions que nous avons exportées là-bas pour profiter de sa main-d'œuvre bon marché et diminuer le prix des biens que nous consommons?

Ces questions méritent d'être posées. Toutefois, l'emplacement des usines est important parce qu'elles ne sont pas toutes égales en matière d'émissions de carbone. Les usines chinoises et américaines rejettent leurs émissions dans la même biosphère, mais l'intensité de leur énergie et l'intensité des rejets de carbone de l'énergie qu'elles utilisent génèrent des panaches d'émissions fort différents. C'est ici que l'économie peut devenir très verte.

Puisque l'économie chinoise rejette autant de carbone, la Chine est le lieu le moins propice pour les industries qui produisent le plus de carbone si ces émissions engendrent des coûts économiques. Par exemple, si l'intensité énergétique et les rejets de carbone de l'énergie de la Chine et des États-Unis étaient du même ordre, la croissance des émissions de la Chine depuis le début de la décennie aurait représenté le cinquième de l'augmentation de 120 % observée à ce jour, et cette situation aurait à son tour épargné 2,7 milliards de tonnes métriques d'émissions de gaz à effet de serre.

Nous aimerions bien récupérer ces milliards de tonnes maintenant que les concentrations de gaz carbonique dans l'atmosphère frôlent les niveaux critiques. Au fil du temps, nous paierons de plus en plus cher pour les récupérer.

Même s'il est vrai que les États-Unis ont exporté leurs émissions vers la Chine lorsqu'ils y ont déménagé une grande partie de leur industrie lourde pour profiter des coûts bas de la main-d'œuvre, ce déplacement s'est produit lorsque les émissions de gaz à effet de serre ne coûtaient rien. Dès que le marché aura obtenu l'autorisation de tarifer ces émissions, ce déplacement ne sera peut-être plus justifiable économiquement.

On diminuerait considérablement les émissions à l'échelle mondiale simplement en remplaçant ces exportations chinoises destinées à l'Amérique du Nord par de la production en sol américain, puisque l'industrie américaine peut fabriquer les mêmes biens en rejetant environ la moitié des émissions de carbone. Et ce serait encore plus propre de transférer la fabrication en Europe.

Les environnementalistes n'ont pas souvent l'occasion de couper les émissions en deux d'un coup de stylo. Mais c'est tout de même ce qui se produirait éventuellement s'il y avait un régime imposant des tarifs sur le carbone, sans compter que l'on rapatrierait sur le continent de nombreux emplois sacrifiés.

Une fois de plus, nous pouvons observer le déplacement des courbes de coût à l'échelle mondiale, tout comme elles ont bougé à la suite de l'explosion des frais de transport provoquée par la flambée du prix du pétrole. Dans une économie mondiale confrontée à des contraintes en matière d'émissions, on cherchera à installer les industries qui génèrent beaucoup d'émissions non pas dans les pays où la main-d'œuvre est la moins chère, mais là où se trouve la technologie la plus efficace en matière de gestion du carbone. Ainsi, le monde émettra le moins possible de gaz à effet de serre pour un niveau donné d'activité économique. C'est ce à quoi se résume en fin de compte la gestion des émissions de carbone à l'échelle mondiale : la théorie d'avantage comparatif de Ricardo.

La seule raison pour laquelle des pays comme la Chine réussissent à attirer sur leur territoire des industries qui émettent beaucoup de carbone, c'est que personne ne force ces États à payer pour les émissions de carbone qu'ils rejettent chaque jour dans l'atmosphère. En langage économique, c'est ce qu'on appelle une situation d'«échec de marché» causée par le fait que le marché ne reconnaît pas les émissions de carbone comme un coût économique. La solution est simple : il s'agit de fixer un prix à ces émissions et le marché en déterminera la provenance.

Lorsque les émissions auront un prix, elles produiront le même effet que les coûts de transport : plus les frais d'expédition de la Chine à l'Amérique du Nord sont élevés, moins l'avantage des salaires a d'importance, quel que soit le produit fabriqué. Dans le même ordre d'idées, plus le prix attribué aux émissions de carbone est élevé, moins l'écart des salaires a d'importance lorsque vient le moment de déterminer de quel côté du Pacifique s'établiront les industries qui émettent le plus de carbone[7].

Étant donné l'ampleur de leur déficit commercial avec la Chine, le Canada et les États-Unis ne devraient pas manquer de motivation pour fixer des normes plus strictes en matière de carbone. S'y ajoutent les éventuels avantages fiscaux : à 45 $ américains par tonne impériale d'émissions, le Trésor américain recueillerait la rondelette somme de 55 milliards de dollars, une somme largement suffisante pour soutenir des mesures environnementales de toutes sortes. Pour ce faire, il suffirait que les États-Unis imposent les mêmes normes de compensation des émissions de carbone aux industries sur son territoire. Après tout, on ne pourrait qualifier les émissions de carbone de subvention commerciale injuste en percevant une redevance sur les émissions des fabricants de son propre pays.

Il existe fondamentalement deux façons de fixer un prix pour le carbone dans une économie. La première consiste à imposer une taxe, semblable à une taxe de vente, sur les émissions de carbone. On peut la prélever sur tout bien dont la production nécessite le brûlage de combustible fossile et entraîne donc la libération de gaz à effet de serre dans l'atmosphère. On peut réclamer cette taxe sur l'essence, l'énergie électrique produite par une centrale au charbon ou même sur les plastiques et les fertilisants puisque, comme tant de produits courants, on les fabrique en brûlant du pétrole ou du gaz naturel.

La deuxième façon figurait parmi les promesses faites par Barack Obama lors de la campagne présidentielle sous le nom de «système de plafonnement et échange». L'Europe a recours à cette méthode, mais ce sont les États-Unis qui l'ont lancée il y a plusieurs décennies pour réglementer les émissions provenant des services publics.

Dans le cadre du système de plafonnement et échange, le gouvernement fixe un objectif environnemental global en limitant la quantité totale d'émissions que l'industrie énergétique peut relâcher dans l'atmosphère. On ne peut pas se limiter à fixer les règles et les mesures incitatives en espérant qu'elles feront effet. Il faut d'abord déterminer quelle quantité peut être émise, puis laisser aux émetteurs le soin de trouver la méthode la plus rentable pour atteindre cet objectif. Ceux qui n'y parviennent pas devront acheter des crédits de pollution auprès de ceux qui ont trouvé une solution. Ensuite, le marché fixe le prix de ces émissions en permettant aux sociétés de services publics de faire une offre pour se procurer un « permis de polluer » et en récompensant les entreprises qui réussissent à réduire leurs émissions le plus rapidement et le plus profondément possible.

Le système de plafonnement et échange a été lancé aux États-Unis pour tenter de régler le problème des pluies acides qui menaçaient les Grands Lacs ainsi que de nombreux plans d'eau et voies navigables d'Amérique du Nord dans les années 1970. Ce système a particulièrement bien réussi à provoquer des réductions absolues importantes des niveaux d'oxyde d'azote (NO_x) et de dioxyde de soufre (SO_2) rejetés par les services publics. En outre, l'augmentation du prix des émissions a encouragé les innovations technologiques en vue de réduire les rejets et baisser le prix des épurateurs-laveurs que les services publics pouvaient installer sur leurs cheminées. Toutefois, peu importe qu'une industrie achète des crédits de pollution ou installe des dispositifs qui réduisent les émissions, attribuer un prix aux émissions de carbone aura un effet immédiat sur le comportement économique. Chaque gramme de carbone qui s'élèvera d'une cheminée d'usine diminuera le bénéfice net, un processus qui transformera les actionnaires en écolos convaincus.

Quelles que soient les mesures adoptées par les États-Unis en matière de tarification du carbone, les législateurs se rendront compte un jour que l'économie américaine détient un avantage comparatif au chapitre des émissions de carbone et qu'ils devraient lui donner un coup de main en leur attribuant une valeur économique. Plus les émissions de carbone coûteront cher, plus les biens fabriqués aux États-Unis remplaceront les produits fabriqués dans des pays d'outre-mer où la main-d'œuvre est peu coûteuse et les pratiques en matière de carbone, douteuses. C'est aussi vrai pour l'Europe de l'Ouest, le Japon, le Canada et tous les pays développés qui ont adopté des pratiques énergétiques plus propres.

Les droits à l'importation sur le carbone n'empêcheront pas les Chinois de brûler des quantités phénoménales de charbon puisque les deux tiers de la consommation de charbon servent à produire de l'énergie. Toutefois, un droit à l'importation sur le carbone fera en sorte que les exportations chinoises ne tireront aucun avantage commercial de leurs émissions de gaz à effet de serre sur les marchés d'exportation internationaux. Cette situation jumelée à l'impact de la flambée du prix du pétrole sur les coûts de transport transocéanique pourrait bientôt changer le visage de l'économie mondiale.

L'administration Obama à Washington adhérera-t-elle au principe d'un tarif sur le carbone? Il faut convenir que la plupart des initiatives politiques les plus ambitieuses ne se sont pas négociées au niveau fédéral. Washington et son Environmental Protection Agency (EPA) ont toujours été à la remorque, plutôt qu'à l'origine, des politiques environnementales américaines.

Qu'il s'agisse d'interdire l'essence au plomb ou de se débarrasser des BPC, ce sont toujours les États qui ont adopté les mesures voulues pour mettre en place de nouvelles normes et réglementations environnementales plus sévères. Il en va de même en matière de carbone. Dans le sillage de la Californie, un des plus grands marchés énergétiques au monde, la plupart des États américains ont déjà voté des lois pour réglementer leurs propres émissions de carbone. La plupart, si ce ne sont tous, ont en effet interdit la construction de nouvelles centrales au charbon.

C'est la même situation au Canada où la Colombie-Britannique a défié toute sagesse politique en imposant une taxe sur le carbone pendant que le gouvernement fédéral observait. D'autres provinces, dont le Québec et l'Ontario, progressent aussi tandis que le gouvernement fédéral attend de voir vers quelle avenue s'orientera la nouvelle administration à Washington.

Historiquement, lorsque les États américains sont en tête, le gouvernement fédéral finit par suivre quand il s'agit d'édicter de nouvelles normes environnementales. On peut donc prédire sans trop de risques d'erreur que les États-Unis rejoindront l'Europe de l'Ouest en fixant un prix sur leurs propres émissions de carbone. Et le moment venu, ils auront élevé les normes à tous leurs partenaires commerciaux, qu'ils le veuillent ou non.

Les paris sont ouverts sur l'ampleur du prix des émissions. Au bout du compte, ils dépendront de la difficulté à atteindre la cible environnementale des États-Unis. Plus la réduction des émissions sera nécessaire, plus le marché sera prêt à payer les émissions de carbone. Et plus l'économie américaine attribuera un prix élevé à ses propres émissions, plus les États-Unis peuvent imposer un tarif compensatoire élevé sur les émissions nocives provenant de la fabrication de la plupart des biens importés de Chine.

Nous avons tout à coup une situation équitable : les aciéries chinoises peuvent rejeter toutes les émissions nocives qu'elles souhaitent, mais dès qu'elles expédieront leur acier vers les marchés américains ou européens, elles devront payer, par l'entremise d'un droit à l'importation sur le carbone, les mêmes coûts de carbone que les aciéries des États-Unis et d'Europe. Commerce équitable signifie commerce écologique.

À hauteur de 45 $ la tonne métrique, par exemple, le tarif sur le carbone se situerait à environ 17 %. Ajoutons-y le pétrole à 100 $ le baril qui entraîne une augmentation des frais d'expédition équivalant à un tarif de 15 %. Si le prix du pétrole double, l'impact équivaudrait à un tarif de 25 %. Dans le monde plus petit et plus vert qui se profile, l'augmentation totale des coûts produirait le même effet que si les États-Unis imposaient une taxe de 40 % sur les importations chinoises.

C'est beaucoup plus que ce que réclamait le sénateur Phil Gram en 2000 lorsqu'il prônait une guerre commerciale en règle contre la Chine. C'est environ

15 fois le tarif moyen de 3 % qui est prélevé par le gouvernement américain sur les importations chinoises qui pénètrent dans le marché américain. Pourtant, ces tarifs équivaudraient aux taux auxquels s'exposeraient les exportations chinoises dans un contexte où le prix de l'énergie et aussi les coûts d'énergie augmenteraient. Bientôt, non seulement le pétrole coûtera davantage, mais il faudra aussi payer plus cher pour le brûler.

En fixant un prix aux émissions de carbone, on modifiera encore plus les courbes de coût mondiales. L'équation de base pour être concurrent à l'échelle internationale ira au-delà du coût de la main-d'œuvre. Elle se complexifiera beaucoup plus avec l'efficacité énergétique, l'efficacité en matière d'utilisation du carbone et les coûts de transport. Et demain, la distribution géographique des usines dans le monde sera fort différente de la géographie économique actuelle.

Bien entendu, cela ne veut pas dire que toutes les entreprises qui ont déménagé en Chine au cours des 20 dernières années feront le chemin inverse. Dans plusieurs secteurs qui exigent une main-d'œuvre importante (comme la chaussure, le textile et le vêtement), la production ne génère pas suffisamment d'émissions de carbone et n'implique pas assez de coûts énergétiques pour faire une différence notable en matière de concurrence à l'échelle internationale. En outre, leurs coûts de transport sont trop bas pour que le pétrole à plus de 100 $ le baril les paralyse. Toutefois, pour de nombreuses autres industries – de la production de produits chimiques au raffinage du métal –, la tarification des émissions de carbone et la flambée des coûts de transport ramèneront la balance concurrentielle au bénéfice de l'industrie nord-américaine.

DRÔLE DE COUPLE

Si vous ne me croyez pas, vous n'avez qu'à demander aux syndicalistes.

Le syndicat United Steelworkers of America et le Sierra Club forment un drôle de couple qui, ces temps-ci, apprend à se connaître rapidement. Ils ont déjà créé un groupe de travail appelé Blue and Green Alliance. Même si l'idée d'imaginer Paul Bougon et Al Gore dans le même lit donnerait des boutons aux organisations de travailleurs et au mouvement écologiste, mieux vaut qu'ils s'habituent les uns aux autres. Dans notre monde en rapide mutation, leurs intérêts, autrefois diamétralement opposés, se fondront en une coalition politique qui s'activera pour assainir l'environnement tout en ramenant dans le giron nord-américain des emplois perdus il y a longtemps.

Attribuer un prix aux émissions de carbone favorisera les travailleurs d'Amérique du Nord autant que l'augmentation en flèche des coûts de transport. Pour une fois dans l'histoire syndicale, le virage vert permettra de sauver des emplois plutôt que d'en sacrifier. Cet argument est probablement difficile à défendre lors des assemblées syndicales, mais comme en de nombreux secteurs de notre économie, de profonds changements se préparent.

La plupart des cols bleus n'éprouvent pas beaucoup de sympathie pour les écologistes, et pour une bonne raison. Ce sont généralement les employés qui ont un travail assuré dans le secteur des services qui sont enclins à échanger des emplois de cols bleus contre une protection accrue de l'environnement. Il est toujours plus aisé de faire des choix écologiques au détriment de quelqu'un d'autre.

N'oublions pas que c'est facile d'être écologiste quand ce parti pris nous donne un avantage sur la concurrence. Lorsque les syndicats feront le calcul, ils se rendront compte que dans un monde où les émissions coûtent de l'argent, les usines qui emploient leurs membres offrent un avantage comparatif à l'échelle mondiale. Si vos émissions sont inférieures du tiers à celles de vos concurrents, vous souhaiterez que le prix des émissions soit aussi élevé que possible : plus les émissions coûtent cher et moins vous en produisez, et plus votre avantage de coût est élevé. Ce n'est pas de l'écologisme sentimentaliste, mais une réalité économique toute simple en vue de maximiser les profits.

Les organisations de travailleurs devront bientôt militer pour faire adopter des normes de compensation des émissions de carbone plus strictes. Ce faisant, les emplois de cols bleus se transformeront en emplois de « cols verts ». Non seulement cela changera-t-il les méthodes des organisations d'employeurs, mais cela préparera le terrain à des alliances politiques qui auraient semblé absurdes il n'y a pas si longtemps.

Sauver le monde des changements climatiques catastrophiques causés par l'activité humaine tout en rapatriant des emplois industriels bien rémunérés que l'on croyait perdus à jamais : voilà une combinaison gagnante pour n'importe quel candidat qui fera bientôt campagne en vue d'une réorientation radicale de la politique des États-Unis en matière de carbone. Quand les politiciens américains s'en rendront enfin compte, leur pays prendra rapidement la tête de la croisade contre les émissions de carbone.

Le monde est sur le point de changer en faveur des travailleurs après avoir, pendant des décennies, observé des réglementations et des normes de plus en plus strictes pour expédier outre-mer des industries et des emplois. Tout comme la flambée du prix de transport transocéanique chamboulera les courbes de coût, l'attribution d'un prix aux émissions de carbone peut conduire les travailleurs à changer complètement leur attitude à l'endroit de l'environnementalisme.

Sachant que le tiers des émissions de la Chine sont générées par le secteur de l'exportation, les travailleurs américains de l'acier ont maintenant tout lieu d'être en tête des citoyens qui pressent le Congrès d'adopter des mesures plus strictes en matière d'émissions de carbone.

Les travailleurs américains apprendront bientôt qu'ils peuvent récupérer ce qui a été perdu par la libéralisation des échanges grâce à une protection environnementale plus étroite. Les droits à l'importation sur le carbone, tout comme le prix du pétrole au-delà de 100 $, ramèneront bientôt au pays de nombreux emplois perdus depuis longtemps.

CHAPITRE 7

C'EST GRAND COMMENT, CLEVELAND ?

Je n'aurais jamais cru que Cleveland était une si grande ville.

Juste assez grande pour les gens qui y habitent, ça oui, mais assez importante pour causer l'explosion de l'économie mondiale ?

Si l'on se fie aux bulletins de nouvelles les plus récents, c'est exactement ce que l'on reproche à cette ville. L'abondance de maisons abandonnées, rachetées et maintenant invendables dans les marchés immobiliers moroses des États-Unis comme celui de Cleveland, toutes financées par des prêts hypothécaires à risque, a frappé de plein fouet les marchés financiers comme une bombe à hydrogène hypertoxique. Tout à coup, le monde entier est en mode sauvetage.

Non seulement l'effondrement de l'immobilier a-t-il soufflé les piliers du marché hypothécaire des États-Unis – la vénérable Fannie May et son frère Freddie Mac –, mais il a aussi entraîné dans sa chute certaines des institutions financières les plus importantes et les plus célèbres de Wall Street. Les fidèles centenaires du capitalisme américain comme Bear Stearns et Lehman Brothers ont été rayés de la carte. Même Merrill Lynch et son taureau emblématique ont dû être rescapés, puis avalés par la Bank of America qui souffre maintenant d'une terrible indigestion.

Comment la ville qui a déjà été surnommée *Mistake by the lake* (l'Erreur au bord du lac) a-t-elle pu frapper avec tant de puissance?

Les pontifes vous raconteront comment les hypothèques à risque ont été présentées et vendues comme des instruments financiers recherchés portant des noms exotiques tels «obligations structurées adossées à des emprunts» (CDO) et comment leur ratio d'endettement a pesé sur les bilans.

Une fois échue l'alléchante période de 24 mois sans intérêts, les titulaires d'un emprunt hypothécaire à risque, qui n'avaient même pas les moyens financiers de se voir octroyer un prêt, ont tout simplement abandonné leur maison. Ce processus s'est accéléré quand le déclin des prix de l'immobilier a emporté tout ce qu'ils possédaient. Lorsque les créanciers hypothécaires ont commencé à recevoir des clés de maisons plutôt que des chèques, certains instruments financiers dérivés détenant une tranche des mensualités ont manqué à leur engagement et les institutions financières possédant ces actifs ont dû inscrire des pertes de plus en plus importantes, au point où certaines ont fini par sombrer. Plus cette richesse disparaissait des livres des banques, moins ces dernières avaient d'argent à prêter. L'économie s'est donc retrouvée coincée dans une énorme crise de crédit. C'est du moins ce qu'on raconte.

Il ne fait aucun doute que la crise financière causée par les prêts hypothécaires à risque défaillants a ébranlé les fondements mêmes de Wall Street. Elle a certainement avalé une grande part de mon boni. Mais lorsqu'on parle de la récession économique, il ne faut pas confondre cause et effet.

On comprend comment un marché empoisonné par des instruments financiers dérivés a entraîné la chute de nombreuses banques d'investissement. Toutefois, on est loin de saisir comment des hypothèques impayées à Cleveland ont causé des récessions beaucoup plus graves en Europe et au Japon, où les mauvaises nouvelles ont commencé à circuler bien avant que le problème des hypothèques à risque n'embrase les États-Unis. À ce jour, la récession y est environ deux fois moins importante qu'au Japon et 50 % moins prononcée qu'en Allemagne. En outre, il semble que plus les nouvelles en provenance de Cleveland étaient alarmistes, plus la valeur du dollar augmentait. Si le marché immobilier saccagé de Cleveland est vraiment le noyau des problèmes économiques mondiaux, pourquoi tout le monde y envoyait-il son argent ?

Ces interrogations m'incitent à changer de chaîne chaque fois que j'entends les experts expliquer à la télévision comment les difficultés économiques mondiales sont attribuables aux marchés financiers et aux hypothèques à risque. Oubliez Lehman Brothers. Le problème est beaucoup plus complexe.

LES CHOCS PÉTROLIERS ENTRAÎNENT TOUJOURS UNE RÉCESSION

Voici un indice : la flambée du prix du pétrole est à l'origine de quatre des cinq dernières récessions mondiales.

La débâcle de 1998 en Asie est la seule qui ait échappé à cette règle. Elle n'a même pas atteint les rives des principaux consommateurs de pétrole tels les États-Unis et l'Europe de l'Ouest. En revanche, deux des récessions de l'après-guerre les plus profondes sont survenues immédiatement après les deux chocs pétroliers de l'OPEP. Le dernier s'est d'ailleurs traduit par deux récessions successives. Dix ans plus tard, une autre crise du pétrole, attribuable cette fois à l'invasion irakienne au Koweït et au sabotage de nombreux puits de pétrole, a aussi entraîné une récession importante en 1991.

Pour stimuler l'économie mondiale, il suffit de la nourrir régulièrement de pétrole peu coûteux. Si vous voulez l'étouffer, donnez-lui du pétrole cher. Elle se mettra à hoqueter sur-le-champ et Lehman Brothers ne vous sera d'aucun secours pour arriver à vos fins.

Est-ce donc une grande surprise que l'économie mondiale, ou du moins les économies des pays les plus gourmands en carburant, se retrouvent une fois de plus en récession alors que le prix du baril de pétrole a franchi la barre des 100 $ au cours de la première moitié de 2008 ?

Si les chocs pétroliers antérieurs ont pu produire des crises importantes, nul ne saurait douter de la puissance de la récente augmentation. L'explosion du prix du pétrole de plus de 500 % entre 2002 et l'été

2008 représente presque le double de l'augmentation survenue lors de l'un des chocs de l'OPEP. En outre, cette augmentation est calculée en dollars « constants » ou ajustés à l'inflation. Nous ne comparons donc pas le pouvoir d'achat beaucoup plus élevé du dollar de 1974 à celui de 2008. Même après les ajustements tenant compte de l'inflation, cette augmentation du prix du pétrole éclipse tous les pics précédents.

Rien d'étonnant à ce que l'économie des États-Unis et celles des autres pays de l'OCDE se trouvent en récession. Toutefois, l'augmentation du prix du pétrole la plus élevée de tous les temps n'obtient aucune reconnaissance de notre part lorsqu'il s'agit d'identifier le mal qui ronge l'économie mondiale, ou celles des plus gros consommateurs de pétrole.

Ce n'est pas un hasard si les grands pays importateurs de pétrole où l'on n'offre pas de prêts hypothécaires à risque ont subi les mêmes événements économiques qu'aux États-Unis. En fait, la situation de ces économies est pire encore que celle de l'économie américaine. Alors que les États-Unis engloutissent 19 millions de barils de pétrole par jour, ils comptent aussi parmi les plus grands producteurs de la planète, avec 5 millions de barils quotidiens. Certaines régions américaines, comme le Texas et la Louisiane, profitent largement du prix élevé du pétrole et on a cru pendant quelque temps que le Canada se tiendrait à l'abri de la récession également grâce aux revenus issus des sables bitumineux albertains.

Le Japon, lui, doit importer presque tout son pétrole puisqu'on n'y trouve aucune région comparable à l'Alberta ou au Texas. La plus grande partie de l'Europe, à l'exception évidemment de la Russie et des quelques producteurs en mer du Nord, ne retire pas non plus d'avantages de l'augmentation du prix du pétrole. Les pays importateurs de l'Europe sont frappés de plein fouet par le prix du baril au-delà de 100 $ sans bénéficier en contrepartie de nouveaux gisements, comme ceux que l'on trouve à Fort McMurray, pour atténuer le choc. Leur dépendance quasi exclusive à l'importation met en relief une vulnérabilité au prix du pétrole très importante.

Et même aux États-Unis, l'effet du prix élevé du pétrole, particulièrement vigoureux sur les ventes de véhicules, a entraîné l'économie non seulement dans une récession, mais dans ce qui pourrait être une chute aussi prononcée que celles causées par les deux premiers chocs pétroliers de l'OPEP. Puisque ce choc-ci est presque deux fois plus fort, ne vous étonnez pas si la récession actuelle est encore plus grave et plus longue que celles causées par le cartel.

Et si l'on jette un coup d'œil à l'épicentre de cette récession, on y trouve la chute des ventes de véhicules plutôt que les sursauts à la baisse du marché immobilier.

C'était la même situation lors des récessions de 1973-1974 et de 1979-1982. En fait, les ventes d'automobiles ont régressé au niveau de ces années-là, qui n'était pas attribuable aux hypothèques à risque ni aux CDO défaillantes. Ces ventes faméliques étaient causées par le prix du carburant qui a atteint 4 $ le gallon lors du Memorial Day, en 2008. Soudainement, l'Américain moyen payait davantage pour le plein de son VUS que pour son panier d'épicerie hebdomadaire.

Le fait que le prix du pétrole puisse déclencher une récession peut surprendre de nombreux lecteurs qui ont entendu à maintes reprises au cours des 30 dernières années que les États-Unis et les autres pays développés sont maintenant beaucoup moins vulnérables aux chocs pétroliers qu'auparavant. Par contre, tout comme le paradoxe de l'efficacité a démontré que nous ne devrions pas confondre gains en efficacité et conservation, nous ne devrions pas croire qu'une baisse des exigences en pétrole par unité de PIB rendra notre économie moins vulnérable à la flambée du prix de l'énergie.

Il faut peut-être la moitié moins de pétrole pour générer un dollar de PIB aujourd'hui que dans les années 1970, mais le PIB est beaucoup plus considérable actuellement qu'il y a trois décennies. En outre, à cause de la baisse de la production intérieure, l'économie américaine est presque deux fois plus dépendante des importations de pétrole que lors du premier choc pétrolier de l'OPEP.

C'est la flambée du prix du pétrole, et non les prêts hypothécaires à risque, qui ont causé la débandade de l'économie mondiale.

LE PÉTROLE BON MARCHÉ FAIT BAISSER LA VALEUR DE L'ARGENT

Peu importe la bonne affaire : si vous réglez un achat avec votre carte de crédit et si vous vous contentez de verser le montant minimum requis chaque mois, votre réfrigérateur neuf, votre téléviseur dernier cri ou tout autre bien que vous achetez vous coûtera finalement beaucoup plus que le montant indiqué sur l'étiquette. La distance coûte de l'argent et l'argent coûte de l'argent. Et tout comme le pétrole bon marché a fait baisser le prix de la distance, il a beaucoup diminué la valeur de l'argent.

En fait, pendant un temps, l'argent se donnait. Si vous avez acheté une automobile assortie d'un financement à 0 % d'intérêt, quelqu'un vous a donné de l'argent. Si vous avez accepté une de ces offres de cartes de crédit dotées d'un taux de lancement alléchant pour transférer votre solde que, récemment encore, l'on recevait par la poste pratiquement tous les jours, une banque quelque part vous donnait de l'argent. Il en va de même pour les hypothèques, partout dans le monde. Dans certains cas, les banques allongeaient aux nouveaux acheteurs plus d'argent que n'en valait leur maison. Bien entendu, les prêteurs n'agissaient pas de la sorte dans un élan de générosité. Ils distribuaient de l'argent à droite et à gauche pour la seule raison qu'ils comptaient en recevoir davantage en retour. Ils n'auraient pas été aussi généreux si l'argent avait été rare.

Pendant un certain temps, il semblait y avoir plus d'argent que nécessaire pour fonctionner. À peu près n'importe qui pouvait acheter la maison de ses rêves, se procurer une voiture neuve et dépenser plus que ne le permettait son salaire parce qu'on pouvait toujours emprunter pour garder la tête hors de l'eau. Bien sûr, il fallait rembourser cette dette un jour ou l'autre, mais tant que les taux d'intérêt étaient bas, cette montagne de factures ne semblait présenter aucune menace.

Toutefois, le prix élevé du pétrole a déclenché l'inflation qui a augmenté le service de cette dette, et tout s'est transformé en problème bien réel. Le rapport de la dette au revenu des ménages, un des indicateurs clés qu'observent les économistes pour évaluer le pouvoir d'achat des familles, a grimpé dans la stratosphère. L'augmentation de ce rapport prouve à quel point le crédit a surpassé les revenus. L'histoire se répète sensiblement de la même façon peu importe où l'on se trouve. Les ménages américains ont vu le rapport entre leur endettement et leurs revenus après impôt augmenter de près de 88 % à près de 125 % entre 2000 et le milieu de 2008. En Grande-Bretagne, l'augmentation a été presque aussi élevée avec un bond de 20 points de pourcentage pour atteindre pratiquement le même niveau que celui des familles américaines. En Australie, le rapport a grimpé encore plus, passant d'un peu moins de 100 % à près de 160 % entre 2000 et 2008. Au Canada, ce rapport, qui était d'un peu moins de 100 % également, a atteint 130 %. Dans ces quatre pays, non seulement la dette a augmenté de façon marquée en regard des revenus, mais elle l'a fait à un rythme sans précédent. Ces nations avaient pour point commun la coïncidence d'un taux d'intérêt historiquement très bas et d'un crédit facile à obtenir.

Les dépenses des consommateurs sont bénéfiques pour l'économie. C'est la raison pour laquelle les gouvernements du monde entier prient leurs citoyens de ne pas hésiter à faire de gros achats. Toutefois, le prix élevé du pétrole entraîne la hausse du prix de l'ensemble des biens de consommation, tout en faisant sortir ces billions de dollars d'argent neuf des pays importateurs de pétrole, là où les gens dépensent la totalité de leur paie chaque mois, pour les acheminer vers les pays exportateurs, particulièrement les membres de l'OPEP, où le taux d'épargne atteint jusqu'à 50 %. De 2005 à 2007, le prix toujours croissant du pétrole a occasionné le transfert d'un billion de dollars des pays de l'OCDE qui n'épargnent pas aux économies de l'OPEP où le taux d'épargne est élevé. Autrement dit, cet argent a quitté le pays pour n'y jamais revenir. C'est l'opposé des programmes de stimulation fiscale proposés partout dans le monde. Alors que les gouvernements fédéraux veulent mettre de l'argent dans les poches de leurs citoyens pour qu'ils le dépensent, le prix élevé du pétrole détourne cet argent vers les pays où on l'économise.

Tout responsable d'une banque centrale vous dira que votre taux d'intérêt créditeur est le miroir du taux d'inflation. Plus ce dernier est élevé, plus vous payez un taux d'intérêt élevé sur vos emprunts et plus le marché du crédit se resserre. C'est une question de logique puisqu'en période d'inflation, l'argent perd de la valeur. Si l'inflation atteint 5 %, par exemple, et que je vous prête 100 $, vous devrez me rendre 105 $ pour compenser la baisse de 5 $ de la valeur de mon prêt. Si l'inflation est de 10 %, vous devrez me rembourser 110 $. Ainsi, plus l'inflation est élevée et plus les taux d'intérêt montent, moins les gens empruntent (puisque les prêts assortis d'un taux d'intérêt élevé sont plus difficiles à rembourser) et moins l'argent circule.

En revanche, un taux d'inflation peu élevé fait baisser les taux d'intérêt et facilite l'obtention du crédit. On accorde des prêts à des personnes qui dans d'autres conditions n'auraient pas été admissibles, comme celles qui s'achètent une maison en souscrivant une hypothèque à risque, par exemple. Et non seulement les gens qui normalement ne seraient pas qualifiés pour un emprunt obtiennent-ils un crédit, mais ils jouissent d'un taux d'intérêt beaucoup moins élevé que lorsque l'inflation est forte.

Et pourquoi l'inflation et les taux d'intérêt sont-ils si bas ? Gracieuseté de la mondialisation ! Nous avons vu dans le chapitre précédent comment l'énergie bon marché fait baisser les coûts de transport, favorisant ainsi l'accès à la main-d'œuvre peu payée, à l'avantage des consommateurs occidentaux. On a donc un taux d'inflation bas. C'est le pétrole à faible coût et les négociateurs commerciaux, plutôt que les dirigeants des banques centrales comme Allan Greenspan, qui ont cloué l'inflation au sol.

Les taux d'intérêt baissent lorsque l'inflation prend la même direction, et c'est la mondialisation qui est responsable du faible taux d'inflation. Toutefois, la mondialisation exige que les coûts de transport, et donc le prix du carburant, soient peu élevés. Pendant que la mondialisation chassait l'inflation, les banques centrales étaient libres de baisser les taux d'intérêt, ce qu'elles se sont empressées de faire. Par conséquent, non seulement notre pouvoir d'achat, mais également notre pouvoir d'emprunt ont décuplé. Au bout du compte, le pouvoir d'emprunt à la portée de tous grâce à une facilité d'obtention du crédit a peut-être joué un plus grand rôle que le pouvoir d'achat résultant du faible taux d'inflation pour alimenter le boom économique qui a suivi.

En Amérique du Nord, grâce au faible prix du pétrole au cours des 30 dernières années, le taux d'inflation, qui avait franchi la barre des 10 %, a chuté jusqu'à 1 %, entraînant avec lui les taux d'intérêt. Dans les années 1980, le taux des fonds fédéraux – le taux d'intérêt clé fixé par le Federal Reserve Board des États-Unis – atteignait en moyenne 10 %. Une dizaine d'années plus tard, ce taux avait baissé de façon importante pour se situer à 3 % au cours de la première décennie des années 2000. En 2003, le taux des fonds fédéraux a même chuté à 1 %.

La chute record des taux d'intérêt et les conditions facilitant l'octroi de crédit qui s'ensuivirent ont joué un rôle crucial dans le développement du marché des prêts hypothécaires à risque aux États-Unis. Premièrement, seul un contexte de crédit facile à obtenir et abondant permettait d'accorder un prêt hypothécaire à risque à des acheteurs sans emploi. Dans d'autres circonstances, leurs revenus – ou plutôt l'absence de revenus – ne les auraient jamais qualifiés pour l'obtention d'une hypothèque. Tandis que les petits salariés obtenaient un prêt hypothécaire à risque, ceux qui avaient un emploi mieux rémunéré recevaient par la poste des offres de cartes de crédit préautorisées dont la limite était deux fois supérieure à celle de leurs cartes existantes. Des offres extravagantes de ce type n'existent que dans une bulle de crédit, qui exige à son tour des taux d'intérêt très bas pour la financer.

Non seulement les bas taux d'intérêt étaient une condition essentielle aux hypothèques à risque, mais ils en généraient la demande dans les marchés financiers. Ce sont ces taux qui n'avaient jamais été aussi bas, payés par des titres du gouvernement comme les bons du Trésor, qui sont responsables du pouvoir d'attraction des instruments dérivés exotiques comme les CDO, financés par les versements hypothécaires à risque.

Le faible taux d'inflation engendré par la mondialisation et le pétrole bon marché représentait un avantage considérable pour les emprunteurs puisqu'ils pouvaient payer leur maison en versant une mise de fond minime. Les banques d'investissement en profitaient aussi puisqu'elles pouvaient augmenter le ratio d'endettement de ces produits dérivés hypothécaires, comme les CDO, qui étaient financés par les mensualités des titulaires d'hypothèques à risque. Toutefois, cette situation n'avait rien d'enviable pour les épargnants à qui les économies de toute une vie ne rapportaient pratiquement aucun revenu d'intérêt. L'effet de levier de Wall Street représentait l'envers de la médaille des taux d'intérêt dérisoires sur les comptes d'épargne des Américains moyens. Les rendements des bons du Trésor avaient chuté jusqu'à 2 % et même ceux assortis d'un terme de 10 ans ne procuraient que quelques points de pourcentage de plus.

La quête désespérée de rendement a précipité de nombreux régimes de retraite dans les filets des nouveaux instruments financiers dérivés exotiques qui

offraient 6 à 7 % de plus. En outre, les agences de nota-
tion qui étaient censées offrir des conseils en matière de
risque ont accordé à la plupart une cote AAA, réservée
aux investissements les·plus sûrs et les plus solvables,
comme les bons du Trésor.

En bref, ni l'offre d'hypothèques à risque ni la
demande pour des produits dérivés hypothécaires
à haut rendement, mais risqués, ne se seraient maté-
rialisées dans un contexte de coûts d'emprunt et de
taux d'épargne normaux. Toutefois, commencez à
donner de l'argent et dans peu de temps apparaîtra une
bulle économique soit dans le marché immobilier, soit
dans celui de l'automobile qui financera environ les
deux tiers des achats de véhicules. Par contre, faites
disparaître l'énergie bon marché et la bulle éclatera.

La bulle de crédit se nourrit du faible taux d'inflation, et le faible taux d'inflation a besoin d'énergie bon
marché. Le problème a surgi lorsque le prix du pétrole
s'est mis à augmenter à une vitesse telle que l'inflation
et ce faisant les taux d'intérêt ont rapidement suivi cette
voie. La situation a entraîné le resserrement des conditions de crédit à un moment où de nombreux actifs, en
particulier les hypothèques à risque et les investissements
dérivés sophistiqués de Wall Street qui les finançaient,
étaient plombés de dettes.

De janvier 2004 à janvier 2006, l'augmentation du
prix du baril de pétrole de 35 à 68 $ a entraîné l'inflation
du prix de l'énergie (telle qu'elle est mesurée dans
l'indice des prix à la consommation des États-Unis) de
moins de 1 % à plus de 35 %. Jumelée à l'augmentation
du prix des aliments qu'elle a causée (j'y reviendrai au

chapitre suivant), la flambée du prix de l'énergie a provoqué l'augmentation du taux d'inflation, selon l'indice des prix à la consommation, de moins de 2 % à près de 6 % au cours de l'été 2008, soit la valeur la plus élevée depuis le choc pétrolier de 1991.

Nul besoin d'être un grand économiste pour comprendre ce qu'il est advenu des taux d'intérêt au cours de cette période. Tandis que la flambée du prix du pétrole entretenait la flamme de l'inflation, le taux des fonds fédéraux a entrepris une ascension implacable d'un minimum inédit de 1 % à plus de 5 % en 2007. En outre, les taux dans l'ensemble sont demeurés à ce niveau durant une autre année, jusqu'à ce que l'économie plonge dans une récession. Toutefois, tandis que les taux d'intérêt commençaient à prendre le pas sur l'inflation, une avalanche d'hypothèques à risque sont arrivées à échéance. Non seulement la période alléchante sans intérêt était-elle sur le point d'échoir, mais encore les détenteurs des hypothèques à risque devaient payer deux fois plus d'intérêt qu'au moment de la signature du contrat. On connaît la suite. L'éclatement de la bulle du crédit hypothécaire à risque a entraîné la pire débâcle immobilière de l'après-guerre aux États-Unis et la pire crise financière depuis celle de 1929.

Toutefois, si le prix du baril de pétrole s'était maintenu à 20 ou 30 $, soit ce qu'il coûtait au début de la décennie, l'inflation et les taux d'intérêt n'auraient jamais monté en flèche. Et si nous étions demeurés dans ce contexte d'argent abondant et d'accès facile au crédit, les résidants de Cleveland dormiraient encore dans leur maison. Ils n'étaient pas la cause du problème, ils en étaient le symptôme.

SORTEZ DE PRISON POUR PRESQUE RIEN

En 1990, le directeur de la CIBC de Tokyo m'a amené devant le Palais impérial non seulement pour me le faire visiter, mais aussi pour illustrer un fait intéressant au sujet du marché immobilier japonais. Le palais que nous admirions vaut plus que toute l'île de Manhattan. C'est beaucoup pour un seul immeuble et pour tout dire, ce n'est vraiment pas le plus beau palais du monde. Sans vouloir froisser qui que ce soit, je dirais qu'il vaut le coup d'œil, mais il ne s'agit ni de Buckingham Palace ni d'un château de la Loire. Par contre, il se trouve à Tokyo, et à cette époque, à peu près n'importe quel lopin de terre dans la capitale du Japon valait une fortune.

Bien entendu, beaucoup d'eau a coulé sous les ponts depuis. Le boom immobilier japonais s'est mué en bulle et le pays tente toujours de se remettre de l'éclatement de cette bulle. Malgré son génie technologique et sa richesse impressionnante, le Japon stagne depuis des années, à la grande surprise de ces personnes qui croyaient, il y a encore peu de temps, que le pays du soleil levant dominait l'économie mondiale. Toutefois, un amoncellement de prêts irrécouvrables qui croupissaient dans les portefeuilles des banques japonaises a pourri au point que, alors que le reste du monde connaissait une croissance, le Japon subissait ce que l'on appelle maintenant la « décennie perdue ».

Personne n'a à rappeler au président de la banque fédérale américaine, Ben Bernanke, la mystérieuse maladie dont souffre l'économie japonaise. Bernanke connaît à fond les mécanismes de la crise des banques et du crédit qui a entraîné le Japon dans une décennie de stagnation et de déflation économique. En outre, à en juger par l'énergie déployée par le Federal Reserve Board pour juguler cette récession, Bernanke semble aussi croire à la théorie selon laquelle ceux qui ne tirent aucune leçon du passé sont condamnés à le revivre.

Personne au monde ne souhaite répéter l'expérience japonaise avec une économie en croissance nulle. Toutefois, l'économie mondiale ne peut croître de 4 ou 5 % par année lorsque le prix du baril de pétrole franchit la barre des 100 $. En fait, l'économie mondiale pourrait même être incapable de croître de 1 ou 2 % à moins, bien entendu, d'avoir le vent en poupe.

Tout va bien lorsque le vent est favorable, du moins lorsqu'il souffle. Si l'on exclut le sauvetage massif des banques, les gouvernements des quatre coins du monde se sont engagés à hauteur de plus de deux billions de dollars américains pour lutter contre la récession mondiale. Jusqu'ici, l'Union européenne a consacré 200 milliards d'euros pour régler ce problème, le Japon 12 billions de yens et la Chine a signé un chèque de plus de 4 billions de yuans. À ce jour, la Grande-Bretagne a injecté 20 milliards de livres sterling dans l'économie, alors que l'Australie et la Nouvelle-Zélande ont versé respectivement 28 milliards et 5 milliards de leur devise. L'exemple se multiplie dans le monde, sous la gouverne des États-Unis. Non seulement la Fed a-t-elle tout donné pour mater cette récession, notamment certains des pires titres hypothécaires de Wall Street sur son bilan, mais Washington est sur le point de lancer le plus important assaut fiscal de l'après-guerre. Avant même que le président Obama ne mette les pieds à la Maison-Blanche, les divers programmes d'aide du président sortant George W. Bush et de son administration avaient précipité le déficit budgétaire américain à près de 1 billion de dollars. Et avec le nouveau plan de relance de l'administration démocrate, ce manque à gagner atteignait, en avril 2009, 1,7 billion de dollars et grimpera encore probablement.

Ce déficit est énorme. Dans une économie de 14 billions de dollars, il représente environ 12 %, ce qui éclipse tout déficit budgétaire que les États-Unis ont eu à combler depuis l'après-guerre. Il faut remonter à 1945 et aux déficits gigantesques accumulés au cours de la Seconde Guerre mondiale pour trouver un déficit aussi important. Relativement à l'ampleur de l'économie, le déficit fédéral est deux fois plus important que ce qu'il était lorsque Washington a eu à financer les guerres de Corée et du Vietnam.

Mais cette fois, l'ennemi n'est ni le fascisme ni le communisme, c'est la stagnation économique.

Si vous investissez 1,7 billion sur un budget de 14 billions pour relancer l'économie, la croissance du PIB réagira en conséquence. Il ne s'agit pas ici de théorie économique, mais de simple calcul. Tout cet argent additionnel sera dépensé dans l'économie, qu'il provienne d'allègements fiscaux, de chèques du gouvernement ou de programmes de dépenses publiques. Selon la croyance populaire, si seulement les Japonais l'avaient compris, ils n'auraient pas perdu 10 ans de croissance.

La question qu'il faut maintenant se poser est la suivante : préférez-vous vivre au Japon ou en Argentine ?

Lorsque l'Argentine a essayé de contrer le déclin en augmentant ses dépenses, elle a enclenché une inflation qui a atteint 20 000 % en 1989-1990. Le peso ne valait plus rien, l'économie était en lambeaux, l'emploi et la productivité tombaient en chute libre. Il est à peu près certain que les Argentins auraient été très heureux de changer de place avec les Japonais.

Personne ne prétend que les États-Unis suivront la même voie que l'Argentine, mais cela ne signifie pas que les leçons tirées de la situation du Japon ne sont pas de fausses pistes. Pendant combien de temps peut-on dépenser de l'argent que l'on ne possède pas vraiment ? Que dire de la longue suite de déficits record qui suivent dans le sillage de mesures de stimulation fiscales aussi importantes ? Combien de longues et douloureuses années d'abolition de programmes et de hausses fiscales interminables nous faudra-t-il pour amenuiser un déficit aussi important ? Les contribuables de demain souhaiteront peut-être que nous avalions simplement la pilule et que nous absorbions le choc du prix élevé du pétrole plutôt que d'hypothéquer désespérément leur avenir pour sauvegarder des industries déjà condamnées par la crise de l'énergie. On ne peut pas continuer à emprunter sur l'avenir lorsqu'il reste des dettes du passé à régler.

L'accumulation de ces énormes déficits empirera les choses à long terme. Le chemin menant des déficits gouvernementaux abyssaux à la solvabilité fiscale est long et jonché d'embûches. Mais l'histoire démontre qu'il y a toujours des raccourcis alléchants, et plus le chemin du retour vers la solvabilité fiscale est long et austère, plus on a la tentation de prendre des raccourcis.

La récession et l'effondrement des marchés financiers ont déjà ébranlé notre foi dans le libre-échange et les marchés non interventionnistes. Alors que « réglementation gouvernementale » était une expression à proscrire, il s'agit maintenant d'un modèle de politique nouvelle prôné partout, de Washington à Bruxelles. Cependant, ces gouvernements, qui agissaient autrefois avec prudence en matière fiscale, rejettent maintenant toute précaution du revers de la main et abandonnent la quête du Graal qu'ils chérissaient à l'époque du pétrole peu coûteux et des économies solides : l'équilibre budgétaire. Il n'y a pas si longtemps, les gouvernements auraient été cloués au pilori s'ils avaient affiché un déficit, alors que maintenant, ils semblent se concurrencer pour voir lequel peut accumuler les plus grosses pertes. Au Canada, où les budgets équilibrés étaient jusqu'à tout récemment l'objectif des partis politiques de toutes les allégeances, le gouvernement conservateur minoritaire a failli être renversé, fin 2008, par une coalition de partis d'opposition pour avoir refusé de s'engager à autoriser un déficit assez important. Pourtant, quelques mois auparavant, les mêmes opposants avaient attaqué les conservateurs pour avoir risqué un déficit. Des politiciens du monde entier, tout comme les capitalistes purs et durs de Detroit, se transforment en keynésiens acharnés lorsque les temps sont difficiles, alors que la veille encore, ils militaient en faveur de l'austérité fiscale. Même les banques centrales changent de discours : après des dizaines d'années à combattre l'inflation, elles ont relancé les presses pour ranimer leur ancien ennemi.

Chaque fois que Washington a absorbé de gros déficits, l'économie américaine a fini par les monétiser, déclenchant ainsi une phase d'inflation énorme. Comme le dit l'expression, monétiser un déficit signifie que le Federal Reserve Board imprime simplement plus d'argent en échange d'un lot de bons et d'obligations du Trésor américain vendus par Washington pour financer le déficit budgétaire. En temps normal, ces obligations du Trésor sont vendues au public ou aux banques centrales étrangères, comme la Banque populaire de Chine qui les détient dans ses réserves de devises étrangères.

Lorsque les citoyens ordinaires se procurent des obligations du Trésor, la quantité d'argent dans l'économie reste la même. Puisqu'ils en détiennent davantage, ils ont maintenant moins d'autres actifs dans leur portefeuille, comme des obligations de sociétés, des actions ou même de l'argent liquide. Toutefois, lorsque le Federal Reserve Board ou toute autre banque centrale achète les obligations de son propre gouvernement simplement en imprimant plus de billets et en les déposant dans le compte du gouvernement, il y a soudainement plus d'argent. Et cet argent supplémentaire est distribué sous forme de chèques d'aide aux trois grands de l'auto de Detroit, dans les banques de soutien installées dans les principales sociétés financières à New York ou encore aux titulaires d'hypothèques à risque de Cleveland.

Cette distribution semble faciliter la tâche de tous ceux qui dépensent cet argent dans l'économie, mais elle complique les choses au fil du temps parce que bien qu'il y ait plus de réserves monétaires, la productivité de l'économie n'augmente pas. Il y a simplement plus d'argent pour acquérir des biens et des services dans l'économie, ce qui entraîne donc l'augmentation du prix de ces biens et services. Plus il y a d'inflation, mieux se porte le gouvernement qui emprunte votre argent.

L'inflation est toujours profitable aux débiteurs parce que le prêt est remboursé en dollars qui valent moins d'année en année. Rappelez-vous notre exemple du prêt de 100 $. En effet, les emprunteurs ont moins d'argent à rembourser si l'inflation diminue la valeur de la dette. Bien entendu, le créancier – dans ce cas, le titulaire d'obligations du Trésor qui finance le déficit budgétaire de Washington – a une tout autre impression de l'inflation. L'obligation vient à échéance à sa valeur nominale, mais l'inflation peut miner une grande partie de son pouvoir d'achat. Vous recevez alors les intérêts prévus, mais cette somme et l'argent que vous obtenez à échéance ne vous permettront pas d'acheter ce que vous espériez.

C'est exactement ce qui s'est produit avec les titulaires d'obligations du Trésor la dernière fois qu'ils ont prêté de l'argent à l'oncle Sam pour financer les énormes déficits budgétaires. Les titulaires qui ont financé le déficit de la Seconde Guerre mondiale ont vu leurs titres perdre près de 15 % de leur valeur réelle lors de l'inflation qui a suivi et au cours de laquelle, en 1947, l'indice des prix à la consommation a atteint le sommet de 14 %. Ceux qui ont financé les déficits de la guerre de Corée ne se sont pas fait escroquer autant, mais néanmoins, l'augmentation de l'inflation qui a suivi a amputé leur rendement réel de 5 %. En outre, 20 ans plus tard, le financement de la guerre du Vietnam a encore une fois escroqué près du tiers du rendement à ces investisseurs.

La monétisation des déficits est particulièrement avantageuse pour un pays comme les États-Unis : leur dollar est encore la monnaie de réserve du monde. Le fait que d'autres États souhaitent détenir leur devise leur permet de leur vendre des obligations libellées en dollars américains. Cette situation donne un avantage énorme à l'emprunteur puisque le créancier est à la merci du taux de change de la devise de l'emprunteur. La façon la plus simple pour vous de paralyser un créancier étranger est simplement de dévaluer votre devise. Et plus le taux d'inflation est élevé, plus la valeur de votre devise baissera.

Pour la Banque populaire de Chine – la banque centrale de ce pays est le titulaire indépendant du plus grand nombre d'obligations du Trésor –, c'est la valeur future du dollar américain qui pose le plus grand risque. Alors que les obligations du Trésor qu'elle détient viendront toujours à échéance à 100 cents au dollar, ce dernier pourrait acheter beaucoup moins de yuans le moment venu, particulièrement à la fin du terme des titres, de 10 ou 20 ans. Après tout, le dollar américain a perdu 40 % de sa valeur comparativement au yen entre 1971 et 1981. Cette dévaluation n'a probablement pas été favorable pour toutes les institutions financières japonaises qui possédaient des obligations du Trésor à l'époque. Tout comme les titulaires d'obligations de notre pays perdent leur rendement à cause de l'inflation, celle-ci dépouille le titulaire étranger de son rendement puisque la valeur du dollar américain baisse comparativement à la devise du prêteur.

C'est la beauté d'une monnaie de réserve : elle se dévalue aux dépens des autres. Mieux vaut flouer une quelconque banque centrale étrangère que ses propres contribuables ! En outre, cette option est devenue beaucoup plus importante pour monétiser les déficits de Washington qu'à tout autre moment du passé.

À l'époque des chocs pétroliers de l'OPEP, environ 10 % seulement de la dette des États-Unis était détenue à l'étranger. Si Washington devait tromper ses créanciers, c'était dans l'ensemble les contribuables américains qui lui prêtaient de l'argent. Aujourd'hui, la moitié de la dette fédérale américaine est détenue à l'étranger, en grande partie par des banques centrales comme la Banque populaire de Chine.

Enfin, le Federal Reserve Board a une troisième, mais non moins importante, raison pour faire fonctionner les presses à plein régime. La reflation contribue à augmenter la valeur de tous les titres du marché financier qui ont empoisonné les bilans des banques. Et certains des actifs les plus toxiques, ceux qui ont fait tomber Bear Stearns, Lehman Brothers et d'autres, figurent maintenant parmi les réserves monétaires du propre bilan du Federal Reserve Board. Ce dernier a dû payer ce prix pour maintenir à flot Wall Street et probablement l'ensemble du système financier mondial.

L'inflation accrue est destinée à avoir un effet sur la valeur des actifs, tout comme la marée montante soulève tous les navires. Et un type d'actifs qui devrait être porté par l'augmentation de l'inflation est le prix des maisons. Si l'on empêche la baisse des prix de l'immobilier, on verra tout à coup davantage de gens envoyer leur chèque de mensualité hypothécaire plutôt que leurs clés à leur établissement de crédit, et la valeur de tous les instruments dérivés exotiques garantissant les versements hypothécaires sera meilleure.

Ainsi, les banques n'ont pas à rayer des milliards de dollars de leurs bilans et peuvent commencer à faire ce qu'elles sont censées faire, c'est-à-dire prêter de l'argent. En outre, les titres hypothécaires qui autrement ne valent rien et que la Fed a inclus dans ses propres bilans pourraient bien valoir quelque chose un jour, si la banque centrale peut relancer suffisamment l'économie. Si tel est le cas, la Fed pourrait même revendre ces actifs risqués à Wall Street et récupérer ainsi les milliards de dollars des contribuables dépensés pour les retirer des banques en déroute.

Un résultat qui sert tant de fins louables sera probablement très recherché. Tandis que les politiciens et les marchés financiers se tracassaient au sujet de la menace d'une déflation à la japonaise, l'histoire a démontré sans équivoque que l'inflation est un partenaire beaucoup plus probable aux folles dépenses de Washington et des autres capitales économiques du monde.

La monétisation de gros déficits gouvernementaux a infailliblement enclenché de longues poussées inflationnistes aux États-Unis. Les années qui ont suivi la Seconde Guerre mondiale ont subi des déficits énormes et le taux d'inflation mensuel a culminé à près de 20 %, en 1947. Lorsqu'on a lancé les presses pour payer les frais de la guerre de Corée, l'inflation a bondi d'un taux négatif à plus de 9 % en moins d'une année. Et lorsque le Federal Reserve Board a une fois de plus imprimé de l'argent au cours de la guerre du Vietnam, l'inflation a fait un retour triomphant au-delà de la barre de 10 %.

La crise financière qui a mis en péril le système bancaire mondial est sur le point de lancer le pendule de la politique vers les banques centrales des quatre coins du monde, allant de l'élimination de l'inflation dans notre économie à l'encouragement de son retour rapide. Craignant une reprise de la déflation qui a paralysé l'économie japonaise au cours des années 1990, les gouvernements du monde ont déjà commencé à préparer leurs presses à billets, et une fois lancées, il sera difficile de les arrêter.

LES RÉCESSIONS FONT TOUJOURS BAISSER LE PRIX DU PÉTROLE, MAIS PENDANT COMBIEN DE TEMPS ?

À plusieurs égards, le pétrole est son propre ennemi. Chaque fois que son prix atteint de nouveaux sommets, il compromet l'économie mondiale. Tandis que la demande diminue, le cours du pétrole chute à peu près en même temps que de nouvelles réserves jaillissent du sol, transformant une rareté en surplus. Et bien entendu, comme le prix du pétrole a chuté de son sommet à trois chiffres, beaucoup font valoir le même argument aujourd'hui, mais ils font fausse route.

La vie n'est pas linéaire, pas plus que la direction que prend le prix du pétrole. La diminution de l'offre ne signifie pas que ce prix augmentera sans cesse, même s'il y en a de moins en moins à consommer. Le prix est toujours fonction à la fois de l'offre et de la demande. Et alors que les réserves mondiales augmentent au compte-gouttes dans le meilleur des cas, la demande de pétrole peut chuter lors d'une grave récession qui perdure, comme celle survenue de 1979 à 1982 et celle que nous vivons en ce moment. Et lorsque la demande diminue ou même lorsque la croissance de la demande ralentit suffisamment, le prix baisse. Nous n'allons pas pour autant manquer d'or noir, mais simplement nous aurons un sursis temporaire jusqu'à ce que nous retrouvions l'appétit du pétrole et que son prix atteigne de nouveaux sommets.

La plupart du temps, l'économie mondiale est en croissance. En fait, au cours de la plus longue partie de cette décennie, elle a crû à un rythme presque inédit, portée par les gains explosifs du PIB de la Chine, de la Russie et du Brésil. Et puisque chaque unité de PIB mondial requiert de l'énergie, une croissance économique soutenue se traduit par une demande d'énergie soutenue.

Toutefois, l'économie mondiale ne croît pas sans arrêt. Les économies ont toujours subi le flux et le reflux des cycles conjoncturels et cette situation ne changera pas simplement parce que le pétrole se raréfie de plus en plus.

Si le PIB diminue, il en sera de même de notre soif d'énergie. Regardez ce qui s'est produit en Russie dans la foulée de l'effondrement de l'Union soviétique : la demande d'énergie a chuté du tiers environ et l'économie s'est simplement arrêtée. Les États-Unis ne courent aucun danger de disparaître du jour au lendemain comme l'URSS, mais en période de récession, les gens achètent moins et les usines tournent au ralenti. Les consommateurs, les entreprises et les gouvernements réduisent leurs dépenses par tous les moyens – ils se déplacent moins et baissent le thermostat lors des longues nuits d'hiver. Non seulement les gens utilisent moins leur voiture, mais ils ralentissent presque toutes leurs activités.

En tenant compte de toutes les façons différentes dont une récession peut diminuer la consommation de pétrole, nous ne devrions pas être surpris que le prix du baril de pétrole ait chuté de plus de 100 $ à environ 40 $ devant une récession économique mondiale. Mais avant de profiter de la baisse du prix de l'essence, qui est devenue beaucoup plus abordable, pour vous acheter un VUS, évaluez la durée probable du ralentissement économique et ce qu'il pourrait advenir du prix du pétrole une fois la récession derrière nous.

En général, une récession dure 3 trimestres, mais celle que nous traversons présentement semble exceptionnelle et durera plus longtemps. La plus longue subie à ce jour depuis la fin de la Seconde Guerre mondiale a duré 18 mois (6 trimestres), et au cours des

40 dernières années, l'économie américaine n'a été en récession que 18 % du temps, et l'économie mondiale, 20 %. Comment se comporte le prix du pétrole lorsque le ralentissement est terminé ? Nous verrons les mêmes pressions sur le prix du pétrole qu'avant la récession. En fait, nous assisterons probablement à des conditions d'approvisionnement encore plus rigides que ce qui se produirait autrement. Alors que les médias soulignent le fait que la récession démolit la demande de pétrole, la dernière victime réelle sera probablement l'offre.

Il est beaucoup plus facile de ranimer la demande de pétrole que l'offre. Les consommateurs n'ont pas besoin d'un long délai pour redémarrer leur consommation. Vous n'avez qu'à baisser le prix de l'essence de moitié et les automobilistes reprendront leurs bonnes habitudes de consommation, pourvu qu'ils n'aient pas perdu leur emploi. Toutefois, alors que la chute du prix du pétrole ravivera la demande, elle finira par annihiler la croissance de l'offre nécessaire pour répondre au renouvellement de la demande.

Des sables bitumineux du Canada aux puits de forage en eau profonde au large du Brésil, la nouvelle production prévue est annulée de toutes parts tandis que les sociétés pétrolières contiennent les dépenses dans le contexte de la chute du prix du pétrole. La chute du prix a rapidement transformé certains des mégaprojets pétroliers les plus ambitieux au monde en aventures peu rentables. Il y a des moyens beaucoup plus faciles pour perdre de l'argent que de consacrer plusieurs milliards de dollars au développement d'un nouveau projet sur les sables bitumineux du Canada lorsque les coûts d'extraction atteignent le double du prix mondial du pétrole. Une production quotidienne de plus d'un million de barils a déjà été annulée en Alberta, alors qu'on prévoyait quadrupler la production à peine quelques mois auparavant. Les marchés mondiaux comptaient sur ce pétrole, mais la chute des prix les oblige à demeurer prisonniers du sable.

Cette croissance de l'offre pourrait ne pas être perdue aussi longtemps que la récession stabilise la demande mondiale en énergie. Toutefois, à moins que cette récession se transforme en une décennie de crise, on croit que la demande ressurgira comme d'une boîte à surprise dès que l'économie passera le seuil critique. Le moment venu, toutefois, il n'y aura pas une reprise comparable de l'offre. Les inventaires de pétrole plongeront rapidement et son prix grimpera de nouveau jusqu'à plus de 100 $.

L'enjeu clé consiste à distinguer le cycle de la tendance. Cette récession a diminué la demande de pétrole et fait baisser son prix, comme tous les ralentissements précédents. Et il ne fait aucun doute que les récessions de l'avenir feront elles aussi décliner le prix du pétrole. Par contre, les automobilistes ont déjà probablement remarqué qu'il ne semble jamais revenir à ce qu'il était auparavant, bien au contraire : l'essence devient plus chère avec chaque reprise. Alors que, aujourd'hui, un prix de 40 $ le baril semble peu élevé, il n'y a pas si longtemps nous l'aurions trouvé plutôt cher.

Le pétrole est peu coûteux en période de récession pour la seule raison que les gens n'ont pas les moyens de conduire. Certains perdent leur emploi, ne peuvent plus verser les mensualités pour payer leur voiture, qui est saisie par l'huissier. Voilà pourquoi l'essence coûte moins cher en période de recul économique. Mais lorsque l'économie revient à la normale, les gens peuvent acheter une automobile et reprendre le volant. Le prix de l'essence ne mettra pas beaucoup de temps pour retrouver le niveau qui nous indignait lorsque nous faisions le plein avant la récession.

Au cours des cycles économiques successifs, le prix du pétrole grimpera de plus en plus, sans pour autant suivre une trajectoire linéaire puisqu'il y aura des soubresauts cycliques. En outre, le prix du pétrole causera lui-même bon nombre de ces soubresauts. On peut même s'attendre au prix de 147 $ le baril que l'on a connu brièvement en 2008. Le pic d'un cycle du prix du pétrole deviendra le creux du cycle suivant. Le baril à 20 $ d'hier était un creux de récession. Aujourd'hui, on parle plutôt d'une quarantaine de dollars et dans la récession suivante, il s'agira de 80 à 100 $ le baril. Chaque nouveau cycle aura non seulement un pic plus élevé, mais aussi un prix plancher supérieur.

L'augmentation du prix du pétrole lors de cycles économiques successifs reflète en partie l'augmentation régulière des coûts marginaux de production alors que nous approchons de plus en plus du fond du baril. Le pétrole doit se vendre plus cher sur le marché libre lorsqu'il coûte plus cher à produire. Autrefois, extraire un baril de pétrole de la mer du Nord coûtait 10 $. Aujourd'hui, alors que ces gisements s'épuisent, le même baril coûtera de 60 à 95 $. Il n'y a plus de pétrole à 10 $. Plus nous puisons loin, plus le coût d'extraction et de raffinage augmente.

Tandis que la demande de pétrole continuera à fluctuer au cours du cycle économique, un fait incontournable demeure : la planète consomme beaucoup plus de pétrole qu'autrefois. Pendant que nous atteignons la lie des gisements, l'économie mondiale devient de plus en plus assoiffée de pétrole.

Voyez, par exemple, la dernière fois où la demande mondiale a diminué, soit en 1983. L'économie émergeait de la récession à double creux qui, comme celle d'aujourd'hui, était causée par une énorme augmentation du prix du pétrole. À cette époque, le monde consommait chaque jour 58 millions de barils et la Chine, moins de 2 millions.

Aujourd'hui, l'économie mondiale brûle environ 86 millions de barils quotidiennement, dont 7 millions en Chine seulement. Bien qu'il soit concevable que la récession puisse diminuer temporairement la consommation mondiale, dont celle de la Chine, ce pays, pas plus que le reste du monde, ne reviendra au niveau de 1983, peu importe la gravité de la récession. En fait, un élément clé du programme de relance très élaboré que le gouvernement chinois a récemment lancé pour lutter contre le ralentissement économique comprend des dépenses considérables pour la construction de nouvelles routes. Et elles ne sont pas prévues pour faire rouler plus de vélos !

On peut raconter plus ou moins la même histoire au sujet de la consommation de pétrole au Brésil ou dans tout autre pays nouveau consommateur de pétrole.

En Inde, par exemple, la consommation quotidienne a plus que triplé depuis 1983, passant d'à peine trois quarts de million de barils à plus de trois millions. On observe la même situation au Brésil : de moins d'un million de barils par jour, la consommation est passée à près de deux millions et demi de barils. Bien entendu, la consommation de pétrole pourrait diminuer tandis que la récession se propage à l'Inde, au Brésil ou même à la Chine, mais même si leurs économies se contractent, elles avaleront tout de même beaucoup plus de pétrole que par le passé. Aucune récession ne peut ramener la consommation aux niveaux de 1983.

Bien que le prix plus élevé du pétrole puisse, comme il l'a toujours fait, provoquer des changements cycliques de la demande, ces changements sont de moins en moins importants dans le contexte d'une croissance structurelle à long terme de la demande de pétrole dans de nombreux nouveaux pays. Autrement dit, l'ampleur de la baisse de la demande au cours d'une récession devient moins importante que l'ampleur de sa croissance au fil du temps. C'est un peu comme jouer au ping-pong dans un train en marche : la balle semble rebondir d'avant en arrière, mais en réalité, elle avance toujours.

À moins de descendre du train, bien entendu. Ce serait une erreur de conclure, en observant le ralentissement de la demande et la baisse des prix, que notre récent accrochage avec le prix du baril à plus de 100 $ n'était rien de plus qu'un pic incongru. La récession ne change rien aux éléments fondamentaux, même si on arrive mal à les déchiffrer pendant quelque temps.

Toutefois, un plongeon temporaire de la demande n'améliorera pas les choses. Au contraire, la situation empirera si cette baisse nous incite à reprendre nos anciennes habitudes de consommation de l'énergie. Les récessions peuvent ralentir la demande, mais elles ne ralentissent pas la déplétion.

Au début des années 1980, la production mondiale perdait à peine deux millions de barils chaque année à cause de la déplétion. Aujourd'hui, la perte est le double, pratiquement chaque jour de production, et le rythme s'accélère. Étant donné que nous devrons remplacer près de 20 millions de barils par jour au cours des cinq prochaines années simplement pour compenser la déplétion, l'industrie du pétrole n'a pas à s'inquiéter d'éventuels surplus de pétrole, comme ceux qui ont suivi les chocs pétroliers de l'OPEP. Nous pourrions fort bien constater un jour que l'économie a repris, mais que nous disposons de moins de pétrole qu'au début de la récession.

De plus, ce ne sera pas simplement la force de frappe conjuguée de la reprise de la demande et de la baisse de l'offre qui fera grimper rapidement le prix du pétrole. Une fois le génie de l'inflation échappé de la lanterne magique, il entraînera ce prix avec tous les autres. En premier lieu, il y aura plus d'argent pour acheter moins de barils, ce qui provoquera une hausse du prix.

Ensuite, les dollars vaudront de moins en moins même lorsque la valeur du pétrole augmentera. Vous souvenez-vous du taux d'inflation de 20 000 % en Argentine et de la valeur du peso ? Si le baril de brut avait été vendu en pesos, le pétrole aurait augmenté de 20 000 % en 1989-1990. Si les États-Unis souhaitent relancer leur économie et se sortir de la récession, ils gonfleront le prix du pétrole pour le monde entier puisque tout le monde paie en dollars américains. Si cette devise perd sa valeur, la valeur du pétrole augmentera d'autant.

LA CROISSANCE RALENTIT
ET L'INFLATION AUGMENTE

Si le pétrole à plus de 100 $ le baril est le vrai responsable de la dernière récession, que se produira-t-il si le prix revient à ce niveau, ou même baisse un peu, lorsque l'économie se ressaisira ? Glissera-t-elle de nouveau dans une récession ? Tous les chocs pétroliers ont causé une récession mondiale et l'augmentation record des prix des dernières années pourrait provoquer la plus grave de toutes. Toutefois, les récessions, peu importe leur gravité, sont des événements circonscrits dans le temps. En définitive, le pétrole menace de nous asséner un verdict économique beaucoup plus impitoyable. Force est de constater que le retour du prix du pétrole à 100 $ le baril entraînera une croissance de l'économie mondiale beaucoup plus lente que jamais, et pas seulement durant deux trimestres de récession.

Cette situation s'explique parce que pratiquement chaque dollar de PIB mondial est généré avec de l'énergie. Bien entendu, toute cette énergie ne provient pas du pétrole, mais beaucoup trop pour que le PIB mondial ne soit pas perturbé par la rareté croissante de l'or noir. Et nous ne pouvons rien contre la déplétion.

Les baisses d'impôt importantes et les augmentations marquées de dépenses peuvent atténuer la morsure du prix élevé du pétrole, mais les déficits que ce prix cause inévitablement mèneront à des augmentations d'impôt et à des baisses de dépenses qui ne feront qu'empirer la souffrance des citoyens. Souscrire un prêt pour rembourser une hypothèque peut repousser le problème d'un mois ou deux, mais au bout du compte, les difficultés n'en seront souvent que plus ardues. Emprunter sur l'avenir permet de reporter les problèmes d'aujourd'hui au lendemain, mais lorsque demain viendra, ils seront beaucoup plus gros que si nous y avions fait face le jour même. Les déficits de billions de dollars, tout comme un taux d'intérêt sur les fonds fédéraux d'à peine plus de 0 %, peuvent masquer l'impact du prix élevé de l'énergie pendant un certain temps, mais ils ne pourront pas protéger les économies dépendantes du pétrole des ravages de son prix plus élevé.

Il n'y a qu'une seule façon d'éviter un avenir marqué par une croissance économique ralentie dans un contexte de réserves de pétrole en déplétion : réduire la dépendance de l'économie envers le pétrole.

Cette solution ne dépend pas du Trésor américain, ni du Federal Reserve Board, ni du ministre des Finances. Aucun d'eux ne peut fabriquer du pétrole, et ils ne peuvent pas non plus sevrer l'économie de ce carburant. Ils pourraient atténuer légèrement la douleur, comme ils peuvent assurément la rendre plus pénible à supporter. Mais ils ne régleront pas les problèmes occasionnés par l'amenuisement de l'offre de pétrole peu coûteux.

La rareté du pétrole provoque récession et inflation seulement si nous insistons pour en consommer autant qu'auparavant quand il était beaucoup plus abondant et beaucoup moins cher. Le secret pour réduire l'importance du pétrole dans notre économie repose dans les microdécisions que prennent chaque jour les ménages et les consommateurs, non dans les macrodécisions des politiques économiques ou fiscales. C'est aussi vrai dans le pays qui consomme le plus de pétrole, les États-Unis, que dans le reste du monde.

La chute du prix du pétrole est le sursis dont nous avons besoin pour commencer à sevrer nos économies de ce carburant avant d'être frappés de plein fouet par un prix encore plus élevé que lors des six premiers mois de 2008. Ce n'est pas seulement que la déflation à la japonaise étouffe la croissance ni que l'inflation à l'argentine paralyse. Ce n'est pas seulement que la reprise à la suite d'une récession déclenchera une forte poussée du prix du pétrole qui à son tour pourrait provoquer une autre récession. L'enjeu n'est rien de moins que la croissance économique en soi et, par conséquent, notre niveau de vie.

Ce que démontre clairement le plongeon du prix du pétrole de 147 à 40 $ au cours de la récession, c'est que consommation de pétrole et croissance économique vont de pair. La capacité à accroître l'approvisionnement en pétrole restreindra la capacité à faire croître l'économie mondiale tant que chaque nouvelle unité de PIB mondial nécessitera que quelqu'un quelque part dans le monde brûle davantage de pétrole. Si nous ne pouvons plus augmenter l'offre de pétrole, nous ne serons plus en mesure de développer l'économie. À moins, bien entendu, que nous puissions changer l'équation fondamentale qui allie la taille de notre économie à la quantité de pétrole que nous consommons.

Cela ne se produira certainement pas avec les programmes de relance qui maintiennent en vie artificiellement des industries gourmandes en carburant (comme celle de l'automobile) et allouent des milliards pour de nouvelles infrastructures routières. Si nous devons nous endetter avec des déficits gouvernementaux record, investissons au moins pour notre avenir plutôt que de dépenser en fonction du passé. Notre avenir, ce sont les transports en commun et non des autoroutes pour des véhicules particuliers énergivores. Si les fonds publics sont consacrés à soutenir l'industrie automobile, ils devraient être investis dans le développement de véhicules qui ne dépendent pas du pétrole. Laissons les politiques de relance budgétaire s'attaquer à régler la cause réelle de la récession, qui n'est pas le prix des maisons à Cleveland, mais bien les conséquences du prix élevé du pétrole.

Nous ne pouvons pas faire grand-chose pour empêcher le prix du pétrole d'atteindre de nouveaux sommets à l'avenir. Mais nous pouvons faire beaucoup pour nous assurer que lorsque le moment sera venu, ils ne produiront pas les mêmes effets dévastateurs. Nous devons modifier l'équation de base qui associe notre consommation de pétrole à notre économie.

Dans le cas contraire, même cette récession paraîtra bénigne comparativement à l'avenir économique qui se profile.

CHAPITRE 8

RÉDUIRE SON HORIZON

J'adore le café autant que le monde moderne aime le pétrole. En fait, ces deux liquides partagent d'autres points communs que leur couleur. Tous deux sont à l'origine de la mondialisation de l'économie.

Tout a débuté au XVe siècle avec un humble berger observateur. Comme le veut la légende, l'homme avait remarqué que ses chèvres étaient passablement plus agitées après avoir mangé les baies d'un certain arbuste. Cédant à la curiosité qui a mené à de nombreuses grandes découvertes culinaires (et à quelques morts accidentelles), le berger a avalé quelques grains et en a ressenti les bienfaits.

L'histoire ne dit pas s'il s'est préparé sur-le-champ un espresso double, mais il a bel et bien raconté sa découverte à son imam. Celui-ci s'est mis à réfléchir à une méthode pour sécher les grains et les infuser en vue d'en faire une boisson chaude qui puisse le tenir éveillé toute la nuit. Que cette histoire soit véridique ou non, on sait qu'en 1470, les habitants de Mocha au Yémen buvaient une boisson appelée *qahwa* en arabe. Quarante ans plus tard, son usage s'est répandu au Caire et à la Mecque. En 1610, un voyageur britannique remarque que les Palestiniens passent tout leur temps libre dans ce qu'il appelait des *Coffa-houses* à boire une mystérieuse mixture « aussi chaude que l'on puisse tolérer, noire comme de la suie et goûtant à peu près la même chose[1] ». Avant que l'économie mondiale ne fonctionne grâce au pétrole, elle tournait grâce au café.

Lorsque je me rends au café Starbucks près de mon bureau dans le quartier des affaires de Toronto, je perpétue une tradition séculaire. Avant que les Européens n'adoptent l'habitude de boire un café le matin, ils prenaient une bière au réveil, avec les effets auxquels on pouvait s'attendre… Un déjeuner arrosé de houblon remplit l'estomac et arrondit les courbes, mais il contribue difficilement à éclaircir les esprits. Pourtant, la vie intellectuelle à Londres au XVIIe siècle exigeait une grande lucidité puisque c'était une période d'innovation rapide, et même de révolution, dans pratiquement tous les domaines : la politique, la philosophie, les sciences et, probablement plus que tout, la finance.

Les échecs cinglants comme les réussites tangibles des premiers jours du capitalisme se sont matérialisés dans les cafés de Londres. La notoire South Sea Bubble (un complot d'investissement qui a inspiré des générations d'auteurs de manuels d'économie) a été en grande partie ourdie dans un établissement appelé Garraway's. Le café Lloyd's, ouvert en 1680, a vu naître une institution qui a duré beaucoup plus longtemps. Cet endroit – où capitaines de vaisseaux, investisseurs et marchands se réunissaient pour échanger les plus récentes nouvelles du monde maritime – a rapidement tiré parti de son rôle pour colliger cette information dans un bulletin. Par la suite, les assureurs ont loué un espace dans le café. Quatre-vingt-dix ans après son ouverture, le café devenait Lloyd's of London, probablement la société d'assurances la plus célèbre sur la planète, encore aujourd'hui.

Une des premières places boursières au monde, qui demeure l'une des plus importantes, trouve aussi son origine dans un café. Dans les années 1690, les négociateurs londoniens se réunissaient devant le Jonathan's. En 1762, ces rencontres sont devenues plus officielles : les négociateurs devaient payer un abonnement pour faire des affaires sur les lieux. Onze ans plus tard, un groupe de négociateurs est parti s'installer ailleurs sous le nom New Jonathan's, mais ils ont rapidement rebaptisé leur boutique The Stock Exchange, l'ancêtre de la Bourse de Londres telle qu'on la connaît aujourd'hui.

Le café a percolé à travers les nombreux développements qui ont défini le monde moderne, comme la science, le commerce et la démocratie, mais il a influé de façon encore plus décisive sur la mondialisation.

Pour approvisionner ces cafés européens en matière première, d'énormes quantités de grains devaient se frayer un chemin depuis les plantations près de la Mecque jusqu'au port de Jeddah, à partir duquel les sacs étaient chargés sur des bateaux en direction du golfe de Suez, puis transportés à dos de chameau jusqu'à Alexandrie, où des négociants français et vénitiens les achetaient à l'enchère. Ils expédiaient ensuite le café partout dans la région méditerranéenne. Dès la fin du XVIIe siècle, les pays européens ont commencé à s'inquiéter de leur dépendance au café du Moyen-Orient et sont partis en quête d'une solution. Cela vous rappelle-t-il quelque chose ?

Les Hollandais puis les Français ont réussi à casser le monopole arabe en aménageant des plantations de café dans les pays de leur empire qui offraient le climat approprié. On peut cultiver le café là où on fait pousser la canne à sucre, et c'est exactement cette logique qu'ils ont suivie. Les Hollandais ont inauguré des caféières à Java et les Français, en Martinique. Celles-ci ont servi de points de départ stratégiques pour « coloniser » par le café le Venezuela, la Colombie et le Brésil, qui est d'ailleurs devenu le plus grand producteur du monde, alors que les pays arabes ont depuis longtemps perdu leur position dominante.

Il va sans dire que le Moyen-Orient a trouvé un moyen de remédier de belle façon à la perte de sa position dominante sur le marché du café. La question est de savoir à quelle fréquence les grains de café du Brésil ou de Java parviendront à mon Starbucks préféré lorsque surviendra l'épuisement inévitable des puits de pétrole.

Le café a toujours été, et demeure, un élément important de l'économie mondiale. Les changements climatiques permettent peut-être de cultiver des cépages de cabernet sauvignon en Angleterre et dans le sud de l'Ontario, mais il faudra que la planète se réchauffe beaucoup plus pour que je puisse faire pousser des caféiers dans mon jardin.

Cela ne signifie pas que le café disparaîtra subitement de notre petit univers local. Toutefois, sans pétrole à prix abordable, faire venir mes grains de l'autre côté du globe coûtera assurément beaucoup plus cher.

Le café du matin deviendra-t-il aussi dépassé que la bière au déjeuner?

LA FIN DE L'ÉCONOMIE DU *BARISTA*

Vos petits-enfants pourraient bien ne jamais voir un *barista* de leur vie. Partout dans les pays développés, de jeunes adultes enthousiastes et bien éduqués nous éblouissent derrière le comptoir en préparant, avec le sourire et d'une main experte, des allongés et des capucino au lait de soya. Ils répondent à un besoin important de nos sociétés. Toutefois, notre demande de café ne disparaîtra pas du jour au lendemain et le marché doit procéder à une correction fondamentale pour contrecarrer l'effet du pétrole à plus de 100 $ le baril.

Aujourd'hui, le secteur tertiaire représente environ 70 % de l'économie en Amérique du Nord et dans le reste du monde développé. Mais il n'en a pas toujours été ainsi. En 1960, cette proportion n'était que de 50 % du PIB des États-Unis et des économies comparables, soit celles de la Grande-Bretagne et du Canada. À l'époque, beaucoup moins de gens avaient pour métier la confection de sandwichs, l'accueil des clients dans les magasins, la consultation ou la conception. Par contre, beaucoup plus fabriquaient et réparaient des objets.

La mondialisation a eu notamment pour effet d'entraîner l'expansion de ce que l'on pourrait appeler l'«économie du *barista*». Pendant que nous importions de plus en plus de biens des pays d'outre-mer où la main-d'œuvre est bon marché, le secteur des services a grossi de plus en plus. C'était l'un des secteurs qui n'avait rien à craindre de la concurrence de la main-d'œuvre étrangère à bas prix.

Les dentistes américains ne s'inquiétaient nullement de la concurrence de leurs confrères de l'Inde parce que leurs patients n'allaient certainement pas prendre l'avion de New York à New Delhi pour économiser quelques centaines de dollars sur un traitement de canal. Une Londonienne n'aurait pas non plus eu l'idée de s'envoler vers la Bulgarie pour s'offrir une coupe de cheveux ou un soin de beauté à prix imbattable. Et moi, je prendrai toujours mon café du matin à quelques pas de mon bureau.

Le café est peut-être mondialisé, mais le *barista* sera toujours local.

L'expansion spectaculaire du secteur tertiaire au cours de l'après-guerre trouve son pendant dans une implosion tout aussi massive du secteur des biens dans nos économies. La production alimentaire en offre l'exemple le plus patent. Les emplois agricoles représentent le cinquième de ce qu'ils étaient il y a 50 ans. D'autre part, même s'il ne s'agit pas d'un déclin aussi marqué, les emplois manufacturiers sont passés de 30 % de la main-d'œuvre à environ 10 %. En 1960, alors qu'environ la moitié de la main-d'œuvre américaine s'employait à fabriquer un bien quelconque, cette proportion a diminué à environ le tiers des emplois totaux. Tandis que nous sommes de moins en moins nombreux à travailler dans les usines, les industries manufacturières contribuent de moins en moins au PIB.

Toutefois, le secteur des services n'aurait jamais atteint sa taille actuelle si nos économies avaient dû produire elles-mêmes les automobiles, la nourriture, l'acier, les téléviseurs, les ordinateurs et tous les autres biens que nous importons dorénavant. Nos économies sont fondées sur le service précisément parce que maintenant, nous pouvons nous permettre d'importer de nombreux biens que nous devions autrefois nous fabriquer.

Comme nous l'avons vu, nous avons été en mesure de nous offrir tous ces objets fabriqués à l'étranger parce que le transport à faible coût nous donnait accès à une main-d'œuvre bon marché. Fondamentalement, nous avons pu nous offrir ces services que nous nous dispensons mutuellement, de la consultation juridique à la coiffure, en dépensant les économies réalisées grâce à la délocalisation de nos usines à l'étranger.

L'explosion des coûts d'importation des biens en provenance des pays éloignés nous forcera à nous retrousser les manches pour fabriquer nos propres téléviseurs à écran plat. On réclamera ces *baristas* pour faire tourner les usines, dont les entreprises s'emploient déjà à dépoussiérer les machines. Les sites des anciennes usines démolies verront s'élever de nouveaux établissements. Le capital, comme l'eau, s'écoule rapidement d'un point élevé à un niveau plus bas. Si fabriquer de l'acier aux États-Unis est une option préférable à l'importer de Chine, de nouvelles aciéries seront construites en Amérique et dans les autres pays de l'OCDE aussi rapidement qu'elles ont disparu. Dans un monde plus petit, la fabrication de biens deviendra l'un des services que nous nous dispenserons.

C'est donc dire que le secteur tertiaire autrefois en pleine expansion commencera bientôt à rétrécir, lui aussi. Il devra à tout le moins se délester de travailleurs, si ce n'est de capitaux, pour répondre aux besoins du secteur de la fabrication soudainement en pleine croissance. L'augmentation marquée des coûts de transport nous obligera à devenir plus autosuffisants pour fabriquer des biens que nous pensions ne plus jamais avoir à produire. Ainsi, la part du secteur tertiaire dans le marché de l'emploi, à l'image de sa part du PIB, pourrait commencer à chuter et, ce faisant, commencer à renverser ce que l'on croyait précédemment une tendance irréversible de notre économie.

Cette transition ne donnera pas un coup d'arrêt. Les infrastructures, la technologie, la formation et même la culture de travail devront subir une réorientation radicale pour être prêts à être efficaces dans une économie locale. Beaucoup de gens qui n'ont pas emporté de boîte à lunch depuis l'école secondaire, ou qui n'ont pas souffert d'ampoules aux mains depuis le jour où ils ont tenté de construire une clôture, pourraient très bientôt renouer avec ces deux réalités.

Les forces de la mondialisation des trois dernières décennies freineront net. Alors que la libéralisation du commerce et les changements technologiques ont aplati la Terre, la flambée du prix de l'énergie va lui redonner sa courbe. Et ce monde plus petit et plus rond de l'avenir ressemblera davantage au passé que ce à quoi nous nous attendions.

ALLER AU RESTAURANT

Aucun secteur de l'économie ne sera à l'abri de ces mutations mondiales. Rien n'influera sur nos villes et nos vies davantage que le sort de quelque chose que nous tenons pratiquement pour acquis : notre alimentation.

À l'emplacement de l'aréna où mon fils joue au hockey se trouvait une terre agricole lorsque j'étais enfant. Je me souviens que la clôture arrière de la cour de mon école publique longeait un grand terrain.

Quarante ans plus tard, cette clôture et le pâturage le plus proche sont séparés par une quarantaine de kilomètres de vastes étendues banlieusardes. Les fermes sont aussi floues dans ma mémoire que le dernier défilé de la coupe Stanley des Maple Leafs dans les rues de Toronto. De nombreuses communautés satellites construites sur ce qui était autrefois des terres agricoles de première qualité sont reliées à Toronto par un réseau complexe d'autoroutes. Dans cette métropole comme partout dans le monde, l'énergie à bas prix a permis aux villes d'avaler les terres qui les entouraient et de s'étaler dans toutes les directions.

Londres fait exception : en 1935, les urbanistes ont eu la clairvoyance de ceindre la ville d'une bande de verdure, la Green Belt, interdite au développement. Cette mesure qui a limité l'étalement de la capitale a fait en sorte que les prix de l'immobilier demeurent parmi les plus élevés au monde. Toronto s'est dotée elle aussi d'une politique, mais tardivement, en 2004, après avoir perdu 688 000 hectares (1,7 million d'acres) de terres agricoles, soit environ 35 % de sa superficie d'origine.

Le filet que mon fils tente de défendre ce soir était probablement un lopin de ferme il y a 30 ans, à l'époque où l'on cultivait des produits vendus au supermarché que fréquentaient mes parents.

Alors, comment se fait-il que je n'aie pas faim malgré la disparition de toutes ces terres agricoles?

Je n'ai pas faim parce que je ne dépends plus des fermes locales pour m'alimenter. Le supermarché où je fais mes achats se fait livrer des aliments qui viennent de partout dans le monde par camion, bateau et même avion. La distance moyenne de la ferme au magasin a augmenté d'environ 25 % entre 1980 et 2001. La nourriture parcourt en règle générale de 2 400 à 4 800 kilomètres avant de se retrouver dans notre assiette. En outre, la grande majorité de cette nourriture a dû être réfrigérée durant son transport.

Prenez par exemple les côtelettes d'agneau dans le rayon des produits surgelés de mon supermarché. Elles ne viennent pas de l'Ontario: tous les pâturages des environs de Toronto sont asphaltés depuis longtemps déjà. Cette viande provient de la Nouvelle-Zélande, un pays aux antipodes, où on a décidé de se spécialiser dans l'élevage de moutons après avoir lu David Ricardo.

Et ces bleuets? Bien qu'ils poussent à l'état sauvage dans la région, notamment au Lac-Saint-Jean, ce n'est pas d'où proviennent ceux vendus dans mon supermarché. Ces baies énormes et probablement génétiquement modifiées sont cultivées en Californie, à plus de 3 200 kilomètres de chez moi.

C'est bien loin pour livrer un petit fruit, et ce l'est encore plus pour de l'agneau congelé de Nouvelle-

Zélande, dans une région qui pourrait fort bien élever ses propres bêtes et où les bleuets poussent à profusion.

La part des importations dans notre offre alimentaire a doublé au cours des 20 dernières années, même dans le cas des fruits et légumes frais. Tandis que nous nous intégrons de plus en plus dans un système alimentaire mondial axé sur les fournisseurs internationaux, les économies locales perdent à un rythme soutenu la capacité de se nourrir. Puisque les coûts de transport dérisoires nous permettaient de goûter aux produits agricoles du monde entier, ce n'était plus du tout justifié économiquement d'être autosuffisant sur le plan alimentaire. Quelqu'un quelque part pouvait toujours produire de la nourriture et la livrer dans nos cuisines pour moins cher qu'un fermier de la région.

Comme dans le cas de la fabrication, la mondialisation a transformé l'agriculture en gigantesque industrie qui dessert d'énormes marchés d'exportation mondialisés. Dans ce secteur, on obtient un avantage comparatif grâce au même facteur de coût de la main-d'œuvre que dans le domaine manufacturier. Ce n'est donc pas une grande surprise que les mêmes pays qui ont fourni de plus en plus de biens bon marché fabriqués en grandes quantités produisent une quantité croissante d'aliments destinés à l'exportation.

Toute l'attention des médias se porte vers les appareils électroniques et l'acier, mais la Chine augmente discrètement ses exportations de produits alimentaires de toutes sortes, partout dans le monde : du bok choy, des pommes et des croquettes de poulet pané. Les ventes aux États-Unis ont augmenté en flèche, d'un modeste milliard de dollars à six milliards en 2008, soit une croissance de 500 %. Le restaurant du coin n'est plus le seul à livrer des mets chinois…

La même situation se répète dans les autres pays développés. Le marché mondial des fruits et légumes a augmenté de façon spectaculaire lorsque le pétrole ne coûtait pas cher. En fait, il a doublé dans les années 1980, puis augmenté de 30 % supplémentaires, 10 ans plus tard. Ainsi, les exportations de nourriture représentent maintenant environ le cinquième du PIB de l'ensemble des pays en développement.

En Chine, ces exportations de nourriture dépendent encore plus de l'énergie peu coûteuse que les exportations d'acier. Le métal n'a pas à être réfrigéré durant son transport à travers l'océan, contrairement à la plupart des produits alimentaires. L'empreinte d'énergie et de carbone laissée par les exportations alimentaires de Chine est considérable. Comme dans le cas de l'acier, la production agricole des pays étrangers est de moins en moins avantageuse sur le plan des coûts chaque fois que le prix du pétrole augmente.

Alors, passez-vous donc de cette salade d'avocats en plein mois de février. Si vous vivez au Canada comme moi, ce plat sera bientôt hors de prix à cause des frais de transport aérien de ce fruit cultivé au Mexique ou dans le sud de la Californie. (Rappelons-nous que l'avion consomme 44 fois plus d'énergie que le bateau.) Tout à coup, les carottes et les betteraves locales redeviendront à la mode. Arroser des crêpes de sirop d'érable du

Québec à Los Angeles n'est pas non plus un bon choix sur le plan économique.

Dans ce contexte, le monde a rétréci pour les producteurs d'avocats du sud de la Californie et les acériculteurs québécois. Les frais de transport éliminent des marchés pour les deux. Et les consommateurs éloignés ne se limiteront pas au sirop d'érable et aux avocats.

Au rez-de-chaussée de l'édifice où je travaille se trouve une aire de restauration qui pourrait être les Nations Unies des casse-croûtes. On y vend des mets thaïlandais, indiens, chinois, tex-mex et japonais. Pratiquement rien de ce qu'on nous sert dans des emballages jetables ne provient de la grande région de Toronto. Même l'eau embouteillée traverse l'Atlantique en avion, en provenance d'une source quelconque dans la Forêt-Noire au sud-ouest de l'Allemagne.

Au Royaume-Uni, où l'on a détruit près des deux tiers des vergers au cours des 30 dernières années, 76 % des pommes vendues au supermarché viennent d'outre-mer, en grande partie des États-Unis, à plus de 16 000 kilomètres. Et bien que la laitue vendue dans les épiceries britanniques ait probablement poussé relativement près, en Espagne (soit à environ 1 600 kilomètres), il faut tout de même l'équivalent de 127 calories de kérosène pour chaque calorie d'énergie alimentaire que fournit cette salade[2].

La situation est la même en Australie, qui est à la fois éloignée de presque tous les autres pays du monde et géographiquement aussi étendue et aussi dépendante de l'automobile et du camion que l'Amérique du Nord.

Une étude menée dans ce pays révèle que 25 produits couramment vendus au supermarché avaient voyagé sur plus de 70 000 kilomètres de la ferme à la table, soit près de deux fois le tour de la Terre. (Une portion importante de cette distance – près de 20 000 kilomètres – avait été parcourue à l'intérieur même de l'Australie.) Ce type de choix alimentaires est-il justifiable dans un contexte économique où le prix du baril d'essence dépasse 100 $[3] ?

Dans ce nouveau monde de pétrole cher et de tarifs sur le carbone, on lèvera bientôt le nez sur la cuisine internationale, qui dépend d'ingrédients exotiques importés. On voit déjà poindre la gastronomie locale habillée d'une étiquette écologique.

Là où j'habite, on trouve maintenant des restaurants qui ne servent que de la viande, du poulet, des fruits, des légumes et même du vin provenant de la région. Et croyez-moi, le sud de l'Ontario n'est ni la Bourgogne ni la Toscane en matière de cuisine régionale. Nous savons déjà ce qui arrive au saumon norvégien traité dans une usine chinoise. Le seul poisson figurant au menu de ce restaurant haut de gamme nouveau genre est pêché dans le lac Ontario. Libre à vous d'en commander, selon votre tolérance aux toxines qui empoisonnent les Grands Lacs. Votre menu, à l'image de l'économie mondiale, vient de rétrécir beaucoup.

Alors d'où proviendra notre nourriture lorsqu'il ne sera plus justifiable économiquement pour les Nord-Américains d'importer de l'agneau de Nouvelle-Zélande, ou pour les Britanniques d'acheter de la laitue d'Espagne ? Dans la plupart des pays développés, la production locale suit loin derrière la consommation, nous laissant de plus en plus dépendants des exploitations agricoles étrangères. En 1988, par exemple, l'Ontario importait moins de 25 % de sa nourriture, aujourd'hui, c'est plus de 40 %. La situation est semblable ailleurs en Amérique du Nord. En 1980, les États-Unis importaient un peu plus de 40 % de leur poisson. Vingt-cinq ans plus tard, cette proportion passait à 70 %. Et nos fameuses côtelettes d'agneau congelées importées représentaient 10 % du marché américain en 1980, et quatre fois plus en 2005. Même la consommation de fruits importés a augmenté de 5 à 25 %.

Tout cela va changer. Au cours des années 1990, l'économie américaine a perdu 0,8 hectare de terre agricole chaque minute. Le secteur agricole de l'avenir pourrait bien regagner le terrain perdu au même rythme.

Et vous pourriez bien tomber nez à nez avec votre *barista* reconverti en vendeur de tomates patrimoniales au marché de producteurs local.

Si vous croyez aux marchés, l'avenir pourrait vous surprendre. Oubliez les vaisseaux spatiaux personnels et les mégalopoles illuminées qui sont de vieux rêves de l'époque de l'énergie bon marché. L'avenir ressemblera beaucoup au passé parce que les fermes se multiplieront.

Nous avons déjà vu que la flambée des coûts de transport et l'effondrement du transport interurbain qu'elle entraînera dépeupleront les banlieues. Plus elles seront éloignées du lieu de travail des gens, plus ceux-ci les délaisseront.

Des lotissements à demi aménagés sont déjà abandonnés. Sans afflux régulier d'argent provenant de la vente de maisons neuves, les promoteurs immobiliers se retireront en laissant des terrains boueux d'où émergeront quelques fondations. Et lorsque les taux d'intérêt atteindront le niveau de l'inflation et que le financement de nouveaux lotissements deviendra plus coûteux, l'effritement des abords des villes s'accélérera. Ne vous étonnez pas de la rapidité à laquelle la nature reprendra le dessus sur ce qui était encore la campagne il y a 30 ou 40 ans. À Lehigh Acres, un lotissement abandonné de Floride, les autorités ont démantelé plus de 100 exploitations de culture de marijuana. Ce n'est peut-être pas la production agricole la plus nutritive, mais c'est un signe non équivoque que la nature et les entrepreneurs détestent le vide[4].

Dans un monde plus petit, les forces du marché seront du côté de Mère Nature, pour une fois.

Lorsque l'augmentation des coûts de transport aura fait disparaître l'agneau de Nouvelle-Zélande et les bleuets de Californie des restaurants et des épiceries de Montréal, ces denrées seront remplacées par des productions locales. Leur prix augmentera, incitant de plus en plus de gens à se lancer dans l'élevage de moutons et la culture des bleuets. Au bout du compte, le prix montera à un point tel que des terrains aujourd'hui invendables dans les banlieues lointaines seront convertis en exploitations agricoles qui, à leur tour, contribueront à garnir les tablettes de mon supermarché, comme elles le faisaient il y a 30 ou 40 ans.

D'où proviendra la nourriture de l'avenir? De votre propre arrière-cour. Ne vous étonnez pas : ce changement commence déjà à se manifester. Des consommateurs nord-américains de plus en plus conscients de l'importance de minimiser les émissions de carbone et la consommation d'énergie réclament déjà une nourriture cultivée à la maison. Remplacer des aliments de l'étranger par des produits locaux fait économiser de l'énergie et, ce faisant, réduit les émissions de carbone : une situation doublement gagnante dans une économie qui ne doit pas seulement s'adapter au prix élevé du baril de pétrole, mais qui imposera bientôt aussi un prix sur la consommation de carburant.

En fait, l'alimentation locale comporte beaucoup plus d'avantages. Puisque la nourriture représente une part de plus en plus importante du budget des ménages, il est sensé de l'acheter dans la communauté. Mieux vaut que notre argent contribue à développer l'économie locale plutôt que d'enrichir une entreprise de l'extérieur. En outre, les produits locaux et saisonniers sont toujours plus frais que les aliments congelés importés, ils ont meilleur goût et sont plus complets sur le plan nutritionnel (une étude menée au Royaume-Uni a révélé que les pommes de terre étaient souvent entreposées durant six mois, ce qui en évacue de nombreux éléments nutritifs).

Toutes les fins de semaine d'été, le parc de mon quartier, situé à un peu plus de trois kilomètres du cœur financier du Canada, accueille un marché de producteurs. Près de la moitié du parc se couvre d'étals où les agriculteurs de la région vendent leurs propres produits aux citadins, ces consommateurs qui délaissent de plus en plus les produits importés vendus dans leurs supermarchés et qui sont prêts à payer plus cher.

On trouve de tout au parc Withrow : de la viande d'élevage artisanal, des saucisses maison, des légumes frais ou du miel. Tous les produits proviennent de la région et la plupart sont issus de l'agriculture biologique. On peut même s'y procurer d'énormes contenants de graisse de porc. Je suppose que « manger local » ne signifie pas nécessairement « manger santé »...

Les grandes chaînes d'alimentation ont remarqué la popularité de ces marchés de producteurs qui s'installent de plus en plus nombreux dans les zones métropolitaines d'Amérique du Nord. Le plus grand supermarché de ma ville a annoncé récemment qu'il augmentera de 10 % la quantité de produits locaux offerts en magasin. Cela ne devrait pas présenter trop de difficultés puisque, comme la plupart des commerces de ce genre, seul le quart des fruits et légumes qu'il offre sont cultivés localement. Cette chaîne prévoit installer des étalages devant chacun de ses magasins pour que tous ses clients constatent qu'elle soutient les gentils agriculteurs de la région, si respectueux de l'environnement.

J'arriverais probablement à nourrir la maisonnée avec ce que l'on trouve au marché saisonnier du parc Withrow, mais les fermes familiales ainsi que les boulangeries et fromageries artisanales ne fournissent qu'une fraction de la nourriture consommée dans les pays développés. Et si vous avez déjà aperçu les files de Land Rover et de fourgonnettes Volvo chargées de chou noir biologique de Toscane et de porc du Berkshire élevé en liberté après une visite dans un marché de producteurs, vous comprendrez facilement que votre fermier ne sera pas en mesure de remplacer l'abondance du système alimentaire mondial industriel dans un avenir proche.

Aujourd'hui, seules les personnes relativement riches peuvent se permettre de consommer des aliments locaux. Cet état de fait nous révèle que le prix de la nourriture augmentera lorsqu'elle ne sera plus «subventionnée» par l'énergie et la masse salariale mondiale à faible coût.

La situation est particulièrement alarmante lorsque l'on tient compte du coût réel de l'agriculture. Nous imaginons peut-être la ferme comme un éden où des vaches paissent placidement dans un pré bucolique et où les poulets caquètent joyeusement dans la basse-cour. Toutefois, derrière cette façade de verdure se cache l'une des industries les plus énergivores au monde. L'agriculture commerciale, mécanisée et à grande échelle, n'est qu'une façon techniquement évoluée de transformer des combustibles fossiles en nourriture. Les champs de l'Iowa, par exemple, requièrent chaque année un apport énergétique qui équivaut à 4 000 ou 5 000 bombes aussi puissantes que celle larguée sur Nagasaki. Et toute cette énergie provient de combustibles fossiles à raison d'environ 52 litres par hectare de superficie[5].

À l'époque où notre nourriture provenait de la ferme familiale près de la maison, l'agriculteur tirait environ trois calories d'énergie alimentaire pour chaque calorie de travail investie dans sa terre. Maintenant que le travail est exécuté par des tracteurs, des moissonneuses-batteuses et des camions au diesel monstrueux, nous obtenons 1 calorie pour chaque tranche de 10 calories investies. Cet exemple d'un taux de rendement énergétique plus faible rappelle les sables bitumineux de l'Athabasca. Et cette baisse du rendement énergétique s'accroît avec chaque hausse du prix du pétrole. Comme nous l'avons vu dans le cas de la production d'éthanol, l'augmentation vertigineuse du prix des fertilisants, du diesel et de l'énergie nécessaire à l'irrigation se répercute dans le prix final de la récolte et dans le coût de la nourriture sur notre table.

La hausse du prix de l'énergie et l'augmentation du prix des aliments sont intimement liées. Alors que dans l'économie des États-Unis cette corrélation est accentuée par les politiques mal avisées sur l'éthanol, le rapport entre la nourriture et le prix de l'énergie est beaucoup plus fondamental ailleurs dans le monde. Parmi les éléments critiques pour l'agriculture, mentionnons l'effet direct des fertilisants plus chers, la demande d'énergie électrique et le diesel. Tous ces postes budgétaires ont augmenté, que vous les calculiez en hectares, en kilos de nourriture ou de toute autre façon qui vous viendrait à l'esprit. Plus l'agriculture se mécanise, plus elle dépend de l'énergie.

Pendant ce temps, le monde trouve le moyen de manger davantage et à toute heure du jour. En Chine et en Inde, le hamburger est en voie de remplacer le bol de riz aussi rapidement que les automobiles de marques Tata et Chery chassent les vélos de la route. Tandis que les gens augmentent la quantité de protéines dans leur régime alimentaire en mangeant plus de viande, les marchés céréaliers mondiaux subissent des pressions accrues pour répondre à la demande de produits alimentaires destinés au bétail.

Au cours des dernières décennies, la consommation mondiale de viande a crû deux fois plus vite que la population. À l'heure actuelle, nous ingérons un peu moins de 41 kilos de viande par personne par année, alors que dans les années 1970, nous nous contentions d'un peu plus de 27 kilos. La majeure partie de cette augmentation est attribuable aux citoyens des pays développés.

Il faut beaucoup plus de céréales pour produire un kilo de viande qu'une miche de pain. En fait, il faut environ 3 kilos de nourriture pour animaux pour obtenir 500 grammes de porc ou de bœuf, et un peu plus d'un kilo de pâtée pour produire 500 grammes de poulet.

Ainsi, lorsque la consommation de viande explose dans le monde, nous devons cultiver beaucoup plus de céréales que nous le faisions auparavant, simplement pour engraisser les animaux supplémentaires. C'est ce qui explique que la demande pour les oléagineux et les céréales a augmenté plus rapidement que l'offre au cours des sept ou huit dernières années. De 2000 à 2007, les stocks céréaliers mondiaux ont chuté de 50 % et se situent maintenant au plus bas niveau jamais enregistré.

Cela ne pose aucun problème si vous êtes de ceux qui ont les moyens de manger du steak, comme les populations urbaines en pleine explosion de la Chine et de l'Inde. Mais plus on fait paître de bœufs, moins on peut cuire de pain puisque les céréales qui autrement auraient nourri des gens servent à engraisser du bétail. Cette organisation convient beaucoup moins aux paysans dont le régime alimentaire dépend de ces mêmes céréales qu'ils doivent maintenant donner aux bœufs. Ils meurent de faim tandis que la flambée du prix des céréales rend soudainement hors de portée cet aliment de base de leur régime alimentaire. En vue de parer aux pénuries alimentaires de plus en plus graves sur leur territoire, un nombre croissant de pays du tiers-monde interdit ou limite considérablement l'exportation de céréales et d'autres denrées.

Robert Zoellick, président de la Banque mondiale, a annoncé en octobre 2008 l'apparition d'une « crise humanitaire » tandis que 44 millions des citoyens du monde les plus pauvres sont acculés à la malnutrition à cause du prix élevé de la nourriture. Zoellick explique : « Alors que les pays développés se concentrent sur la crise financière, beaucoup de gens oublient qu'une crise humaine est en train de progresser rapidement dans les pays en développement. Elle pousse les pauvres à la limite de la survie[6]. » L'augmentation du prix des denrées de base peut faire un accroc dans le budget des citoyens des pays de l'OCDE, mais elle est une question de vie ou de mort dans les régions les plus pauvres.

La planète dispose d'une quantité limitée de terre arable et, en fait, il pourrait en rester de moins en moins à cause des changements climatiques. Les énormes augmentations de la production alimentaire dans le monde au cours des 40 dernières années sont attribuables à l'amélioration continuelle du rendement à l'hectare et non à l'augmentation de la superficie des terres cultivées.

Pendant ce temps, il y a plus de gens sur la planète et leur appétit augmente pour de la nourriture énergivore. Il y a aussi plus d'automobiles, ce qui signifie qu'il y a moins de pétrole pour les tracteurs et, comme nous l'avons vu, il y a moins de maïs pour confectionner des tortillas lorsque cette céréale sert à produire de l'éthanol.

Le pic pétrolier pourrait bientôt nous donner un pic alimentaire.

Bien entendu, il y aura toujours de la nourriture sur les tablettes de l'épicerie du quartier, mais elle viendra probablement de plus près et coûtera sans doute plus cher. Lorsque le prix de l'énergie est élevé, le coût de la main-d'œuvre et du carburant pour produire cette nourriture, sans oublier les frais de transport et de vente au détail, augmentent eux aussi et continueront de le faire au rythme de la hausse du prix du carburant.

Ainsi, avec chaque augmentation du coût du pétrole, il restera un peu (ou beaucoup) moins d'argent dans le budget pour acheter autre chose que de la nourriture. Le pourcentage des dépenses des ménages consacré à l'alimentation croît déjà sans arrêt.

Comme nous l'avons vu, le prix de toutes les importations augmentera bientôt avec les coûts de transport.

Le prix de tout bien produit au pays augmentera lui aussi au rythme de la hausse du coût de la main-d'œuvre.

Et à cause des taux d'intérêt qui suivent l'inflation, il coûtera aussi plus cher d'emprunter l'argent qui nous servira à faire ces achats.

Tout à coup, le prix des exotiques pommes de terre bleues du marché des producteurs vous semblera une aubaine. Tandis que le prix élevé du pétrole se fraie un chemin dans l'économie, il y aura moins d'argent à dépenser et de nombreux biens de consommation qui nous semblent aujourd'hui essentiels pourraient se muer en objets de luxe demain. Mon capuccino coûte déjà plus de 3 $. Quel prix suis-je prêt à payer pour ma dose d'énergie matinale ?

EFFICACITÉ ET SPÉCIALISATION

L'économie globale est une question d'efficacité. Elle nous dicte de nous spécialiser dans ce que nous réussissons le mieux, comme l'a observé Ricardo au XIXe siècle. Et plus le monde est grand, plus nous serons capables de le faire. Plus nous pouvons faire d'échanges avec le reste du monde, plus grands seront les marchés à notre portée, et plus spécialisés seront les créneaux de l'offre.

Si je fabrique un objet qui n'intéresse qu'une dizaine de consommateurs, j'aurai beaucoup de mal à en faire mon gagne-pain. Et il vaut mieux que j'exige un prix plutôt élevé pour chaque objet qui doit posséder des caractéristiques très spéciales ou uniques pour me donner le pouvoir de demander autant sur le marché. D'autre part, si un million de citoyens veulent acheter ma production, je pourrais très bien gagner ma vie sans avoir à réclamer beaucoup puisque je bénéficie de l'effet de volume. Pour la plupart des produits, la question de la rentabilité se résume à une chose : la taille du marché.

Ce qui me transporte d'un marché de quelques centaines ou de quelques milliers d'acheteurs vers un marché de millions de clients est la transformation d'une économie locale en économie mondiale. Et c'est le commerce qui relie les deux.

Plus une économie échange avec le reste du monde, plus ses producteurs et consommateurs sont liés au marché mondial, qui transforme les fabricants en exportateurs et les consommateurs en importateurs.

Une économie mondiale nous incite à nous spécialiser davantage et de façon de plus en plus ésotérique. On peut mettre beaucoup d'œufs dans un panier si le panier est assez grand. Les Coréens du Sud ne seraient pas de très bons fabricants de semi-conducteurs s'ils se contentaient de produire des puces pour les ordinateurs vendus dans leur pays. Toutefois, ils en fabriquent non seulement pour eux, mais aussi pour le monde entier. Afin d'atteindre une expertise de haut niveau dans les semi-conducteurs, les Coréens se privent de produire d'autres choses qui pourraient leur plaire, comme du café, par exemple. La Corée importe donc du café de régions qui ne connaissent rien aux semi-conducteurs et tout le monde s'en porte mieux puisque personne n'a à boire de café coréen et que les Brésiliens ne sont pas obligés de fabriquer leurs puces informatiques à partir de rien.

Mais qu'advient-il de cette tendance de spécialisation accrue lorsque les grandes forces économiques en tête de la mondialisation commencent à s'inverser?

Tandis que la flambée des coûts de transport causée par l'augmentation du prix du carburant renvoie le pendule vers l'économie locale, nous devons subitement devenir des généralistes. Nous devons nous concentrer de nouveau sur des marchés locaux plus petits qui ne sont peut-être pas assez importants pour soutenir la spécialisation que le marché mondial plus large offrait auparavant.

Plutôt que d'être le fabricant le plus efficace d'un article spécialisé, je devrai peut-être me transformer en touche-à-tout capable de produire cinq ou six produits différents pour un marché régional beaucoup plus petit. Je ne serai peut-être pas aussi bon avec six produits plutôt qu'un seul, mais grâce à l'explosion des coûts de transport transocéanique, ce ne sera pas nécessaire.

Je ne devrai plus faire concurrence au reste du monde pour survivre. Je ne devrai me mesurer qu'aux autres fabricants locaux qui travaillent avec plus ou moins la même efficacité que moi et qui versent grosso modo les mêmes salaires.

Les syndicats appellent cette situation le « commerce équitable », qui signifie en fait que l'on fait des échanges seulement avec ceux qui ne sont pas plus concurrentiels que nous. Je préfère l'expression « commerce local ».

Si le baril de pétrole à plus de 100 $ rend tout à coup insoutenable le coût de transport de ma production à travers l'océan, alors je délaisserai les marchés d'Asie ou d'Europe pour me concentrer plutôt sur les marchés locaux où l'augmentation des frais de transport joue à mon avantage, et non à mon détriment, en empêchant les concurrents étrangers de vendre leurs produits dans les magasins de ma région. Je serai peut-être obligé de me retirer des marchés de mes concurrents, mais ils sont de toute façon sur le point de quitter mon territoire à cause, précisément, des mêmes contraintes économiques.

Dans le même ordre d'idées, la méthode du juste-à-temps ne sera plus viable dans le contexte des frais de transport de l'avenir. Il coûtera beaucoup moins cher de conserver des stocks importants en entrepôt plutôt que d'expédier des produits sans arrêt à travers l'océan. Les frais d'entreposage et de distribution plus élevés seront ultimement refacturés au consommateur, tout comme l'augmentation des coûts de transport.

C'est pourquoi les géants des produits de consommation comme Procter & Gamble n'ont pas perdu de temps à annoncer le renouvellement de leur chaîne logistique lorsque le prix du baril de pétrole a franchi le cap des 100 $. Cette entreprise a délaissé ses fournisseurs étrangers pour faire affaire avec des fabricants locaux établis près de ses principaux marchés. Minimiser les coûts de transport, particulièrement sur les longues routes transocéaniques, sera le fer de lance des futures pratiques de gestion de l'offre.

Il s'agit d'une restructuration réciproque pour tout le monde. En redimensionnant nos marchés intérieurs, nous rétrécirons tous nos horizons, que nous soyons des entreprises d'Amérique du Nord, du Japon ou d'Europe.

Toutefois, transformer de grands marchés en marchés locaux n'est pas le même genre d'opération que de commander un espresso plutôt qu'un grand café au lait chez Starbucks. Quand on change le format de la tasse, on en change le contenu.

C'est la technologie qui motive l'efficacité et la spécialisation dérivant de la concurrence dans un marché mondial. La technologie est à la fois la cause et l'effet des gains de productivité parce que la technologie mène à la technologie. En fait, que nous utilisions la mémoire informatique, la puissance de traitement, la capacité de réseau ou tout autre critère pour mesurer le progrès technologique, ce dernier doublera tous les deux ans, selon la loi de Moore. En 1972, la puce 8008 d'Intel comportait 2 500 transistors. La puce Pentium 4 en a 42 millions. Autrement dit, la technologie se développe de manière exponentielle.

Du moins, c'est le cas depuis 50 ans sous l'impulsion des marchés en expansion et de l'énergie bon marché.

Les marchés plus petits ne seront pas capables de conserver le même niveau de spécialisation, qui est l'élément vital de la technologie mondiale. Il est peu probable que nous soyons en mesure de progresser au même rythme sans cette spécialisation technique toujours accrue, observée au cours des dernières décennies dans tous les domaines, des jeux vidéo à la génomique.

La puce coréenne consomme de l'énergie avant même de sortir de l'usine. La fabrication d'une puce standard de 32 Mo de mémoire vive dynamique, qui pèse à peine deux grammes, nécessite une quantité ahurissante de combustible fossile (1,6 kilo) et d'eau (32 kilos)[7]. La quantité d'énergie emprisonnée dans cette petite pièce est environ 200 fois plus élevée que celle que l'on trouve dans une automobile, par exemple, et 1 000 fois supérieure à l'énergie nécessaire pour produire de l'acier à partir de minerai de fer brut.

Inutile de préciser que la Corée échange une grande quantité de ses précieux semi-conducteurs contre du pétrole, plutôt que du café.

Il ne s'agit pas ici de savoir si les iPhones et les systèmes de localisation GPS de nos automobiles seront toujours offerts en grande quantité et à bas prix dans notre monde plus petit et plus local, parce que ce qui compte, ce n'est pas comment la technologie nous distrait (bien que ce soit sa qualité la plus évidente), mais comment elle fait fonctionner nos économies. L'augmentation de la productivité est le mécanisme qui permet de générer de la richesse. Plus nous obtenons de biens pour une quantité donnée de travail, mieux nous allons, et c'est grâce au progrès technologique que nous pouvons augmenter notre rendement: l'innovation offrira à mon entreprise d'utiliser ses ressources, son capital ou sa main-d'œuvre plus efficacement que mon concurrent.

Et lorsque cette situation survient, mon produit, quel qu'il soit – du café ou des semi-conducteurs – coûte un peu moins cher, ce qui permet à tout le monde d'avoir un peu plus d'argent à dépenser pour acheter autre chose et à mon entreprise d'augmenter ses profits. Lorsque tout le monde utilise la technologie de cette façon (mais, je l'espère, pas aussi efficacement que moi), l'économie se développe.

Toutefois, si l'on enlève les progrès technologiques, l'expansion économique elle-même commence à ressembler à un autre artifice de l'ère de l'énergie bon marché. À moins de parvenir à réduire notre consommation d'énergie ou de découvrir une source d'énergie nouvelle, ce sera une autre façon par laquelle le pic pétrolier provoquera un pic du PIB.

RESTER À LA MAISON

Les restaurants changeront leurs menus, mais ce que vous remarquerez avant tout, c'est que vous les consulterez de moins en moins. Lorsqu'un plein d'essence coûte plus de 100 $, on utilise moins l'automobile, et comme la plupart des gens se rendent aux restaurants en voiture ou bien se font livrer des repas, la flambée du prix de l'essence vous éloignera des restaurants ou vous incitera à commander de moins en moins de repas puisque le prix de la livraison s'en ressentira.

Même si je conduis moins souvent, le coût du plein d'essence me laissera beaucoup moins d'argent à dépenser. Je mangerai davantage à la maison, j'achèterai plus d'aliments locaux et, malheureusement, je boirai moins de café exotique. Le prix du carburant ne peut pas réduire à néant nos dépenses en nourriture, mais il peut nous obliger à rayer d'autres catégories de dépenses de notre budget. Si vous croyez que le prix élevé du baril de pétrole modifiera ma façon de m'alimenter, attendez de voir son effet sur mes projets de voyage.

Généralement, les gens ignorent à quel point les avions sont énergivores. C'est seulement en suivant l'énorme panache de carbone des lignes aériennes que le public a fini par constater la quantité de carburant brûlé dans le ciel.

Un Boeing 767 brûle environ 90 850 litres de kérosène, soit 424 litres par passager, au cours d'un vol aller-retour New York–Londres. Une automobile américaine de taille moyenne consomme cette quantité de carburant en trois mois. En outre, le kérosène qui propulse cet avion au-dessus de l'Atlantique coûte environ le même prix que l'essence pour votre auto. Faites le calcul et vous aurez un aperçu de la situation[8].

Le transport aérien n'est pas un bon choix lorsque le pétrole est cher. En fait, pas tant que le kérosène sera fabriqué à partir de pétrole. (Les possibilités que les avions à réaction fonctionnent à l'éthanol ou au biodiesel sont à peu près nulles; en plus des problèmes observés avec l'usage de biocarburants dans les autos et les camions, l'éthanol ne génère pas suffisamment d'énergie et le biodiesel se gélifie à haute altitude à cause des basses températures.) Il faut 40 fois plus d'énergie pour traverser l'océan Pacifique en avion qu'en bateau. Et le transport transocéanique n'est pas non plus économique lorsque le baril de pétrole coûte 100 $, comme l'ont expérimenté plutôt durement les exportateurs d'acier chinois.

Au cours des trois dernières décennies, soit depuis la déréglementation des tarifs aériens aux États-Unis en 1978, le coût d'un billet d'avion en dollars constants a baissé de plus de 50 %. La situation est encore plus marquée dans les îles britanniques où les lignes à rabais, comme Easy Jet au Royaume-Uni et Ryanair en Irlande, annoncent des tarifs qui frôlent la gratuité. Et c'est sans surprise que le volume de trafic aérien a augmenté de façon exponentielle tandis que le coût réel d'un billet d'avion chute constamment. Alors qu'il était auparavant prestigieux et exotique de voyager, nous sommes maintenant tous en mesure d'en profiter, pour le moment. Mais c'est sur le point de changer.

Les lignes aériennes n'ont pas tardé à transmettre aux voyageurs les augmentations écrasantes du prix du carburant sous la forme de surcharges sur le billet dont le coût augmente sans cesse. Attendez-vous à ce que toute hausse du prix du pétrole soit directement ajoutée au tarif de votre vol. Toutefois, la plupart des lignes aériennes du monde ont perdu d'avance la lutte pour tenir le coup malgré les augmentations de prix du carburant, même si elles tentent de les faire assumer à leurs clients.

La plupart de ces entreprises arrivent à atteindre l'équilibre financier dans la mesure où le prix du pétrole se situe sous 80 $ le baril. Toutes sont menacées d'essuyer des pertes d'exploitation si ce prix franchit la barre des 100 $. À ce niveau, les lignes aériennes des États-Unis, par exemple, doivent s'attendre à perdre environ sept milliards de dollars par année. Comme l'a expliqué récemment le dirigeant de l'une de ces sociétés : « C'est structural, et non cyclique. »

Incapables de se prémunir contre la flambée du prix du pétrole, les lignes aériennes devront changer profondément leurs pratiques d'affaires. Elles annuleront les vols à moitié vendus vers des destinations secondaires éloignées. Il sera beaucoup plus difficile de prendre une correspondance vers une plate-forme régionale comme Atlanta ou Dallas si on n'habite pas dans une grande ville. On pourrait bientôt passer devant l'aéroport local désaffecté en route vers un aéroport plus important dans la ville voisine et, ce qui est plus probable, on apercevra cette scène d'abandon par la fenêtre d'un autobus.

Le coût du kérosène rompra les liens entre ces petits aéroports et les plaques tournantes. Ce ne sera que l'une des multiples façons par laquelle le prix astronomique de l'énergie isolera les habitants de ces endroits du reste du monde.

Même si l'on fait abstraction de l'élagage agressif des services non économiques, le tandem réunissant les coûts d'exploitation en augmentation et le déclin des ventes de billets forcera de nombreuses lignes aériennes à plier bagages, ce qui accentuera davantage la réduction du service aérien. Le choc temporaire subi par cette industrie au lendemain des attaques terroristes de New York et du Pentagone le 11 septembre 2001 a eu un impact dramatique sur l'industrie : quatre des six principales lignes aériennes américaines ont fait faillite. Et le choc énergétique qui nous frappe aujourd'hui n'est pas une petite anomalie passagère politique. Il est permanent.

La consolidation de l'industrie ne fera qu'exacerber les ruptures de service puisque les lignes aériennes frugales se réorienteront sur un nombre inférieur de destinations plus rentables avec de meilleurs coefficients de remplissage pour compenser l'escalade du prix du carburant. Et tandis que les lignes aériennes réduiront sans cesse les prix, le public s'inquiétera probablement davantage de la sécurité, ce qui à son tour diminuera la demande. Comme si elle voulait souligner à quel point les lignes aériennes sont vulnérables au prix du kérosène, Ryanair a bien involontairement confirmé les pressentiments de tous ceux qui avaient peur de prendre l'avion, lorsque le *Times* de Londres a rapporté que la direction avait envoyé aux pilotes une note de service leur demandant de réduire la quantité de carburant d'urgence. Par mesure d'économie, selon le quotidien, les pilotes ne pouvaient transporter que 300 kilos de carburant de surplus, soit une quantité suffisante pour demeurer en vol durant environ cinq minutes[9].

Et comme si le problème de l'augmentation du prix du carburant ne suffisait pas, les taxes sur les émissions de carbone des avions pourraient bientôt devenir le pendant du XXIe siècle de la «taxe sur le vice». Les émissions d'un vol aller-retour New York–Londres sont aussi néfastes que la consommation de carburant. Si nous allons de l'avant avec le projet de taxer les émissions de carbone, le voyage aérien pourrait bientôt être taxé au même niveau que l'alcool et le tabac.

Par conséquent, les gens voyageront moins souvent et moins loin. Les Britanniques seront beaucoup moins portés à aller faire des emplettes à New York, ou à passer la fin de semaine à Ibiza ou dans leur résidence secondaire en France (à moins qu'ils empruntent le tunnel sous la Manche). Les Américains prendront leurs vacances près de chez eux pour les mêmes raisons. Ce n'est peut-être pas très extravagant aujourd'hui de sauter dans un avion pour visiter sa fiancée à Seattle ou pour aller jouer au golf avec des amis à Las Vegas, mais demain, ce sera une autre paire de manches.

Les voyages d'affaires se feront eux aussi plus rares, d'une part parce que les négociations auront une portée beaucoup moins internationale et d'autre part parce que le contrôle des coûts deviendra une nouvelle priorité pour juguler la hausse du prix du carburant. Le collègue ou le client de l'autre côté de l'océan que vous voyez régulièrement en réunion, ou lors de votre tournée de ventes, deviendra un peu plus un étranger tandis que les téléconférences et les échanges par courriels remplaceront les rencontres face à face. Nous serons de plus en plus éloignés de certaines régions de la planète qui aujourd'hui nous semblent toutes proches.

Additionnez la diminution des voyages d'agrément, des voyages d'affaires et du fret aérien et tous ces nouveaux aéroports, comme le nouveau terminal de Toronto ou encore la troisième piste et la sixième aérogare prévues à l'aéroport Heathrow de Londres, sont voués à devenir de rutilants mausolées à la mémoire de l'ère révolue de l'énergie abondante à bas prix.

La capacité de l'industrie du tourisme et du loisir à survivre en dépit du prix du pétrole dépendra d'un seul facteur. Comme pour l'immobilier, l'emplacement déterminera la survie du plus apte dans un univers où les gens voyageront moins qu'ils en avaient l'habitude.

Certaines des destinations les plus recherchées pourraient bientôt être abandonnées. C'est peut-être une bonne chose que moins de touristes se rendent dans le parc du Serengeti pour observer les bêtes sauvages. Ou peut-être pas : lorsque les touristes se font rares et que l'économie ralentit, les braconniers reprennent les armes.

Pour le meilleur ou pour le pire, il y aura moins de safaris-photos en Afrique. Combien coûtera le vol de New York à Nairobi pour aller admirer la faune et la flore de la Vallée du Rift en Afrique de l'Est, l'un des plus beaux endroits au monde? Et combien de lignes aériennes s'y rendront?

On peut dire la même chose de la Grande Barrière de corail et des jungles tropicales intactes que j'ai visitées avec ma famille le long de la côte du Queensland en Australie. Et combien faudra-t-il payer pour se rendre à Lima en vue de visiter le Machu Picchu haut perché dans les nuages des Andes? Ces anciennes ruines incas pourraient probablement profiter d'un répit des millions de visiteurs qui gravissent leurs marches autrefois sacrées.

L'économie péruvienne souffrira de l'absence de ces touristes. Le Pérou a gagné un million d'emplois en tourisme entre 2000 et 2005 et personne ne se réjouira de leur disparition. Et bien que l'Australie jouisse d'une économie beaucoup plus diversifiée, ce secteur représente tout de même 4% du PIB du pays, ce qui est plus que l'agriculture, par exemple. À l'échelle mondiale, le tourisme représente environ 10% du PIB et jusqu'à trois fois plus dans les pays pauvres, ce qui n'est pas une bagatelle. Si les gens ne voyagent plus, beaucoup moins d'argent sera dépensé dans les pays qui en ont réellement besoin.

Par contre, les quelque sept billions de dollars dépensés chaque année dans le monde en voyages internationaux ne seront pas la seule chose qui nous manquera dans un monde plus petit[10]. Que vous alliez n'importe où – une plage en Grèce ou un village himalayen au Népal –, vous rencontrerez un Canadien, un Australien et un Néo-Zélandais assis au bar. Cela s'explique peut-être par le fait que les jeunes de ces pays relativement éloignés doivent faire un voyage héroïque autour du monde et que les longs voyages sont devenus une institution culturelle dans de nombreux pays. Les propriétaires de gîtes à Chiang Mai et de *pensiones* à Pampelune regretteront les aventuriers brûlés par le soleil et leurs chèques de voyage et nous, nous nous ennuierons de nos voyages à l'étranger et de la façon dont la découverte de nouveaux endroits revitalise notre propre culture.

Tandis que notre monde rétrécira, nous nous replierons vers nos parents et chercherons des escapades locales plutôt que des destinations exotiques éloignées pour les vacances. Va-t-on restaurer les salles de danse des Laurentides depuis longtemps délaissées pour accueillir les Montréalais qui viendront s'y réfugier à l'abri de la chaleur plutôt que de faire du vélo en Bourgogne? Mes enfants partiront-ils un mois en canot dans le nord de l'Ontario plutôt que de faire une randonnée pédestre dans le Cachemire comme je l'ai fait? Les centres de villégiature situés près des grandes zones métropolitaines survivront. Certains pourraient même se développer puisqu'un plus grand nombre de citadins prendront leurs vacances à proximité de leur demeure. La Terre n'arrêtera pas de tourner si nous voyageons moins, mais elle nous semblera assurément plus petite.

NE PAS BOUGER

« S'évader » a un sens tout à fait différent pour les citoyens des pays du tiers-monde que pour vos voisins.

Vous rêvez peut-être de la pêche au gros dans les Bahamas ou d'une tournée des vignobles de Toscane, mais pour un Algérien ou un Guatémaltèque, « s'évader » pourrait signifier risquer sa vie dans un bateau de pêche surchargé ou à l'arrière d'un camion de transport scellé pour entrer en douce en Europe ou en Amérique du Nord dans l'espoir d'améliorer son sort.

Lénine a déjà observé que les gens votaient avec leurs pieds et un monde nouvellement stationnaire exercera une influence durable sur la migration mondiale. Les 30 dernières années de prospérité qui ont suivi les derniers chocs pétroliers ont connu une des plus importantes migrations de l'histoire. Ces déplacements ont suivi la direction de la plupart des grandes migrations : des pays en développement vers les pays développés. Qu'il s'agisse des hordes de migrants qui ont quitté le Moyen-Orient et l'Afrique pour l'Europe, ou des Mexicains et des autres Latino-Américains qui sont allés aux États-Unis, les pays industrialisés de l'OCDE attirent les gens de tous les coins du monde à un rythme rarement vu jusqu'ici.

L'explosion simultanée du volume et de la croissance du commerce international est un facteur manifeste de ces mouvements massifs de personnes. Dans l'histoire, les personnes et les marchandises se sont toujours déplacées ensemble et il n'y a aucune raison pour qu'il en soit autrement.

Les barrières limitant le mouvement des biens sont tombées, et celles qui empêchaient le déplacement des personnes aussi. Les quotas d'immigration des pays de l'OCDE ont été soit augmentés, soit ignorés, tandis que la rareté de la main-d'œuvre nationale stimulait la venue de main-d'œuvre bon marché de l'étranger. Tandis que le taux de chômage plongeait à ses niveaux les plus bas en Europe et en Amérique, de plus en plus de travailleurs y immigraient. Et avec chaque baisse du taux de chômage national, les citoyens de plus en plus difficiles délaissaient les emplois au bas de l'échelle salariale, laissant ainsi les immigrants occuper ces postes vacants.

En revanche, pendant que l'immigration commençait à modifier le visage des pays occidentaux, les sociétés de l'OCDE devenaient de plus en plus multiethniques et multiculturelles. De grandes populations musulmanes ont surgi à travers l'Europe de l'Ouest en réaction aux marchés de l'emploi relativement étroits chez eux. D'innombrables travailleurs migrants se sont frayé un chemin vers les grands pays européens, comme l'Allemagne, la France et le Royaume-Uni.

Du même coup, on entend de plus en plus parler espagnol en Californie et au Texas. Le Mexique a beau avoir cédé le tiers de son territoire à son voisin immédiat après la Guerre hispano-américaine, sa population reprend lentement le territoire perdu lors des combats.

Qu'adviendra-t-il de ce flux interminable de personnes lorsque le pétrole ne coulera plus aussi librement? Premièrement, le commerce mondial adoptera un rythme beaucoup plus lent, ce qui est en soi un frein puissant à la migration. La récession a d'ailleurs déjà paralysé brusquement la croissance des échanges internationaux. Et tandis que le prix de plus en plus élevé du pétrole aura raison de la croissance de nos économies qui dépendent encore du carburant, le taux de chômage grimpera dans la plupart des pays de l'OCDE. Lorsque le taux de chômage croît, les travailleurs sont moins difficiles et laissent moins d'emplois non comblés.

Une concurrence plus féroce pour des emplois plus rares se traduit toujours par un affaiblissement du soutien politique en faveur de l'immigration. D'ailleurs, on remarque déjà que l'arrivée de nouveaux travailleurs suscite moins d'enthousiasme. En Australie, on prévoit une baisse des objectifs d'immigration en 2010, la première depuis 1997. Le Canada aussi compte accueillir moins de nouveaux arrivants après 2010. D'autre part, la Grande-Bretagne relève ses exigences pour les candidats à l'immigration qui se présentent au pays sans travail : ils doivent dorénavant détenir au minimum une maîtrise, plutôt qu'un simple baccalauréat. Enfin, aux États-Unis, les immigrants illégaux en provenance du Mexique entrent au compte-gouttes à cause de l'augmentation du chômage et des patrouilles plus strictes le long de la frontière.

Que cela signifie-t-il pour les pays en voie de développement ? Connaissant les effets prévus de l'augmentation du prix du pétrole dans les États les plus riches, imaginez l'effet dévastateur pour les régions les plus pauvres. La zone équatoriale souffre davantage des changements climatiques que les pays tempérés mieux nantis et l'augmentation du prix de l'essence frappe cette région beaucoup plus durement. Selon l'Agence internationale de l'énergie, les pays de l'Afrique subsaharienne perdent 3 % de leur PIB à chaque augmentation de 10 $ du prix du pétrole. Qu'adviendra-t-il de leurs économies lorsque le marché mondial du pétrole deviendra un jeu à somme nulle et que les nations pauvres seront incapables de participer aux enchères[11] ?

Lorsque les pays développés commenceront à se serrer la ceinture, les économies des pays en développement étoufferont. L'ensemble des pays, riches et pauvres, ont adhéré à la mondialisation parce que tout le monde en profitait. Les revenus ont augmenté partout, et ce, à un rythme jamais vu. Puisque nous voulions des chaussures bon marché, un cultivateur vietnamien a quitté sa rizière pour travailler dans une usine. Il ne vivait peut-être pas dans le luxe, mais les sociétés ne passent pas de l'agriculture de subsistance à une prospérité digne des pays industrialisés au cours d'une seule étape ambitieuse. Toutefois, comme le démontrent les taux de croissance du bloc BRIC (Brésil, Russie, Inde et Chine) et des cinq tigres (Corée du Sud, Hong-Kong, Singapour, Taïwan et Thaïlande), dans une économie mondialisée, il est possible de gravir l'échelle économique à grande vitesse. Cependant, l'augmentation des coûts de l'énergie entraînera bientôt la dissociation de l'usine de chaussures de ses marchés nord-américain et européen qui se tourneront vers l'approvisionnement local. Ce faisant, ces marchés rompront leurs liens commerciaux avec les pays en développement et les forceront à trouver d'autres moyens d'assurer leur croissance. Notre monde deviendra plus petit et le leur s'appauvrira.

Prenons l'exemple du Kenya qui fournit environ le tiers des fleurs coupées vendues en Europe. En 2007, à la veille de la Saint-Valentin, des écologistes de Londres

et Paris ont lancé un appel au boycott des roses afri-
caines sous prétexte que le coût environnemental de
leur transport n'était pas digne d'un message d'amour.
C'était un problème considérable pour le Kenya où
l'industrie florale emploie directement un demi-million
de personnes auxquelles s'ajoutent un million d'emplois
indirects. Le gouvernement estime qu'environ 14 % de
ses citoyens dépendent d'une façon ou d'une autre
de l'exportation des fleurs. La culture et l'expédition
vers l'Europe représentent environ 15 % du PIB du
Kenya, une donnée inouïe si l'on se souvient que tout
importante que soit l'industrie automobile en Amérique
du Nord – importante au point qu'elle semble avoir
droit à d'innombrables concessions et investissements
de la part du gouvernement –, elle compte pour
seulement 2,2 % du PIB du Canada et 1,3 % de celui
des États-Unis. Une rose cueillie le matin au Kenya sera
en vente chez un fleuriste européen l'après-midi même,
un luxe qui dépend de toute évidence du kérosène
(et du charbon) bon marché. Si les Européens diminuent leurs achats de fleurs ou se lancent dans la flori-
culture, l'économie du Kenya en subira un contrecoup
dévastateur, beaucoup plus dévastateur, en fait, que
l'effondrement de l'industrie automobile en Amérique
du Nord.

On peut dire la même chose des pays qui cultivent
plus de la moitié du café consommé dans le monde.
L'agriculture représente plus de 20 % du PIB du Brésil,
du Vietnam et de la Colombie[12]. Bien sûr, le Canada et
la Grande-Bretagne ne se lanceront pas dans la culture
du café, mais si nous en importons de moins en moins,

les producteurs de café des pays en développement, comme les floriculteurs du Kenya et les éleveurs de moutons de la Nouvelle-Zélande, se tourneront vers des cultures destinées à des marchés locaux.

En plus de se retirer du commerce international, les pays en développement ressentiront les contrecoups du ralentissement de la croissance, ou même de la contraction économique. N'oubliez pas que tant que le rendement de l'économie est fonction de la quantité de pétrole que nous pouvons lui donner, les pics pétroliers se traduiront en pics de PIB. Dans un contexte où la population mondiale augmente d'environ 80 millions de personnes par année, tout le monde verra son niveau de vie baisser. Même si vous et votre famille n'éprouvez pas beaucoup d'enthousiasme à l'idée de retrouver votre mode de vie d'il y a quelques années, vous n'en souffrirez pas beaucoup. Alors qu'un pas en arrière représente un revers de fortune terrible pour le citoyen d'un pays en développement sur la voie de s'extraire de la pauvreté ou même de la faim. Les quelque 1,4 milliard de gens qui vivent avec moins de 1,25 $ américain par jour n'ont pas beaucoup de marge de manœuvre pour réduire leurs dépenses.

Le ralentissement inévitable du commerce mondial causera des ravages économiques dans les pays en développement, sans compter que dans nombre de ces régions souffrant de chômage et de pauvreté chroniques, il fermera une soupape de sécurité: la migration. En plus de libérer les rares emplois dans leurs pays, les travailleurs migrants envoient souvent de généreuses portions de leur salaire à leurs familles qui, à leur tour, dépensent cet argent dans leur économie exsangue. L'économie des Philippines subirait un dur revers advenant la disparition des envois de fonds de ses travailleurs migrants : la plupart des nounous du monde sont philippines et les envois de fonds des émigrés comme elles représentent 13 % du PIB de leur pays[13]. La fermeture des frontières des pays riches accroîtra l'isolement et le désespoir des populations de tous les pays en développement.

Pendant combien de temps subsisteront les traces de la mondialisation tandis que la circulation des biens et des gens se réorientera vers un monde nouveau dont l'échelle et la direction seront locales et régionales ? Nos sociétés se fermeront-elles davantage aux peuples différents, à la suite du resserrement de l'immigration, et aux idées originales ? Je suis né dans une ville somnolente dominée par la culture des protestants anglo-saxons de race blanche (WASP), mais depuis, Toronto s'est transformée en l'une des villes les plus cosmopolites au monde où des cultures et des races différentes interagissent chaque jour. Il ne fait aucun doute que l'arrivée d'idées innovatrices et de nouveaux immigrants est l'un des éléments qui dynamisent les grandes villes, peu importe dans quel pays elles se trouvent.

La plupart d'entre nous qui vivons dans un pays développé nous enorgueillissons de la société tolérante et libérale que nous avons bâtie. Et on peut dire sans risque de se tromper que le niveau de vie dont nous jouissons est attribuable en partie à ces valeurs. La liberté démocratique et l'économie de marché stimulent l'innovation et la croissance, bien sûr, mais l'inverse est aussi vrai : nous sommes libéraux et tolérants parce que nous sommes prospères. Lorsque nous constatons notre réussite, nous sommes portés à faire preuve de générosité et à nous inquiéter du sort des moins privilégiés. Nos économies se développent au rythme de notre sens des responsabilités à l'égard des autres.

Toutefois, comme nous l'avons vu, c'est l'énergie qui a permis à nos économies de croître aussi rapidement et aussi solidement. Faites disparaître le pétrole bon marché et abondant et tout à coup, c'est comme si vous enleviez le moteur de la croissance économique. Pendant que notre bien-être économique se détériore, resterons-nous engagés à l'égard de ces principes de liberté et de tolérance ?

Ces questions, loin d'être abstraites, ébranlent certaines de nos convictions les plus profondes au sujet de nos sociétés. Jusqu'ici, les turbulences économiques n'ont pas fait ressortir le meilleur de nous. L'augmentation du chômage a souvent engendré la xénophobie qui nous pousse à blâmer les «immigrants voleurs d'emplois» pour le piètre état de notre économie. C'est une réaction si commune qu'elle fonctionne à merveille : les accusations pleuvent sur les étrangers et les immigrants dès que le ciel économique d'un pays s'ennuage. Aujourd'hui, après des décennies de prospérité quasi ininterrompue, il semble que nous allons mieux nous comporter. Peut-être avons-nous tiré une leçon de nos erreurs et des injustices du passé ? Toutefois, lorsqu'on lit les annonces du Leadership Team for Long Range Population-Immigration-Resource Planning (un parapluie sous lequel se réfugient plusieurs organismes opposés à l'immigration) dans des publications libérales bien connues comme le *New York Times* et *Harper's,* on constate l'existence d'un courant de ressentiment sinistre qui pourrait se manifester de la pire manière si la situation empire[14].

UN NOUVEAU MONDE PLUS PETIT

Pendant des décennies, les agences les mieux financées des pays les plus riches du monde ont dépensé des milliards pour surveiller et évaluer les forces et faiblesses de leur pire ennemi, l'Union soviétique. Espions, universitaires, analystes et stratégistes ont consacré leur vie à tenter de deviner les intentions des Soviétiques et de trouver ce que l'Occident pourrait faire pour les empêcher d'agir. Ils nous rappelaient constamment les dangers dont nous menaçait l'empire maléfique. Et puis du jour au lendemain, sans aucune mise en garde de notre armée de soviétologues, un élément soi-disant permanent de l'équilibre géopolitique mondial a plus ou moins disparu. Bravo pour les prédictions…

Comme on se plaît à le rappeler dans le secteur des banques d'investissement, «*shit happens*». Ce n'est qu'une façon cavalière de dire qu'une grande partie de ce que nous voyons autour de nous est tout à fait imprévisible. Qui aurait pu prévoir la rapidité du développement de la technologie informatique? En tout cas, pas Bill Gates qui, il n'y a pas si longtemps, estimait qu'une mémoire de 64 kilo-octets devrait répondre aux besoins d'à peu près tout le monde. Ce n'est qu'une infime fraction de ce que contient le cellulaire d'un adolescent d'aujourd'hui.

Après m'y être consacré durant 20 ans, je peux vous assurer qu'il n'est jamais facile de prédire l'avenir. Mais c'est encore plus difficile lorsque l'on parle d'une rupture nette avec ce que l'on a connu au cours de notre vie, c'est-à-dire un monde bâti en fonction de l'énergie bon marché. L'avenir est peut-être incertain, mais la fin du monde n'est pas nécessairement imminente. L'histoire ne va pas reculer pour la seule raison que le pétrole bon marché qui nous a amenés jusqu'ici se raréfie de plus en plus. Nous ne pouvons pas tenir pour acquis que la trajectoire du progrès ira vers le bas comme la courbe de Hubbert.

Parmi les nombreux « non-savoirs inconnus », nous devrions nous attendre à des innovations et des défis surprenants. Des personnes intelligentes et créatives proposeront de nouvelles idées, des produits innovateurs et des technologies encore inconnues qui pourraient faire une percée et changer la situation. La géothermie, par exemple, pourrait connaître un essor tandis que les sources d'énergie qui génèrent beaucoup de carbone deviendront de plus en plus chères dans un contexte de tarifs sur le carbone et de rareté de l'énergie fossile. On trouve déjà, en Californie seulement, 43 usines géothermiques. Elles génèrent 18 000 mégawatts d'électricité, ce qui répond à peine à 5 % de la demande de l'État, mais c'est exactement le genre de situation qui pourrait changer dans le nouveau monde qui nous attend. La Nouvelle-Zélande recèle également une grande richesse en énergie géothermique qui fournit un pourcentage légèrement plus élevé de la demande du pays que la Californie, mais cela pourrait changer rapidement aussi. L'Australie ne s'est pas encore engagée sur la voie de la géothermie, mais là encore, elle pourrait remédier à la situation plus vite qu'on le voit.

Il y a d'autres projets, comme la production de bio-carburants à partir d'algues oléagineuses ou le stockage thermique par sel fondu en Afrique du Nord. Personne ne croit que nous soyons à court de solutions ni que nous ayons déjà trouvé les meilleures. Et bien sûr, de nombreuses solutions à notre disposition ne sont pas du tout frivoles. Nous avons en réserve les technologies de conversion de l'énergie éolienne et celle des panneaux solaires photovoltaïques. Nous n'avons pas encore les turbines ni les panneaux puisque les commandes sont en souffrance dans la plupart des usines du monde, mais inutile d'en ajouter plus sur les formidables occasions d'affaires de ce secteur pour les entrepreneurs. On ne transforme pas une chaîne d'assemblage d'automobiles en usine d'éoliennes en criant ciseaux, mais n'oublions pas que Detroit s'est convertie en constructeur de bombardiers et de chars d'assaut pratiquement du jour au lendemain en 1942. Une mission difficile n'est pas nécessairement impossible.

Nous l'avons déjà dit, le baril de pétrole au-dessus de 100 $ ouvrira la voie à la découverte de nouveaux carburants, mais le simple fait d'apprendre à consommer moins d'énergie est la solution immédiate. Nous savons que nous sommes capables de réfréner notre soif de pétrole en période de récession économique, mais c'est une faible consolation si nous voulons poursuivre notre développement. Le défi, bien entendu, consiste à accroître notre PIB sans brûler plus d'or noir. Cela ressemble au défi posé par l'accord de Kyoto sauf que cette fois-ci, ce ne sont pas les bureaucrates des Nations Unies, mais bien l'épuisement de nos réserves pétrolières qui nous pousse à agir. Le bon côté de la situation, c'est qu'en trouvant des solutions au problème de l'énergie, nous traitons du même coup celui du carbone, ces problèmes n'étant, après tout, que les deux côtés d'une même médaille.

Il reste de toute évidence beaucoup de progrès à réaliser en matière d'efficacité énergétique. Les voyages aériens, l'étalement urbain, les VUS, les téléviseurs à écran plasma énergivores, les côtelettes d'agneau congelées de Nouvelle-Zélande et un tas d'autres biens seront disponibles dans le nouveau monde qui nous attend. Diminuer, ne serait-ce que d'une fraction, notre consommation d'énergie générerait des retombées mondiales si tout le monde s'y mettait. Mais comme nous l'a appris le paradoxe séculaire de l'efficacité, nous devons nous assurer que l'efficacité nous incitera vraiment à conserver l'énergie plutôt qu'à augmenter nos besoins.

Le fait qu'il faut aujourd'hui la moitié moins de pétrole qu'il y a 30 ans pour produire 1 $ de PIB dans l'économie américaine ne nous a pas empêchés de consommer de plus en plus de pétrole. Ni les États-Unis ni aucun autre pays occidental ne pourront plus obtenir un tel rendement à cause à la fois de l'appauvrissement mondial des gisements et de la cannibalisation de l'OPEP, qui gère sa propre capacité d'exportation de façon à limiter les approvisionnements futurs en pétrole. Cette situation donne en soi un aperçu des différences entre l'avenir et notre passé. Même si l'on augmente de nouveau la productivité du pétrole de moitié, cela ne contribuera pas à la croissance économique si la consommation de pétrole n'augmente pas ou, pire, décline. En fait, le gain d'efficacité ne ferait simplement que compenser les pertes probables de sources d'approvisionnement.

Puisque nous brûlons plus de la moitié de notre pétrole dans les moteurs des automobiles, il faut commencer le processus de sevrage sur la route. Il ne fait aucun doute qu'à l'avenir, les gens adopteront des façons de se déplacer et de transporter leurs marchandises à travers le monde qui ne consomment pas de pétrole. Pourtant, même si tout se déroule comme prévu (ce qui est très rare ces temps-ci à Detroit), nous pourrions voir 100 000 automobiles électriques sillonner les routes de l'Amérique du Nord d'ici 2012. Pour réduire la consommation d'essence des 247 millions de véhicules restants, il faudra que certains quittent la route. Dans un horizon où l'essence pourrait coûter jusqu'à 7 $ le gallon, nous serons nombreux à prendre la sortie. Toutefois, y aura-t-il un autobus ou un métro pour nous amener là où nous allons ?

Nous pouvons voir des similitudes avec le passé qui nous redonnent espoir lorsqu'on considère l'un des programmes de stimulation fiscale les plus généreux. Tout comme Lucius Clay qui, dans les années 1950, avait investi des milliards d'argent public pour étendre le réseau de routes et d'autoroutes à l'origine du nouveau mode de vie des États-Unis et, plus tard, des autres grands pays industrialisés, le président Obama a maintenant l'occasion de faire de même pour une économie qui devra bientôt s'adapter au baril de pétrole à plus de 100 $. Est-ce que les milliards réservés aux infrastructures seront investis dans notre passé – dans les réseaux autoroutiers et une industrie automobile dépassée – ou dans l'avenir, c'est-à-dire dans le transport public et les voitures électriques? Obama a déjà fait savoir que la future politique énergétique sera intimement liée à la politique sur le carbone, soulignant ainsi qu'il faudra payer non seulement pour acheter le pétrole, mais aussi pour le consommer. En renversant l'approbation préalable de projets de forage en mer accordée par la précédente administration, en promettant d'obliger les centrales au charbon à payer une redevance pour leurs émissions et en permettant aux États, comme la Californie, d'imposer leurs propres normes d'efficacité énergétiques pour les véhicules, le président américain a indiqué qu'une mutation profonde est en préparation.

L'effondrement de l'industrie automobile, quel que soit le pays, n'entraîne pas la disparition des usines ni celle des ingénieurs et travailleurs, qui n'oublieront pas instantanément leur savoir. Un peu de «destruction créative» serait probablement de mise ici. Tout en étant de plus en plus limités dans notre consommation d'énergie, nous n'arrêterons pas pour autant de construire – y compris des voitures – et il y aura des gens pour savoir comment faire. Si les joueurs du marché d'aujourd'hui ne peuvent pas choisir la voie à suivre, la prochaine génération d'innovateurs le fera. Ces entreprises frappent déjà à nos portes. Il s'agit peut-être du fabricant de l'auto ZENN ou de quelqu'un qui a eu une idée qui ne nous est pas encore venue à l'esprit.

Toutefois, découvrir comment tirer le maximum de ce que nous avons à notre disposition nous donnera la clé pour nous adapter à un monde plus petit, et cela s'applique avant tout à nos actifs, comme les infrastructures et la main-d'œuvre spécialisée.

Tout cela ne se passera pas facilement. Bien entendu, l'économie américaine a réussi à construire une quantité phénoménale de chars d'assaut et d'avions pendant la Seconde Guerre mondiale, mais pour ce faire, elle a dû interrompre la production d'automobiles. Pratiquement tout ce que nous allons faire nous obligera à abandonner une autre tâche. D'ailleurs, déterminer ce que nous avons les moyens de faire parmi toute une liste d'options sera une tâche particulièrement difficile. La crise du crédit de 2008 a avalé une richesse énorme qu'il aurait été très utile d'avoir en poche lorsque viendra le temps de relever les défis que nous prévoyons dans l'immédiat comme ceux qui nous surprendront. Les chefs de file de la planète, Barack Obama aux États-Unis et Gordon Brown en Grande-Bretagne, ont fait connaître publiquement leur intention de réduire les émissions de carbone de 80 % d'ici 2050. Cette promesse coûtera très cher, même si les environnementalistes assurent qu'elle ne suffira pas. Une étude américaine a évalué que la réduction des rejets coûtera 50 $ la tonne. Lorsqu'on pense qu'il nous faudra réduire nos rejets de plusieurs milliards de tonnes par année, on comprend qu'il y aura moins d'argent consacré à d'autres usages[15].

Ce qui reste dans les coffres et ce que nous en ferons nous aidera à déterminer à quoi ressemblera notre monde plus petit. Investirons-nous nos derniers dollars dans de nouveaux systèmes de transport sur rail ou dans la réparation et le prolongement de routes et de ponts délabrés qui sont probablement voués à l'abandon d'une manière ou d'une autre? Construirons-nous de nouvelles pistes et aérogares ou développerons-nous les infrastructures nécessaires au transport de marchandises par bateau sur nos lacs et rivières? Utiliserons-nous nos taxes municipales pour étendre les réseaux d'égout et d'électricité vers la lointaine banlieue ou déciderons-nous plutôt de consacrer cet argent au réaménagement de nos centres-villes? Nous avons maintenant le choix: tenir à bout de bras un mode de vie bancal axé sur les banlieues dépendantes de l'automobile ou bien concevoir et bâtir des systèmes mieux adaptés à l'avenir qui nous attend.

Tout changera, que nous le voulions ou non. Et malgré l'inconnu qui nous attend, nous en savons suffisamment pour commencer à planifier nos actions. Nous savons que l'approvisionnement pétrolier ne répondra pas à la demande prévue et que pour cette même raison, l'équilibre entre l'offre et la demande connaîtra des turbulences. Nous savons que le modèle économique basé sur l'énergie bon marché, qui nous est si familier, est voué à disparaître. La question est de savoir si nous sommes préparés à y faire face. Plus tôt nous anticipons la situation future, mieux nous pourrons nous y adapter, mais aussi profiter de ses avantages. Les sacrifices que nous faisons aujourd'hui embelliront le ciel de demain.

Plutôt que de vivre dans des villes croupissant sous le smog, encerclées de banlieues et balafrées d'autoroutes, nous pourrions vivre sans voiture dans des quartiers à échelle modeste ou dans des villes construites (ou reconstruites) pour s'adapter au monde plus petit de demain. Plutôt que de s'exiler en périphérie, les banlieusards d'aujourd'hui pourraient s'installer dans les centres-villes rajeunis ou dans des villages de banlieue repensés et reliés par rail, transport en commun ou même bateau à leur lieu de travail. Le développement urbain suit toujours les axes de transport, comme l'eau suit le parcours offrant le moins de résistance. Construisez le mode de transport que vous voulez et vous n'attendrez pas longtemps avant de voir s'élever sur son parcours un modèle de ville adaptée à l'avenir.

Ce qui ne fait aucun doute, c'est que ces quartiers auront en commun une saine relation avec les fermes qui les nourrissent. Les petites villes et les villages de banlieue seront des carrefours de production agricole locale. Les villes plus importantes auront certainement beaucoup plus d'arbres fruitiers et de potagers. Vancouver a déjà modifié son règlement municipal pour encourager l'apiculture, alors que l'on trouve des ruches sur les toits de Paris. Toutefois, le vrai changement pourrait se manifester sous la forme de fermes verticales ou *farmscrapers*: des serres à étages multiples (et peut-être aussi des bâtiments pour le bétail) qui produiraient de la nourriture toute l'année dans un climat contrôlé. Il n'y aurait pas de mauvaise récolte, nul besoin de pesticides chimiques ni de réseaux de transport étendus, et ce serait un moyen formidable d'utiliser l'eau grise, cette eau recyclée. Si vous vivez dans le sud-ouest des États-Unis ou en Australie où la sécheresse menace non seulement les terrains de golf, mais aussi votre mode de vie, il sera primordial de trouver un moyen efficace de transformer en nourriture l'eau rare et le soleil abondant. Si nous pouvons bâtir des terrains de stationnement étagés pour garer nos voitures sur les lieux de travail, ce n'est pas vraiment sorcier de concevoir un édifice en hauteur pour faire pousser de la laitue romaine, particulièrement si nous n'avons plus de voiture.

Quoi qu'il en soit, le retour des aliments locaux dans un monde plus petit coïncidera avec le retour des saveurs locales. McDonald's incite tout le monde à manger ses hamburgers, de Montpellier à Montréal. Coca-Cola voudrait que tout le monde boive ses boissons gazeuses, d'Atlanta à Athènes. PFK souhaiterait que tous se lèchent les doigts, de Louisville à Bangkok. Et Starbucks, malgré son apologie de la diversité culturelle, cherche des consommateurs homogénéisés qui commandent leur capuccino tous les matins consciencieusement sans remarquer dans quel pays ils se trouvent.

Bref, l'économie globale s'évertue à créer pour le consommateur un éventail uniforme de choix et de préférences qui tient la route où que l'on soit dans le monde. L'uniformisation mondiale des cultures et des goûts permet à un seul message marketing de se propager sans équivoque partout dans le monde, quelle que soit la langue dans laquelle il est livré. La tâche des producteurs s'en trouve largement facilitée. Tout ce qu'ils ont à faire, c'est de construire des usines là où la main-d'œuvre est la moins chère, peu importe à quelle distance se trouvent leurs clients. Après tout, dans une économie mondialisée, tout le monde achète la même chose.

La taille du marché de masse et les marchandises standardisées à l'échelle mondiale se renforcent mutuellement, mais aux dépens des goûts particuliers de chaque marché local. En servant le saumon de l'Atlantique sur les tables des cinq continents, la mondialisation en a évacué la saveur et le contexte locaux. Dans un monde plus petit, tous les éléments qui constituent le plaisir de l'alimentation reprendront de l'importance.

Il en sera de même pour plusieurs choses. Les goûts régionaux et les coutumes locales, que l'on croyait voués à l'extinction sous le couperet de la mondialisation, bénéficieront d'un sursis de la dernière heure. Tandis que les productions de toutes sortes retourneront à leurs racines régionales, les produits retrouveront une identité locale. Certaines usines, sauf les aciéries bien entendu, se remettront à fabriquer des biens de consommation adaptés aux goûts et préférences de leur clientèle locale. Tandis que les entreprises amorceront ce virage, elles renoueront avec les communautés locales qu'elles ont oubliées et négligées durant de longues années.

L'emplacement des usines ne dépendra plus uniquement du coût de la main-d'œuvre ni d'un quelconque indice mondial des prix. Une entreprise n'aura plus à se mesurer à un atelier clandestin de l'Asie de l'Est qui fabrique à une échelle gigantesque pour l'ensemble du marché mondial. Elle devra plutôt miser sur sa capacité à fabriquer des articles qui répondent à des habitudes et à des goûts locaux puisque, dans un contexte où le pétrole coûte cher, sa proximité sera son principal avantage comparatif.

Et si les coûts de transport et de carbone ne suffisent pas à rapatrier une usine, elle sera probablement transportée là d'où elle vient sur la vague du protectionnisme. Sous la gouverne des États-Unis, des nations des quatre coins du monde insistent pour que l'argent des contribuables serve à l'achat de produits locaux.

Les dépenses des gouvernements occupent une part plus grande de l'économie et leur parti pris en faveur de l'achat local fermera de plus en plus la porte à l'importation. Dès que les États-Unis assortiront leurs programmes de revitalisation économique d'exigences concernant l'achat de biens et services américains – comme ils l'ont déjà fait pour l'eau, le réseau d'égout, la réparation de ponts et bien d'autres secteurs –, attendez-vous à ce que le Canada, l'Europe, le Japon, l'Australie et pratiquement tous les pays emboîtent le pas. Tandis que la récession cause la perte de 50 millions d'emplois dans le monde, selon les dernières estimations de l'Organisation internationale du travail (OIT), il y aura une vague de pressions du public pour que les gouvernements tentent de sauver les emplois locaux, ce qui les poussera bientôt à délaisser le commerce international pour retrouver leurs racines économiques locales.

Bientôt, vous ne serez plus habillé comme votre partenaire d'affaires de Tokyo et éventuellement, votre maison sera différente de toutes les autres sur le continent. Les caractéristiques qui ont fait la particularité de votre environnement immédiat reviendront à l'avant-plan. Dans un avenir pas si lointain, le passé reviendra à la vie.

Nous avons déjà vu que les banlieues se videront lentement (ou rapidement), retrouveront la taille des villages qu'elles avaient avalés et seront de nouveau entourées de fermes. Avant que cela ne se produise, les banlieues, leurs avenues et leurs culs-de-sac propres subiront sans doute une transformation radicale. Elles traverseront une phase de délabrement, puis de récupération gigantesque au cours de laquelle les matériaux de construction (de plus en plus rares) serviront à un meilleur usage pour reconstruire et adapter les maisons de banlieue. (Dans la zone ex-urbaine abandonnée de Fort Myers en Floride, les voleurs arrachent les climatiseurs pour récupérer les pièces et revendre le métal.) Une fois ce processus terminé, on reconstruira avec des matériaux locaux plutôt qu'avec les produits préfabriqués uniformes vendus dans les quincailleries à grande surface du monde entier.

Nous aurons certainement besoin d'ouvriers qualifiés dans notre nouveau monde plus petit. J'imagine que nous apprendrons à réparer les objets quand ils se brisent plutôt que d'en acheter des neufs. Nous finirons peut-être par comprendre comment fonctionne un grille-pain. Nous nous accommoderons d'objets retapés, rapiécés et fonctionnels plutôt qu'esthétiques. Nos vêtements ne seront peut-être plus du dernier chic, mais la couture fera un retour, comme le jardinage et la cuisine (quoique je doute de l'avenir immédiat de l'apiculture domestique).

Bien entendu, nous ne serons pas nombreux à

maîtriser l'ensemble de ces connaissances. Combien de personnes qui prennent le métro avec vous chaque matin sauraient comment faire pousser des tomates ou ravauder une chaussette ? Pas beaucoup, mais on a observé une chose au lendemain de l'effondrement de l'Union soviétique : la force des réseaux d'amis et de parents. Pour survivre à cette période sombre, les gens devaient s'entraider. Espérons que nous pourrons agir de la sorte, nous aussi.

Je laisse à d'autres le soin d'analyser en profondeur comment ces changements influeront sur notre culture, mais ce sera une mutation radicale. Pour nombre d'entre nous, le monde local n'a pas de pertinence. Nous ne mangeons plus de produits locaux et rêvons de voyager ailleurs pour le travail ou par plaisir. Nous sommes nombreux à partager plus de points communs avec nos collègues à l'autre bout du monde qu'avec notre voisin immédiat. Tout cela est sur le point de changer. Tandis que la rareté du pétrole commence à rapetisser notre monde, nous passerons bientôt beaucoup plus de temps à discuter avec nos amis et beaucoup moins à voyager à l'autre bout de la planète, ce qui nous portera à moins nous inquiéter des problèmes du monde et à nous préoccuper davantage de notre région. Nous deviendrons bientôt beaucoup plus attentifs à notre petit univers et nos quartiers seront de meilleurs milieux de vie.

Cela dit, arriverons-nous à trouver du bon café ? Ce sera moins facile et abordable dans le tout petit monde de demain. Beaucoup de choses dépendront des choix que nous ferons tandis que notre monde qui carbure au pétrole sursaute d'un changement à l'autre. Toutefois, nos ancêtres sirotaient leur café en discutant des nouvelles idées qui ont donné naissance à notre monde, et ce, bien avant que quiconque pense à faire fonctionner un bateau ou un tracteur au moyen de combustible fossile. Rien ne nous empêche de carburer nous aussi au café pour faire naître de nouvelles idées. Après tout, nous avons certainement besoin d'une bonne dose d'énergie.

CHAPITRE 9

À LA POURSUITE DE L'INCONNU

Il est minuit, mais le soleil projette toujours des ombres lumineuses sur les montagnes tout autour. Le soleil ne se couche pas vraiment à la mi-juillet au nord du Yukon. Le ciel prend des teintes de crépuscule durant environ cinq heures, puis le soleil se lève de nouveau vers quatre heures du matin.

Je pêche au lancer au confluent de Ptarmigan Creek, un torrent tumultueux qui surgit des montagnes environnantes, et des eaux claires et froides (4 °C) du lac Pelly où il se jette. Ce lac se déverse dans la rivière du même nom qui le relie à la rivière Yukon pour aboutir, 3 200 kilomètres plus loin, dans la mer de Béring, en Alaska. C'est ce lien qui m'a amené ici, sous le ciel de minuit arctique, sur la route migratoire de l'insaisissable inconnu.

On me dit que, techniquement, l'inconnu est un corégone, mais un corégone différent de tous les autres dans le monde. Il s'agit de la seule variété prédatrice et il ressemble davantage à un tarpon qu'à tout autre corégone que j'aie vu dans ma vie. Toutefois, à la différence du tarpon, l'inconnu recherche l'eau froide et vivifiante à la ligne de partage des rivières Yukon et Mackenzie et passe la plus grande partie de sa vie dans l'eau douce. L'inconnu est un poisson qui migre vers la mer, comme le saumon et la truite arc-en-ciel : à une certaine période de sa vie, il se dirige vers le vaste océan Pacifique Nord avant de regagner ses frayères. Toutefois, on sait peu de choses sur le comportement qui lui est propre alors que l'on connaît les parcours migratoires des deux espèces précédentes grâce à une volumineuse recherche.

On sait aussi que le parcours de l'inconnu dans le bassin de la rivière Yukon est la plus longue route migratoire d'un poisson en Amérique du Nord. Depuis sa source, le lac Bennett, la rivière parcourt 1 770 kilomètres jusqu'à la frontière de l'Alaska, drainant un territoire qui recouvre la moitié du Yukon. À partir de la frontière de l'Alaska, la rivière poursuit sa route sur plus de 1 930 kilomètres avant de se jeter dans la mer de Béring.

Ce poisson était abondant au point où il assurait la subsistance des premiers explorateurs de la région : Alexander Mackenzie à la tête d'un groupe de Canadiens français. Par contre, au fil des années, la quantité d'inconnus a chuté radicalement comme tant d'autres espèces surexploitées. Bien qu'on puisse encore le pêcher en Alaska lorsqu'il se dirige vers la mer, l'inconnu est devenu une espèce rare et difficile à pêcher dans le bassin hydrographique de la rivière Pelly au Yukon d'où il est originaire.

Je séjourne à l'Inconnu Lodge au cœur du Yukon. L'établissement comporte cinq cabanes en cèdre rouge et un bâtiment principal de quelque 600 mètres carrés, lui aussi en cèdre rouge, qui contient un énorme salon, une cuisine de restaurant, une élégante salle à manger, une boutique d'articles de pêche et un centre de conférence. Le salon est orné de trophées de pêche et d'animaux naturalisés qui rôdent dans les forêts des alentours : orignal, grizzly et caribou. Le confort somptueux de l'établissement contraste avec la beauté sauvage de la nature.

De l'autre côté du lac McEvoy où se trouve le *lodge,* il y a toujours de la neige en juillet au sommet de la montagne en face de moi. Plus bas, dans les forêts d'épinettes alpines grouillent d'innombrables hordes de moustiques. Ils prospèrent dans l'humidité qui suit les averses quotidiennes et se reproduisent dans le vaste réseau de marais, de lacs et de rivières qui parcourent le territoire.

La coexistence de la neige et des moustiques à quelques milliers de mètres est l'un des nombreux contrastes qui concourent à la magie de ce lieu. On pense aussi aux longues journées d'été de 24 heures au nord du 60e parallèle qui trouvent leur contrepoint dans les rares heures de soleil en hiver. Mais les pêcheurs ne visitent pas la région à cette époque, bien entendu, et le personnel de l'auberge se replie vers les climats beaucoup plus chauds et ensoleillés.

La période de la fin août et du mois de septembre, lorsque les vagues bleues, vertes et rouges des aurores boréales dansent dans le ciel de la nuit, est probablement la plus lumineuse. Causées par le choc des particules du vent solaire sur l'atmosphère terrestre, les aurores boréales attirent un tout autre type de clientèle touristique, même quand la glace automnale signale la fin prématurée de la saison de la pêche.

Assis à la porte de ma cabane à réfléchir à la beauté qui m'entoure, je ne peux m'empêcher de me demander pendant combien de temps encore je pourrai visiter des endroits comme celui-ci.

Pour y arriver, nous avons pris l'avion à Whitehorse et survolé certaines des montagnes les plus isolées au monde sur 290 kilomètres. Whitehorse, qui compte 23 000 habitants, est la capitale du territoire, au milieu de nulle part, le centre de la civilisation dans une région plus vaste que la Californie.

La ville porte le nom des rapides qui s'y trouvaient autrefois et dont les eaux bouillonnantes rappelaient la crinière de chevaux blancs au galop. Plus de 3 000 soldats américains étaient stationnés à Whitehorse durant la Seconde Guerre mondiale. Ils avaient pour mission de construire l'autoroute de l'Alaska à travers la taïga à un rythme très rapide en vue de résister à une éventuelle invasion japonaise sur la côte de l'Alaska. C'était la première route en bitume du Yukon.

Aujourd'hui, 33 000 personnes vivent au Yukon, dont 10 000 seulement à l'extérieur de la capitale. Par contre, on y trouve 250 000 caribous, soit 7,5 pour chaque résidant permanent. Si mes prévisions sur le prix du pétrole se confirment, ce rapport augmentera bientôt.

Tout ce que l'on trouve à l'auberge a dû être transporté dans un hydravion DeHavilland Beaver de 1957, véritable cheval de trait qui a joué un rôle indispensable pour le développement du Nord canadien. Le Beaver est essentiel dans l'arrière-pays arctique, mais très énergivore. Son moteur, conçu à l'époque où l'essence coûtait moins de 0,25 $ le gallon, consomme environ 81 litres de kérosène à l'heure. Le dernier Beaver a quitté la chaîne d'assemblage en 1961. Pourtant, près de 50 ans plus tard, on l'utilise encore pour exécuter des tâches importantes, dans une région reculée où le pétrole coûte maintenant 40 fois plus cher.

Pour assurer le transport dans la région, on utilise aussi les hélicoptères Hughes 500 qui fendent l'air à 200 kilomètres à l'heure. Même s'il est beaucoup plus récent que le Beaver, cet appareil ne permet pas de faire des économies de carburant qui valent la peine.

Pourtant, tout ici dépend de cette énergie importée. Les lacs qui débordent de truites, d'ombres, de grands brochets et, espérons-le, d'inconnus, ne sont accessibles que par avion. Les moteurs des bateaux amarrés aux quais déserts fonctionnent à l'essence. Sans elle, impossible de se rendre aux différentes zones de pêche éparpillées à des kilomètres les unes des autres dans les énormes lacs du Yukon.

Sans combustible fossile, personne ne pêcherait ici et je ne serais pas en train d'écrire ce livre. Mon ordinateur portable est branché sur la prise électrique de ma belle cabane en cèdre. L'électricité qui sort de la prise ne provient pas d'un réseau – le plus proche est à des centaines de kilomètres –, mais d'une génératrice au diesel installée derrière l'auberge.

N'oublions pas le radiateur de ma cabane. Le jour, la température peut atteindre 24 °C, mais il y a toujours, à la mi-juillet, de la neige au sommet des montagnes qui me font face de l'autre côté du lac.

Ne soyez pas bernés par le soleil de minuit : nous nous trouvons dans le Grand Nord et il fait froid la nuit, même en plein été. L'électricité qui me permet d'utiliser mon ordinateur portable est la même qui fait fonctionner le radiateur que j'allume avant de me coucher. Cette électricité est produite en brûlant du pétrole, toujours plus cher.

Il faut tous les jours une quantité considérable d'énergie pour faire fonctionner l'Inconnu Lodge au cœur de la nature sauvage du Yukon. Le vénérable Beaver avale jusqu'à plus de trois barils de pétrole quotidiennement. Ajoutez-y l'hélicoptère qui fait à l'occasion le trajet de 640 kilomètres pour se rendre aux époustouflantes chutes Virginia sur le fleuve Nahanni South dans les Territoires du Nord-Ouest tout proches et on compte facilement un autre baril et demi. On parle donc de quatre barils et demi additionnels de kérosène. Certains lacs, comme le Jim Cook où l'on pêche sans trop s'étonner des brochets et des truites gigantesques, se trouvent à près de 160 kilomètres de l'auberge. Une excursion comme celle que nous y avons faite consume 182 litres de kérosène, soit plus d'un baril de pétrole.

Et puis, il faut aussi prévoir un autre demi-baril (environ 80 litres) pour les moteurs hors-bords et un baril de diesel pour la génératrice qui fournit toute l'électricité. Chaque jour, le club de pêche consomme donc plus de 940 litres de kérosène, essence et diesel, soit l'équivalent de 6 barils de pétrole. Sans tout ce carburant, il ne pourrait tout simplement pas survivre.

La route est longue de Cushing en Oklahoma où l'on fixe le prix du brut de référence, le West Texas Intermediate, et le lac McEvoy au Yukon. L'essence est livrée par un chemin de terre long de 113 kilomètres entre le lac Watson à la limite du Yukon et de la Colombie-Britannique, une péripétie de 7 heures que l'on peut faire seulement à bord d'un robuste véhicule à 14 roues. De là, on l'expédie par Beaver ou par hélicoptère qui consomment tous deux une grande quantité de kérosène à chaque seconde de vol.

Compte tenu des coûts de transport, le gallon d'essence coûtait plus que les 4 $ que payaient la plupart des Américains cet été-là. Les Canadiens versaient déjà l'équivalent de 1 $ de plus à cause des taxes d'accise fédérale et provinciale qui sont beaucoup plus élevées qu'aux États-Unis. À ce prix, le club de pêche devait encore ajouter 5 $ par baril simplement en frais de livraison, pour un total de 10 $ le gallon.

En incluant tout ce que coûte la livraison de diesel et de kérosène, le club de pêche paie chaque jour plus de 2 500 $ en carburant et ce prix continuera à grimper avec chaque augmentation du West Texas Intermediate dans un marché du pétrole de plus en plus resserré. Ainsi, un baril de pétrole d'une capacité d'environ 180 litres vendu 140 $ en Oklahoma coûtera 420 $ à l'Inconnu Lodge au Yukon. À ce prix, aurai-je les moyens de revenir pêcher dans ces eaux miraculeuses?

La question est particulièrement pertinente pour ce qui est du marché cible qui se trouve aux États-Unis et non au Canada. La valeur du dollar canadien, qui en 2004 avait atteint le minimum record de 0,60 $ américain, était maintenant égale à celle de son grand frère en raison, là aussi, de la dépendance accrue des Américains à l'égard du pétrole canadien.

Le prix du pétrole à plus de 100 $ le baril a des conséquences sur la marge de l'exploitant du *lodge*, mais il étrangle aussi ses clients. Comment la situation économique causée par la flambée du prix du pétrole nuira-t-elle à la demande pour des séjours dans un endroit comme celui-ci? Des changements se préparent. Personne n'a rien à apprendre en matière de gestion à Warren LaFave, le rusé propriétaire de l'Inconnu Lodge qui travaille depuis plus de 30 ans dans le domaine touristique au Yukon. Sa famille exploite des clubs de pêche en Colombie-Britannique depuis les années 1930 et il a déjà lui-même possédé et exploité trois autres centres de villégiature au Yukon.

Sa saison dure trois mois seulement et il ne peut accueillir qu'une douzaine d'invités à la fois. Tous les cinq jours, les pêcheurs épuisés sont ramenés par avion à Whitehorse où l'on cueille leurs remplaçants. LaFave a moins de 200 places à combler durant tout l'été.

Il s'avère qu'Anita, la femme de Warren, a fréquenté comme moi la Wilson Heights Junior High School à Toronto, il y a des décennies. La route est longue jusqu'au centre du Yukon et comme tant de migrations survenues au cours des 30 dernières années, celle d'Anita a été motivée par l'énergie bon marché. Combien d'autres pionniers du Sud urbanisé partiront s'établir en région nordique lorsque le prix du baril de pétrole élevé aura éloigné plus que jamais le Yukon et le reste du Nord canadien?

Warren a décidé d'ouvrir son établissement une année sur deux seulement. Je pourrai donc revenir en 2010. Il m'a aussi dit qu'il y a sept clubs de pêche au saumon à vendre sur la même rivière en Alaska.

Selon les théories économiques de base, si sept clubs de pêche situés au même endroit arrivent simultanément sur le marché, leur prix chutera. Autrement dit, il y a plus de vendeurs que d'acheteurs et pour une bonne raison. Qui voudra se porter acquéreur d'entreprises dépendantes du pétrole à ce point lorsqu'un seul baril coûtera jusqu'à 420 $?

Par contre, Warren LaFave est aussi un homme d'affaires très rusé. Il le faut pour survivre dans un milieu comme celui-là. Les prix élevés laissent très peu de place à l'erreur. Si l'on ne parvient pas à gérer les coûts, ils exploseront en moins de deux.

Par chance, son club de pêche n'est que l'une de ses sources de revenus. Il possède à l'arrière de son domaine des cabanes moins luxueuses qu'il loue aux équipes de géologues qui envahissent la région depuis quelque temps. Ils font le relevé de tous les minéraux, du plomb au tungstène, sur ce territoire qui a déjà été exploité lors de la ruée vers l'or du Klondike, il y a plus de 100 ans. À l'époque, les prospecteurs s'épuisaient à transporter leur matériel sur la piste longue de 53 kilomètres qui traversait le col Chilkoot. Aujourd'hui, les motoneiges ont pris la relève des traîneaux à chiens, tout comme l'hélicoptère et l'hydravion de Warren ont remplacé les jambes fatiguées, à la différence que les hommes et les chiens ne consomment pas de pétrole.

Plus important encore, Warren transporte les géologues dans son hélicoptère soir et matin entre leurs cabines et leur lieu de travail au tarif horaire de 1 100 $.

Il fournit également des services aériens au parc national Nahanni, un site du patrimoine mondial, situé relativement près dans les Territoires du Nord-Ouest. Le transport aller-retour en avion dure trois heures et coûte plus de 2 000 $.

Il y a 17 ans, ma femme et moi avons descendu en canot la spectaculaire rivière Nahanni South à partir des chutes Virginia, deux fois hautes comme celles du Niagara, en passant par quatre canyons qui rivalisent avec le Grand Canyon de l'Arizona.

À l'époque, on apercevait à l'occasion un autre canot qui faisait l'excursion d'une semaine des chutes Virginia jusqu'à l'endroit où la Nahanni surgit des montagnes Mackenzie pour se jeter dans la large rivière Liard, sur la plaine arctique. Aujourd'hui, les rameurs se succèdent sans interruption, transportés par pas moins de trois vols hebdomadaires entre Francfort en Allemagne et Whitehorse au Yukon. On entend parler autant allemand qu'anglais au-dessus du roulement des chutes, du moins pour le moment. Puisque le prix du pétrole fera monter de façon marquée le prix du voyage transocéanique, il pourrait bientôt y avoir de moins en moins d'Allemands dans les parages.

On ne peut survivre plus de 30 ans dans la nature sauvage du Yukon sans faculté d'adaptation. Et comme les prévisions de la météo, les choses changent constamment ici. Warren s'emploie déjà à mettre au point un plan d'énergie de remplacement.

Après tout, la conservation est au cœur des préoccupations du domaine. Toutes les prises, à la mouche ou à la cuillère, sont relâchées. C'est primordial pour maintenir la pêche sportive dans le Nord.

Puisque l'eau n'est exempte de glace que trois ou quatre mois par an, le poisson y grossit très lentement, à raison de seulement 200 grammes par année en moyenne. La prise record a été une truite de 21,8 kilos âgée de près de 100 ans, tandis que le plus gros inconnu, 15 kilos, avait une soixante d'années. Si l'on commence à pêcher ces poissons, la nature mettra énormément de temps à les remplacer.

Un torrent violent d'un dénivelé de près de 100 mètres se trouve derrière l'auberge. Pour 375 000 dollars, Warren pourrait y construire une turbine capable de générer un mégawatt d'énergie électrique qui remplacerait à tout le moins le baril de diesel qui alimente sa génératrice et les 50 réservoirs de propane utilisés pour chauffer l'eau de chaque cabane.

LaFave pourrait aussi remplacer les moteurs deux-temps de nombreux bateaux, peu efficaces énergétiquement, soit par des moteurs quatre-temps ou, mieux encore, par des moteurs électriques. Toutefois, toutes les économies d'énergie qui diminueraient ses coûts d'exploitation et augmenteraient ses profits exigent une mise de fond relativement importante, de l'argent qui pourrait être utilisé autrement, à cette époque où la récession ralentit la demande pour les clubs de pêche luxueux.

J'ignore ce que fera Warren LaFave. Les sources de revenus du *lodge* sont probablement assez diversifiées pour lui permettre de fonctionner en diminuant ses transports en avion à l'intention des géologues et des touristes qui veulent simplement explorer sa belle région.

Un club de pêche isolé au cœur de la très belle région du Yukon à 290 kilomètres de Whitehorse serait-il la version canadienne du centre de ski de Dubaï? C'est certainement beaucoup plus modeste. Pêcher un poisson ne requiert pas autant d'énergie que de dévaler pendant une journée les pentes d'un centre de ski intérieur qui consomme l'équivalent d'un mois d'essence. Toutefois, six barils par jour, c'est beaucoup de carburant dans un contexte de cherté du pétrole.

Si l'Inconnu Lodge venait à fermer, beaucoup de gens, dont moi-même, perdrions l'accès à ces eaux. Même si j'ai eu de bonnes prises, dont un brochet d'un mètre et une truite de lac de presque neuf kilos, je n'ai pas encore pêché d'inconnu. Si le prix du pétrole se comporte comme je le prévois, j'ai probablement perdu ma chance. Tant mieux, alors, pour l'inconnu.

❖

La route est longue de l'Inconnu Lodge jusqu'à mon bureau au centre-ville de Toronto ou à votre lieu de travail.

Mais le monde dans lequel nous vivons est aussi précaire que les établissements du Grand Nord, parce qu'ils dépendent de l'énergie dans une égale mesure. Même si nos gratte-ciel, nos rues animées, nos aéroports et nos centres commerciaux grouillant d'activités semblent hors d'atteinte, c'est loin d'être le cas. Comme tout pêcheur fatigué de sa journée qui admire d'un air rêveur les montagnes du Yukon par la fenêtre de sa cabane, vous et moi dépendons d'un approvisionnement périodique de pétrole pour nous tenir au chaud, bien nourris et en sécurité, sans parler des éléments moins tangibles qui nous procurent une certaine qualité de vie. Enlevez-nous l'énergie et nous devenons tous vulnérables.

Obtenir du carburant au Yukon est une opération difficile et coûteuse, mais approvisionner notre station-service locale le deviendra tout autant. Warren LaFave peut se procurer l'essence et le diesel dont il a besoin, mais les sociétés pétrolières doivent trouver le pétrole et le raffiner, et comme nous l'avons vu, elles découvrent que ce n'est plus aussi facile qu'avant. Au contraire, leur tâche devient plus chère et problématique de jour en jour.

En outre, l'exploitant d'un domaine de pêche peut transmettre ses coûts aux hommes et aux femmes qui ont des moyens. Il risque, lui, non pas de manquer de pétrole, mais de manquer de clients assez fortunés pour le payer. Quand il n'aura plus de visiteurs, il devra fermer sa petite colonie au milieu de la nature sauvage et magnifique.

Le problème est le même pour toute la civilisation. Les gisements de pétrole du monde ne se tariront pas du jour au lendemain, mais nous réalisons qu'il y en a de moins en moins chaque jour et que ce qui reste nous coûtera plus cher.

Nous devrons finalement faire un choix déchirant entre nous adapter aux réalités d'un nouveau monde plus petit ou nous cramponner aux relents d'un monde ancien où nous n'avons plus les moyens de vivre. D'un côté, nous pouvons faire une gamme d'investissements coûteux et risqués. De l'autre, nous admettons la défaite.

Je suis prêt à parier que nous ne choisirons pas la deuxième option. Nous manquons de pétrole, mais nous sommes riches en innovation et la nécessité est mère de l'invention. Je ne fais pas encore de croix sur nos modèles économiques.

Pourtant, notre monde se réduit non seulement du point de vue de l'économie mondiale, et de la circulation des personnes et des marchandises, mais aussi de celui de nos propres expériences de vie. Dans un monde plus petit, on voyage moins, on le connaît donc moins bien et, au bout du compte, on est moins curieux.

C'est un univers ancré dans une raison de vivre locale et des coutumes locales. Très différencié, de structure et de nature variées, il définit notre identité personnelle autant par ce que nous sommes que par ce que nous ne sommes pas.

C'est le retour à un nouveau monde courageux beaucoup plus vaste, dans lequel nous sommes beaucoup plus petits.

REMERCIEMENTS

Je tiens à remercier chaleureusement mon ami de longue date et collègue, Peter Buchanan, économiste principal à la section des Marchés mondiaux de la CIBC. Il m'a apporté son aide tout au long de ces années pour peaufiner notre étude conjointe sur la demande et l'offre mondiales du pétrole, laquelle comprenait une analyse du phénomène croissant de cannibalisation du potentiel d'exportation des pays de l'OPEP. J'aimerais aussi adresser mes remerciements à Benjamin Tal, également économiste principal au département des affaires économiques de la CIBC, pour m'avoir aidé à déterminer le coût du secteur des transports et à évaluer à quel point une politique sur le prix du carbone pourrait transformer les échanges mondiaux et renverser les récentes tendances à la délocalisation. Merci à Kevin Dove des Marchés mondiaux de la CIBC pour avoir porté de manière si efficace notre recherche sur la scène mondiale. Nick Garrison, éditeur à Random House Canada, a effectué un excellent travail en entourant le présent ouvrage d'une présentation sans reproche. Merci enfin, et non au moindre, à Colin Campbell pour m'avoir présenté il y a plusieurs années un point de vue différent de l'offre mondiale de pétrole.

NOTES

INTRODUCTION : REDÉFINIR LA REPRISE

1. L'article de Sarah Murray, « From Ocean to Plate : A Posthumous Migration » publié dans l'édition novembre-décembre du magazine *Orion* (http://www. orionmagazine.org/index.php/articles/article/489) livre un intéressant compte rendu du sort réservé au saumon de l'Atlantique pêché au large de la Norvège.

2. L'autoroute 401 qui traverse Toronto est considérée comme l'une des plus achalandées en Amérique du Nord bien qu'il existe différentes façons de mesurer l'achalandage des autoroutes. La section de la route I-5 qui passe à Santa Monica aux États-Unis semble lui disputer la première position de ce classement.

3. Ouvrage non traduit. En français, le titre pourrait être *Le Pétrole en crise* [NDT].

4. J'ai pris connaissance du concept de la courbe de Hubbert pour la première fois lorsque j'ai lu le texte de Colin Campbell *The Coming Oil Crisis* publié par la Multi-Science Publishing Company en 1997. Pour obtenir une version à jour de l'analyse de M. Campbell du phénomène de déplétion des réserves, lire le texte *The Essence of Oil and Gas Depletion* publié en 2002 par le même éditeur.

5. Pour avoir une illustration de l'arrogance suivant l'annonce de la découverte du gisement de Tupi, lire « Brazil, the New Oil Superpower », dans le *Business Week* du 19 novembre 2007 (http://www.businessweek.com/bwdaily/dnflash/content/nov2007/db2007/1115_045316.htm). Au début, on prévoyait que le champ de Tupi allait produire un million de barils par jour avant 2020. Plus récemment, on a baissé ce chiffre à 400 000 barils par jour, soit moins de 1 % de la production mondiale (http://www.theoildrum.com/node/3269).

6. Bien entendu, on a redoré le blason de M. King Hubbert au cours des dernières années, mais il n'est pas exagéré de dire qu'il était un paria il y a quelques décennies ou qu'il ne s'est pas fait d'amis en faisant paraître son article « Nuclear Energy and the Fossil Fuels » dans lequel il fait part de sa prédiction concernant la production américaine de pétrole. Pour en savoir davantage sur la carrière de M. Hubbert et sur sa lutte pour convaincre le monde que la croissance infinie n'est pas possible dans un monde de ressources non renouvelables, lire le deuxième chapitre du livre *The Last Oil Shock*, rédigé par David Strahan et publié chez John Murray Books en 2007.

7. Aussi invraisemblable que cela puisse paraître, le fait qu'un spéculateur ait fait monter à lui seul le prix du baril de pétrole au-delà de 100 dollars, juste pour rigoler, était le scénario retenu par plusieurs personnes (http://news.bbc.co.uk/2/hi/business/7169543.stm).

PREMIÈRE PARTIE

CHAPITRE 1 : LE RENVERSEMENT DE L'OFFRE

1. L'étude « World Energy Outlook » de l'Agence internationale de l'énergie (AIE) revoit les prévisions que l'organisme avait avancées, en faisant passer la vitesse

du déclin de 3,7 à 6, 7 %. C'est un écart important qui porte énormément à conséquence. Il s'est avéré que les prévisions initiales étaient basées sur des conjectures. La révision des chiffres de l'agence est le résultat d'une analyse rigoureuse des 800 plus importants champs pétrolifères au monde. Aujourd'hui, les plus optimistes s'attendent à ce que la production atteigne un plateau d'ici 10 ans. Pour prendre connaissance de l'étude de l'AIE, se rendre à cette adresse : http://www.world energyoutlook.org/2008.asp.

2. Les chiffres portant sur la consommation mondiale de pétrole par personne sont tirés de l'ouvrage *CIA World Factbook* (https://www.cia.gov/library/publications/the -world-factbook/).

3. Bien qu'il soit difficile de croire qu'il coûte plus cher de puiser le pétrole dans la mer du Nord que d'envoyer un homme sur la Lune, il n'en demeure pas moins que c'est la vérité. Un article de la revue *Time* publié en 1975 estime que l'investissement dans les infrastructures pétrolifères de la mer du Nord jusqu'à 1980 était évalué à 11 milliards de dollars, un montant plus élevé que le programme lunaire de la NASA (http://www.time. com/time/magazine/article/0,9171,913489,00.html).

4. La production d'un champ pétrolifère ne suit pas une courbe régulière et c'est ce qui explique que le pic de production mensuelle de la mer du Nord ait été atteint 14 ans avant le pic de production annuelle. Selon le UK Department of Energy and Climate Change, la meilleure production mensuelle a été enregistrée en 1985 (https://www.og.decc.gov.uk/pprs/full_ production /monthly+oil+production/0.htm). Et la meilleure année s'est produite en 1999 (https://www. og.decc.gov.uk/pprs/full_production/annual+oil+prod uction+sorted+by+field+m3/0.htm). Cela étant, le fait est que le taux de déplétion de la mer du Nord est de

15 % par année, un taux plus important que le taux de déplétion moyen dans le reste du monde.

5. L'organisme Cambridge Energy Research Associates (CERA) fait figure de rempart pour les optimistes de l'énergie. Il fournit une grande partie des recherches qui contribuent à réfuter l'idée que la production mondiale de pétrole soit sur le point d'atteindre un pic. Son fondateur, M. Daniel Yergin, est l'auteur de l'ouvrage relatant l'histoire du secteur pétrolier *The Prize*, qui lui a valu le prix Pulitzer. En janvier 2008, le CERA estimait que le taux mondial de déplétion était de 4,5 %, un chiffre bien plus prudent que le 6,7 % avancé par l'AIE dans ses projections publiées en 2008 dans l'étude « World Energy Outlook ».

6. Au début du XXe siècle, l'Azerbaïdjan était le centre mondial du pétrole avec des geysers s'apparentant à ceux découverts au Texas. Ce pays fournit toujours une partie importante du pétrole brut, bien qu'il ne soit plus l'ombre de ce qu'il était il y a 100 ans. L'oléoduc de 1609 kilomètres traversant Bakou, Tbilissi et Ceyhan (le deuxième plus long au monde), comme son nom l'indique, passe par l'Azerbaïdjan, la Géorgie et la Turquie. Environ un million de barils de pétrole y coule chaque jour en direction du marché européen, ce qui n'est pas sans importance géopolitique.

7. L'une des citations de M. King Hubbert illustre parfaitement le ratio entre l'investissement énergétique d'un baril de pétrole synthétique provenant de l'Alberta et celui d'un baril de pétrole brut de l'Arabie saoudite : « Tant que le pétrole sera utilisé à des fins énergétiques, lorsque le coût de l'énergie d'un baril de pétrole sera supérieur à l'énergie qu'il contient, la production cessera quel qu'en soit le prix. » (http://www.hubbertpeak. com/Hubbert/).

CHAPITRE 2 : LE RENVERSEMENT DE LA DEMANDE

1. Pour avoir une idée de la folie des grandeurs de cet endroit, visitez le site de Ski Dubaï (http://www.skidxb.com).

2. La firme Goldman Sachs fut la première à employer le nom « BRIC » dans un rapport publié en 2003 sous le nom « Dreaming with the BRICs » (http://www2.goldmansachs.com/ideas/brics/99-dreaming.pdf). L'idée sous-jacente était que le Brésil, la Russie, l'Inde et la Chine allaient bientôt dépasser les pays développés seulement en raison de la taille de leur marché.

3. Lire l'article paru le 10 septembre 2007 et signé par Jeff Rubin et Peter Buchanan « OPEC's Growing Call On Itself » (http://research.cibcwm.com/economic_public/download/occrept62.pdf) pour avoir une analyse de la croissance de la consommation intérieure des pays de l'OPEP et de son lien avec la baisse de leurs exportations.

4. La consommation de pétrole par personne dans le monde est issue des données publiées par la *CIA World Factbook* (https://www.cia.gov/library/publications/the-world-factbook/).

5. Les efforts déployés par l'Arabie saoudite pour produire ses denrées en sol étranger s'inscrivent dans une tendance que l'on observe à l'échelle de la planète. La Lybie loue des terres en Ukraine contre du pétrole. La Corée du Sud achète des terres à Madagascar. La Chine, qui produit déjà des denrées pour l'Australie, est en train d'acheter des terres au Cameroun, au Laos, au Kazakhstan, au Myanmar, en Ouganda et aux Philippines. Les États du Golfe possèdent par contrat des millions d'acres en Indonésie, au Pakistan, au Soudan et en Égypte. Enfin, le Japon loue à taux préférentiel beaucoup de terres agricoles aux États-Unis depuis les années 1980 (http://www.chicagotribune.com/news/nationworld/chi-global-land_bddec14,0,1662931.story).

6. Pour obtenir une analyse détaillée de la déplétion du champ de Ghawar s'appuyant sur de nombreux rapports internes rédigés par des géologues et des ingénieurs de la Saudi Aramco, lire l'ouvrage *Twilight in the Desert* de Matt Simmons, paru en 2005 chez Wiley. En plus de Collin Campbell, Matt Simmons, que j'ai côtoyé lors d'une conférence à Calgary, il y a plusieurs années, a été l'un des premiers à me prévenir de la menace de la déplétion des réserves. Depuis des décennies, il a été une voix solitaire, quoique très intuitive, du secteur pétrolier et gazier.

CHAPITRE 3 : LE MIROIR AUX ALOUETTES

1. Daniel Khazzoom et Leonard Brookes sont les défenseurs de notre époque du paradoxe de Jevons. Chacun de leur côté, ils ont analysé les répercussions des mesures d'économie d'énergie sur la consommation d'énergie après les chocs pétroliers de l'OPEP. Ils ont découvert, contrairement à ce que l'on aurait pensé, que les gains en matière d'efficacité énergétique stimulent la consommation d'énergie au lieu d'en promouvoir l'économie. Ce postulat est communément appelé «postulat de Khazzoom-Brookes». Pour en savoir davantage à ce sujet, lire le chapitre 4 de l'ouvrage de George Monbiot, *Heat* paru chez Doubleday Canada en 2006.

2. William Stanley Jevons était l'un des économistes les plus influents en Grande-Bretagne au XIXe siècle. Il est le père de la théorie de l'utilité moderne en science économique. Il fut également l'un des premiers économistes à reconnaître le problème de déplétion des ressources et à s'y attaquer. C'est pourquoi il a récemment fait l'objet de plus d'attention de la part de ceux qui s'intéressent au concept de pic pétrolier. Jevons a fait la promotion du concept de paradoxe

d'efficacité dans son traité intitulé *The Coal Question*, publié en 1865, où il souligne le fait que les avancées technologiques permettant d'économiser le charbon entrant dans la production de l'acier a en fin de compte provoqué une hausse de la demande de charbon. Le phénomène portait auparavant le nom de paradoxe de Jevons.

3. L'efficacité énergétique du moteur du modèle T de Ford construit en 1908 était d'environ 9,5 à 14 litres aux 100 kilomètres. Si l'on prend le chiffre le moins élevé, plusieurs VUS font pire que les voitures qui circulaient il y a 100 ans. Si l'on prend le chiffre le plus élevé, plusieurs rutilantes voitures familiales ne présentent pas de meilleurs résultats (http://cbs5.com/local/Model.T. GFord.2.434954.html).

4. Cette histoire à propos de la menace que les amateurs britanniques de soccer ont fait planer sur le réseau électrique en allumant leur téléviseur au plasma provient de l'article «Plasma screens threaten eco-crisis», rédigé par David Smith et Juliette Jowit, paru dans *The Observer* le 13 août 2006 (http://www.guardian.co.uk/environment/2006/aug/13/energy.nuclearindustry).

5. Pour plus d'informations sur les répercussions environnementales du boom des biocarburants, lire deux articles publiés par George Monbiot dans le *Guardian*: «A Lethal Solution» paru le 27 mars 2007 et «An Agricultural Crime Against Humanity» paru le 6 novembre 2007. Lire également l'article «Biofuel Backfiring», publié par Paul Watson dans le *Los Angeles Times*, le 19 octobre 2008. La surprenante conclusion voulant que les biocarburants soient plus dommageables pour l'environnement que les combustibles fossiles est tirée d'une étude intitulée «Climate Change and Energy: The True Cost of Biofuels», parrainée par l'organisme Nature Conservancy et l'Université du

Minnesota. Ce sont les émissions de carbone relâché dans l'atmosphère à la suite de la destruction de pâturages, de forêts tropicales, de tourbières et de savanes, au Brésil et aux États-Unis s'ajoutant à tous les rejets issus de la consommation des combustibles fossiles servant à la production de la matière première qui en sont la cause.

DEUXIÈME PARTIE
CHAPITRE 4 : S'ENGAGER DANS LA SORTIE

1. Au cours du démantèlement de la Yougoslavie, le gouvernement de Belgrade a tenté de contrôler le taux de change du dinar, avec les résultats escomptés, dans une économie largement dominée par le marché noir à cause des sanctions de l'ONU. La devise gonflée n'était d'aucune utilité pour les contrebandiers puisqu'ils devaient payer l'essence, la drogue et toutes les marchandises qu'ils importaient avec une autre devise, généralement le mark allemand. Chose intéressante, le mark servait toujours de devise officieuse dans les ex-républiques de Yougoslavie même après l'introduction de l'euro en 1999.

2. Les données sur l'usage de l'automobile aux États-Unis et au Royaume-Uni proviennent de cette étude : *Car Ownership, Travel and Land Use : A Comparison of the US and Great Britain* de G. Giuliano et J. Dargay, Working Paper Number 1006, 11-15 janvier 2005, Transport Studies Unit, Oxford University Centre for the Environment (http://www.tsu.ac.uk).

3. Le classement des pays en fonction du nombre de véhicules par habitant est tiré de http://www.nation master.com/graph/tra_mot_veh-transportation-motor-vehicles. Il semble discutable. Un article paru en janvier 2009 dans *The Economist* (http://www. economist.com/daily/chart-gallery/displayStory.

cfm?story_id=12714391&source=features_box4) conteste le statut de « paradis de l'automobile » attribué aux États-Unis, mais la tendance demeure la même. À l'exception du minuscule Luxembourg, ce sont les pays riches et étendus géographiquement qui comptent le plus d'automobiles par habitant.

4. Pour en savoir davantage sur l'histoire de l'expansion des banlieues et la mort du transport en commun, lire l'ouvrage d'Howard Kunstler intitulé *The Geography of Nowhere* publié par Touchstone Press en 1993. Cette analyse soutenue et irréprochable examine les coûts culturels et économiques de concevoir une société autour de l'automobile. Il vaut aussi la peine de consulter le site Web intitulé *Detroit Transit History* (http://www.detroittransithistory.info) élaboré par un ancien conducteur d'autobus de Detroit.

5. Le documentaire *Who Killed the Electric Car?* raconte l'histoire de l'EV1 de General Motors. L'histoire du sous-comité sénatorial antitrust est admirablement résumée dans un article de Morton Mintz intitulé « Road to Perdition » et publié en mai 2006 dans *The Nation* (http://www.thenation.com/doc/20060612/mintz). Un conseiller juridique adjoint du sous-comité, Bradford Snell, raconte cette histoire avec autant de talent dans un essai intitulé *The Streetcar Conspiracy : How General Motors Deliberately Detroyed Public Transit* (http://saveourwetlands.org/streetcar.htm).

6. Une version dénudée munie d'un mécanisme de transmission par chaîne de l'Opel T-1 courante a mérité une mention dans le *Livre Guinness des records* en 1973 après avoir obtenu un rendement de 0,62 litre aux 100 kilomètres à une vitesse constante de 48 kilomètres à l'heure. Bien que cette voiture fût loin d'être aussi élégante ou aussi pratique que la Prius, le fait qu'un moteur de série ou presque, fabriqué à une époque où beaucoup de gens n'avaient pas de téléviseur, ait

surpassé le rendement des modèles actuels de plus de 1,18 litre aux 100 kilomètres démontre nos progrès mitigés (http://seattlepi.nwsource.com/local/351903_ needle20.html).

7. Un baril de pétrole contient 6,1 gigajoules (5,8 millions de BTU) qui équivalent à 1 700 kilowattheures. Aux États-Unis, un ménage consomme en moyenne 936 kilowattheures par mois, soit 11 232 kilowattheures par année. Ainsi, les 13 millions de barils de pétrole utilisés pour alimenter tous les véhicules du pays chaque jour généreraient 221 milliards de kilowattheures qui suffiraient pour satisfaire les besoins en électricité de 1 967 595 résidences pendant une année.

8. http://guardian.co.uk/business/2009/jan/14/areva-nuclear-finland-olkiluoto.

9. http://www.dlr.de/tt/Portaldata/41/Resources/doku mente/institut/system/projects/TRANS-CSP_Full_ Report_Rinal.pdf.

10. http://www.ipcc.ch/pdf/special-reports/srccs/srccs_ whole-report.pdf.

11. La méthode de fabrication d'hydrogène la plus courante consiste à traiter le gaz naturel, ce qui fait de ce carburant une réponse peu appropriée aux problèmes de diminution de la ressource et du changement climatique. Voir à ce sujet «The Car of the Perpetual Future» de Phil Wrigglesworth dans le numéro du 4 septembre 2008 de *The Economist* (http://www.economist.com/ science/tq/displaystory.cfm?story_id=11999229).

CHAPITRE 5: RETOUR À LA MAISON

1. Les données sur les coûts du transport transocéanique et le calcul des tarifs proviennent du texte «Will Triple Digit Oil Prices Reverse Globalization?» de Jeff Rubin et Benjamin Tal publié le 27 mai 2008 (http://research. cibcwm.com/res/Eco/Research./html).

2. Le récit du rapatriement de la production de Crown Battery Manufacturing provient d'un article de Timothy Aeppel paru dans le *Wall Street Journal* le 13 juin 2008 sous le titre «Stung by Soaring Transport Costs, Factories Bring Jobs Home Again» (http://www.uawregionla.org/News%20Articles/ Newpaper/Det.%20News/(Microsoft%20Word%20 -%20Stung%20by%20soaring%20Transport%20 Costs,%20Factories%20Bring%20Jobs.pdf).

CHAPITRE 6: L'AUTRE PROBLÈME DES COMBUSTIBLES FOSSILES

1. Dans ce chapitre, je traite rapidement des problèmes du changement climatique et des cibles viables, des sujets qui méritent certainement une lecture plus approfondie. Les explications de James Hanson selon lequel des concentrations de 550 ou même de 450 ppm de CO_2 sont beaucoup trop élevées figurent dans le texte *Target Atmospheric CO_2: Where Should Humanity Aim?* (http://arxiv.org/pdf/0804.1126v3). Hanson, qui dirige le Goddard Institute for Space Studies de la NASA à New York, est probablement celui qui dénonce avec le plus d'énergie les dangers des changements climatiques, et ce, depuis des décennies.

2. Les données sur le rythme des émissions de gaz à effet de serre citées dans ce chapitre proviennent du Global Carbon Project (www.globalcarbonproject.org/global/ pdf/GCP_CarbonBudget_2007.pdf).

3. Les données sur la capacité nucléaire de la France proviennent de la World Nuclear Association (http://www. world-nuclear.org/info/inf40.html).

4. Les données concernant la dépendance de la Grande-Bretagne, du Canada et de l'Australie au charbon pour la production d'électricité sont tirées des *Country Analysis*

Briefs publiés par l'Energy Information Administration (http://www.eia.doe.gov/emeu/cabs/index/html).

5. Les projections de la consommation de charbon à Taiwan, au Vietnam, en Indonésie et en Malaisie proviennent de *International Energy Outlook 2008* publié par l'Energy Information Administration (http://www. eia.doe.gov/oiaf/ieo/coal.html).

6. Il est difficile d'exagérer l'importance de l'écoulement glaciaire, non seulement pour les Chinois, mais aussi pour des millions de personnes en Asie du Sud-Est, en Inde et au Pakistan. Une fois les glaciers disparus, ils n'auront tout simplement plus de source d'eau douce (http://sciencedaily.com/releases/ 2007/04/070410134 724.htm).

7. Pour une analyse technique mais approfondie de la contribution du secteur de l'exportation de la Chine à ses émissions massives de carbone, consulter Weber *et al.*, « The Contribution of Chinese Exports to Climate Change » dans *Energy Policy* (2008), Doi20.1016/j. enpol2008.06.009.

CHAPITRE 8 : RÉDUIRE SON HORIZON

1. Pour en apprendre davantage sur les origines du café et son rôle fondamental dans l'histoire, consulter Tom Standage, *A History of the World in Six Glasses*, Toronto, Doubleday Canada, 2005, p. 133-172.

2. Pour connaître l'histoire de la disparition de la pomme britannique, voir le texte *Fallen Fruit* de George Monbiot (http://www.monbiot.com/archives/2004/10 /30/fallen-fruit). Pour sa part, le *Guardian* a publié un texte intéressant sur les distances parcourues par les produits vendus dans les supermarchés britanniques (« Miles and Miles and Miles », http://www.guardian. co.uk/lifeandstyle/2003/may/10/foodanddrink.shop ping6).

3. Les données sur le transport en Australie sont tirées de «Food Miles in Australia» (http://www.ceres.org.au/projects/CERES_Report_%20Food_Miles_in_Australia_March08.pdf).

4. Le récit des exploitations de culture de marijuana dans les banlieues abandonnées provient d'un article de Damien Cave paru dans le *New York Times* le 7 février 2009 («In Florida, Despair and Foreclosures», http://www.nytimes.com/2009/02/08/us/08lehigh.html).

5. Le problème de la dépendance de l'agriculture à l'égard de l'énergie a été exploré en profondeur dans de nombreux ouvrages et articles. *Against the Grain* de Richard Manning, publié par North Point Press en 2004, relate l'histoire fascinante et troublante de l'agriculture et de l'industrie agroalimentaire. J'ai tiré la comparaison entre l'énergie utilisée en agriculture et la puissance des bombes nucléaires de l'article «The Oil We Eat» du même auteur publié dans le numéro de février 2004 de la revue *Harper's* (http://harpers.org/archive/2004/02/0079915).

6. La citation de Robert Zoellick est tirée d'un article de Heather Stewart publié le 8 octobre 2008 dans *The Guardian* (http://www.guardian.co.uk/business/2008/oct/08/world-bank.food).

7. L'information provient de l'ouvrage *Nature and Society* de Vaclav Smil publié en 2008 par MIT Press.

8. Les données sur la consommation d'un Boeing 767 sont tirées de l'article «Ask the Pilot» de Patrick Smith paru le 22 février 2008 dans la revue *Salon* (http://www.salon.com/tech/col/smith/2008/02/22/askthepilot265/print.html). Si l'Américain moyen parcourt 19 300 kilomètres par année dans une voiture dont le rendement moyen est 8,8 litres aux 100 kilomètres (selon Project America, http://www.project.org/info.php?recordID=384), on obtient environ 1 700 litres.

Ainsi, le vol aller-retour consomme autant de carburant qu'une voiture durant trois mois.

9. L'article intitulé «Ryanair fuel ration angers pilots» de Steven Swinford au sujet de la politique de Ryanair en matière de carburant d'urgence est paru dans le *Times* le 31 août 2008 (http://business.timesonline.co.uk/tol/business/industry_sectors/transport/articl 4641399ece).

10. Les données sur le tourisme mondial proviennent du World Travel and Tourism Council (http://www.wttc.org/eng/Tourism_New/Press_Releases/Press_Releases_2008/World_Citizens_-_a_global_partnership_for_Travel_and_Tourism) et d'un article d'Elizabeth Becker paru dans le *Wahington Post* le 31 août 2008 («Don't Go There», http://www.washingtonpost.com/wp-dyn/content/article/2008/08/29/AR2008082 902337 htm l?hpid=opinionsbox1).

11. Les données relatives aux conséquences du prix du pétrole sur l'Afrique subsaharienne sont tirées d'un rapport de l'AIE intitulé *Analysis of the Impact of High Oil Prices on the Global Economy* (http://www.iea.org/Textbase/Papers/2004/High_Oil_Prices.pdf).

12. Les données sur la part de l'agriculture dans le PIB proviennent du World Resources Institute (http://earthtrends.wri.org).

13. Les données sur le pourcentage du PIB des Philippines représenté par les envois de fonds de l'étranger proviennent du Global Strategy Institute (http://forums.csis.org/gsionline/?p=565).

14. L'organisme qui se fait connaître sous le nom Team for Long Range Population-Immigration-Resource Planning regroupe l'American Immigration Control Foundation, Californians for Population Stabilization, la Federation for American Immigration Reform et NumbersUSA. Une de leurs annonces déclare que

l'«Amérique a des problèmes, d'énormes problèmes» puis poursuit en affirmant que «tous ces problèmes sont causés par une population nombreuse en rapide croissance».

15. Le calcul du coût de réduction des émissions est tiré du rapport publié par McKinsey & Company sous le titre *Reducing US Greenhouse Gas Emissions : How Much and at What Cost ?* (http://www.mckinsey.com/clientservice/ccsi/greenhousegas.asp).

INDEX

A

Abu Dhabi, 109, 114, 115

accord de Kyoto, 54, 227-230, 234, 343
  inconvénients 238-242

Agence internationale de l'énergie (AIE), 48, 64, 77, 81, 334, 372

Algérie, 107, 332

Allemagne, 41, 96, 140, 180, 259, 364

American Petroleum Institute, 26

Arabie saoudite, 60, 63, 77, 100, 107, 110-111

Arctic National Wilderness Refuge (ANWR), 82

argent, coûts de l'emprunt pour de l', 258, 267

Argentine, 275, 290

Australie, 15, 50, 94, 160, 172, 199, 226, 265, 307, 330, 334, 349, 383

automobiles. *Voir* transports
  augmentation du nombre de propriétaires, 96-98
  électrique, 183-201
  évolution, 162-165, 172-190, 200-201
  mise à la casse, taux, 177-178
  récents abandons de plans de location, 179-180
  ventes, 262-263

B

Bahreïn, 107

batteries, 184, 186, 187, 189, 200

Belgrade, 159-160, 189

Bernanke, Ben, 273

biens de consommation (local)
  augmentation du coût, des 318-324
  importance à venir des, 12, 19-23, 306-318

bitume, 26, 71-73, 75-77, 79, 148, 171, 358

Blue and Green Alliance (syndicats et groupes écologistes), 253

BP (British Petroleum), 22, 51-52

Brent Light Crude (pétrole), 59

Brookes, Leonard, 130, 376

Brown, Gordon, 346

C

café, contribution à la mondialisation, 296-300

Cambridge Energy Research (CERA), 62, 374

Canada. *Voir aussi* sables bitumineux canadiens consommation de pétrole, 50, 105, 161

prix du pétrole, 39, 84

production de pétrole, 19-20, 66

ressources privées, 68-74, 84

Canadian Natural Resources, 76

champs pétrolifères, 65, 69

au Texas, 49, 60

dans le bassin de la mer Caspienne, 66-67

dans le golfe du Mexique, 52-59, 85-88, 121

dans la mer du Nord, 32, 34, 49, 58-59, 82-83, 113, 262, 288, 373

de Prudhoe Bay (Alaska), 32, 49

de Ghawar (Arabie saoudite), 60-61, 66, 105, 117, 376

de Tupi (Brésil), 60-61, 372

déplétion des, 21-23, 28, 30, 50, 58, 60-61, 63, 71, 73, 81, 85, 120, 140, 290-292, 371, 373-374, 376

en Arabie saoudite, 60, 62

en Sibérie, 66, 68

propriété des, 68-74, 82-83

changements climatiques. *Voir aussi* émissions de CO_2 ; réchauffement planétaire, 16, 41, 83, 150, 198, 221, 226, 236, 254, 298, 316, 334, 381

charbon, comme source d'énergie, 16, 95, 107, 132, 148, 150, 196-199, 222, 224-225, 229-238, 240, 243, 247, 249-250, 336, 345, 377, 381-382

Chávez, Hugo, 85-86, 100-103, 118

Chery (automobile), 98-100, 314

Chine, 12, 42, 70-71, 96-98, 100, 104-105, 122, 205-207, 209-219, 228-246, 251-252, 255, 273, 277, 279-280, 283, 288-289, 301, 305-306, 314, 316, 335, 375, 382

Chrysler, 123, 136, 164, 178-181, 190-191

Clay, Lucius, 170, 344

commerce. *Voir aussi* livraison ; transport, 204-205, 208-210, 212, 222, 251, 297, 302, 319-320, 332-333, 337, 351

barrières au, 204-206, 213, 332

consommation de carburant et, 128, 132, 137-138, 197-198, 211, 231, 311, 328

courbe de Hubbert (du pétrole), 21-23, 28, 341, 371

crise hypothécaire (États-Unis), 257, 271

croissance économique
réduite à long terme, 291-293
valeur perçue de, 142-143

D

Detroit, 97, 123, 137, 167-171, 177-178, 180-184, 190-193, 200, 238, 276-277, 342, 344, 379

dette, en contexte d'inflation, 280-282

dettes (nationales), dangers afférents, 272-279, 291-294

dépenses des consommateurs, croissance économique et, 264

dessalement, consommation énergétique, 112-113

Dubaï, 89-91, 106, 108-109, 111, 112, 115, 366, 375

E

eau
consommation de pétrole et, 110-113
pollution de l', 80-81
recyclage de l', 349

économies (tiers-monde), effondrement potentiel, 334-337

effet de rebond, 131-132

efforts de stimulation de l'économie
dangers, 274-275, 288-289
possibilités découlant de, 293-294

électricité. *Voir aussi* batteries; transport électrique
l'approvisionnement en, 190-201
issu du pétrole, 107-110

Émirats arabes unis, 108-110

émissions de CO_2. *Voir aussi* émissions de gaz à effet de serre
avantages économiques des restrictions des, 253-255
croissance des, 221, 223-238
fixation du prix des, 198-199, 240-253, 327-328
plafonnement et échange des, 247-248
tarification, 328, 237-255

émissions de gaz à effet de serre. *Voir aussi* émissions de CO_2; réchauffement
biocarburants et, 151
climatique, 54, 79, 145-146, 150-151, 198, 226
combustibles fossiles et, 197

emplois
augmentation des frais du transport quotidien et, 207-209
changement de la répartition et des types d', 299-303, 308-309
prix à la consommation et, 205-207
protectionnisme et, 352

énergie. *Voir aussi* charbon;

gaz naturel ; pétrole,
appétit des gens et des entreprises envers l', 128-142
besoins des compagnies
aériennes, 324-325
consommation par personne
d', 103-104, 106-107,
efficacité d'utilisation de l',
32, 42-43, 130, 142-151,
155-156, 192, 231-234
éolienne, 144, 342
historique des coûts de l',
163-164
issue de ressources
renouvelables, 195-196
nucléaire, 80, 107, 193-194,
229, 232, 241-242
obtenir une réelle
conservation de l', 142-143
PIB sous-jacent, 292-293
ressources d'énergie verte,
233
taux de rendement des
dépenses de l', 12, 313
taux de rendement de la
production de l', 74-81,
146-148
volume nécessaire pour
soutenir le commerce actuel,
12-14, 38-41, 103-105,
207-210, 292, 307, 313,
315-316
essence, 55-56, 84, 100, 114,
178, 183-184, 187, 189-
190, 361, 371
consommation efficace,
132-133
prix de l', 39-40, 53-58, 85-
87, 174-176, 361-362

États-Unis
consommation de pétrole
aux, 30, 48-49, 81-82, 125-
126, 139
dette nationale, 278-282
production de pétrole aux,
26-27, 48, 50
éthanol, 105, 129, 143-152,
314
subventionné, 148-151
Exxon, 20, 70-71

F
France, 224, 229, 242, 328,
333, 381

G
gaz naturel, 15-16, 32, 40, 51,
64-65, 68, 75, 77-80, 90,
107-109, 112-115, 128,
147-148, 150, 194-199,
229, 232, 243, 247
prix du, 77, 79
sables bitumineux, besoin
en, 73-75
General Motors, 123, 163-
165, 168-170, 179-181,
186-191, 379
géothermie, 341-342
Greenspan, Allan, 267

H
Hanson, James, 226, 381
Howard, John, 226
Hubbert, M. King, 21, 26-27,
372, 374
hydrogène comme source
d'énergie, 199

I

immigration, nouvelles restrictions concernant, 320-333, 338

Inde, 96-98, 100, 104-106, 122, 205, 232, 235-236, 289, 300, 314, 316, 335, 382

Indonésie, 118, 151, 204, 375, 382

inflation, 151-155, 161, 265-271, 276-282, 290, 293, 310

Irak, 107

Iran, 100

J

Japon, 94, 126, 180, 224, 234-235, 249, 259, 261, 272-273, 275, 321, 351, 375

Jevons, William Stanley, 132, 376

K

Khazzoom, Daniel, 130-131, 376

Koweït, 106, 109, 111, 117, 194, 260

L

livraison

coûts à venir de la, 204, 208-226, 254-255, 321-322

prix planche historique de la, 11-12, 42

localisation. *Voir aussi* biens de consommation (local); 322-324

M

main-d'œuvre, 215-219, 224, 244, 249, 267, 300-301, 332-333, 350

coût de la, 12, 14, 42, 205-208, 304, 317-318

syndicats, 253-255, 321, 351

maïs, contextes économique et politique, 151-156

marchés fermiers, 310-311

marges de craquage (redéfinition des coûts), 55-56

Mackenzie, Alexander, 356

Mexique, 48, 50-58, 79-85, 87, 99, 121-122, 196, 214, 217-218, 306, 333-334

coût de la main-d'œuvre au, 218-219

récentes exportations de pétrole du, 118-119

mondialisation

café et, 298-299

forces faisant la promotion de, 207-208

déclin imminent de la, 203, 212-219

taux d'intérêt découlant de la, 266-267

spécialisation et, 318-323

N

National Iranian Oil Company, 102

National Oceanic and Atmospheric Administration (NOAA), 53

Nexen, 76

Nigeria, 69, 86-87

niveaux des taux d'intérêt, 264-270

nourriture
augmentation de la demande de la, 317-318
modification à la production de la, 300, 304-318
modification dans le transport de la, 304-308

Nouvelle-Zélande, 50, 140, 163, 172, 233, 273, 304, 308, 310, 337, 341, 343

O

Obama, Barack, 200, 247, 249, 274, 344-346

offre et demande, comportement de, 16, 31-37, 282, 348

OPEP (Organisation des pays exportateur de pétrole), 24, 49, 91-95
augmentation de la consommation intérieure de l', 22-49, 90, 94-96, 125, 343
augmentation des économies au sein de l', 264-265

OPEP chocs (restrictions de l'offre dans les années 1970), 32, 91, 96, 132, 137, 155-156, 160-161, 179, 208-209, 262-263, 280-281

Organisation de coopération et de développement économiques (OCDE), 36, 95-96

ouragans
offre de gaz naturel et, 80
plateformes pétrolières en mer, 51-52
raffineries et, 53-58

P

pétrole. *Voir aussi* énergie ; champs pétrolifères ; pic pétrolier,
augmentation de la demande, 27-30, 49, 91-121, 130, 282-283, 288-289
baisse de la demande, 282-283
contrôle artificiel de l'offre de, 32
coûts découlant de la baisse du crédit monétaire, 263-264, 270
coûts de production. *Voir aussi* États-Unis, 67-71, 72, 287-288
difficultés de la reprise du, 47-48
pénurie à venir du, 117-118
prix du, 15-17, 22-43, 91-96, 121, 288-289
prix subventionnés du, 12, 26-30, 100-110
pénurie de l'approvisionnement en, 282-283
répercussions sur les prix à la consommation découlant de l'offre bon marché du rôle dans la vie commerciale, 11-12

royautés, 30, 67, 71
sources coûteuses non
conventionnelles du, 62-72
stratégies imposées de
conservation du, 126-127
taux de consommation
et utilité du. *Voir
aussi* Canada ; OPEP
(producteurs de pétrole), 90,
93-96, 132-133, 261
permafrost, fonte du, 82
Pétro-Canada, 76
Petroleum Club (Calgary)
« plus petit monde ». *Voir*
bien de consommations
(local) ; mondialisation, 19,
23, 28, 30
pic pétrolier, 27-28, 42, 65,
113, 153, 317, 324, 376
poussée démographique, 111
prix (consommation),
augmentations probables
des. *Voir aussi* forces
inflationnistes, 13, 40-42,
301, 312-318, 324
coûts énergétiques et, 271
produits pétrochimiques
dérivés du pétrole, 114-115
Projet d'hydroélectricité de la
Baie-James, 131

Q
Qatar, 107

R
récessions (économiques),
diminution de la répétition
des, 283

prix élevés de l'énergie et,
15-16, 40-43, 260-262,
270-271
réchauffement climatique, 41,
54
augmentation du, 226-229
menace à la civilisation
résultant du, 221, 225, 317-
318
rendement du carburant
avion, 137-138
automobile, 126-128, 135-
136, 159-165
chauffage domestique, 139-
142
résultats économiques,
imprévisibilité des, 341-343
Ricardo, David, 222-224,
238-239, 240, 246, 304,
318
Royaume-Uni, 130, 162-163,
179, 190, 194, 230, 234,
307, 311, 325, 333, 378
Rudd, Kevin, 226
Russie, 48, 70-71, 84, 97, 99,
119-224, 262, 283-284,
335, 375

S
sables bitumineux (canadiens).
Voir aussi bitume, 26, 66
coûts environnementaux
des, 50-51
développement des, 45-51
propriété des, 68-70
stockage du carbone, 198-199
Shell, 22, 27, 57, 67-68, 70,
76
Smith, Adam, 92, 223

soya, 152, 299

soulèvements sociaux, déclencheurs économiques, 13-14, 93, 170-171, 302-304, 308, 351

Statoil, 76

subventions. *Voir* éthanol subventionné; pétrole, prix subventionné

sulfure d'hydrogène, 28, 66

Suncor, 72-76

T

tarifs. *Voir aussi* émissions de CO_2, 42, 210-214, 217

tarification, 249, 252

Tata (automobile), 97-100, 126, 314

Taxe d'accise sur l'éthanol (États-Unis), 149

théorie économique, limites et hypothèses, 30-34, 38-39, 60-61, 91-93

tourisme, importante diminution à venir du, 324-331

Toyota, 125, 127, 134, 164, 179, 181, 186, 191, 204

transport. *Voir aussi* livraison; commerce, coûts des embauches en raison du, 13-14, 163

électrique, 166-168, 183-195

monde urbain, 165-168, 200-201

solutions de remplacement au, 165-168, 348

rôle central actuel du, 12-13, 159-162, 357-359

transport quotidien, frais du. *Voir* emploi; augmentation des coûts du,

V

Venezuela, 70, 72, 84-86, 100-106, 118, 122, 147, 298

Vietnam, 235, 274, 279, 282, 336, 382

voyage par avion, déclin, 324-331, 358-362

W

Wal-Mart, 203, 207, 212

West Texas Intermediate (pétrole), 28, 54, 361

Y

Yergin, Daniel, 62, 374

Z

ZENN (automobile), 190, 345

Zoellick, Robert, 316, 383

GARANT DES FORÊTS
INTACTES

Achevé d'imprimer en janvier 2010
sur les presses de Marquis Imprimeur,
Montmagny, Québec.